Ysbryd Morgan

Ysbryd Morgan

Adferiad y Meddwl Cymreig

Huw Lloyd Williams

2020

www.gwasgprifysgolcymru.org

Mae cofnod catalogio'r gyfrol hon ar gael gan y Llyfrgell Brydeinig.

ISBN   978-1-78683-419-5
e-ISBN   978-1-78683-420-1

Cysodwyd yng Nghymru gan Eira Fenn Gaunt, Pentyrch, Caerdydd
Argraffwyd gan CPI Antony Rowe, Melksham

I ti, Melangell, mewn gobaith

Adnodau

Eithr rhag beth y mae gofyn atgyfodi ysbryd y brotest Brotestannaidd?
. . . Mynd yn gynyddol barotach y mae trwch y bobl gyffredin i lyncu
personau, syniadau a datganiadau swyddogol, ac i gydymffurfio'n eilun-
addolgar . . .
Ac y mae yma inni rybudd ofnadwy. Canys pan ddyfnha clwyf marwol
y Gyfundrefn Elw hyd bwynt ni ellir mo'i doctora hi mwyach . . . fe eill
yn hawdd ein bod yn wynebu cyfnod o wrthchwyldro ffasgaidd, – ie hyd
yn oed ym Mhrydain. Dan enwau a theitlau newydd, wrth gwrs.
Nid ffasgaeth Jordan nac Oswald Mosley, canys adwaenom nodau
honno ac ni'n twyllir ganddi, ond rhyw fudiad newydd y bydd digon o
gamouflage sosialaidd, gwerin-ddyrchafol a hyd yn oed 'Gristnogol' yn
cuddio ei fileindra nes dallu y gwerinoedd unwaith eto.
Rhag y dynged arswydus hon y mae arwyddion yr amserau yn ein
rhybuddio'n daer i beidio â chaniatáu ein rhag-gyflyru i'r lladdfa, ein
dirymu a'n meddalu i fyny fel pobl, sugno pob anghydffurfiaeth a phrotest
allan o'n gwythiennau.

J. R. Jones

A limitation to reconciliation to a social world that realizes the idea of a
realistic utopia, is that it may be a social world many of whose members
may be distraught by spiritual emptiness.

John Rawls

Bydd yr ymwybyddiaeth genedlaethol . . . yn ddim ond yn wawdlun amrwd a bregus o'r hyn a allai fod wedi bod . . . canlyniad diogi deallusol y dosbarth canol cenedlaethol, o'i dlodi ysbrydol, a'r mowld trwyadl gosmopolitanaidd y mae ei feddylfryd wedi ei siapio ganddo.

Gall angerdd y deallusion brodorol wrth amddiffyn diwylliant ei hun fod yn destun anghrediniaeth; ac eto mae'r sawl sydd yn condemnio'r angerdd ymroddgar yma'n dueddol o anghofio bod eu seici a'u hunain wedi'u celu yn gyfleus tu ôl i ddiwylliant Almaenig neu Ffrengig, sydd wedi cynnig prawf diamheuol o'i fodolaeth, nad yw chwaith yn cael ei herio.

Franz Fanon

Cynnwys

DIOLCHIADAU

Cwblhawyd y testun hwn yn ystod dyddiau'r 'cloi mawr'. Cyfnod, felly, i fyfyrio o'r newydd, am gyfnodau hwy na'r arfer. Cyfnod imi ddiolch yn gyffredinol nad wyf innau, na fy nheulu na fy ffrindiau agos wedi cael eu heffeithio gan erchyllterau'r pandemig a grëwyd gan amryfusedd, dihidrwydd a natur ddienaid y wleidyddiaeth a'r gymdeithas y mae'r llyfr hwn yn adwaith iddynt. Cyfnod hefyd pan mae pennod ddiweddaraf yr argyfwng cyfalafol rydym wedi byw trwyddi ers 2008 yn awgrymu cyfle go iawn am newidiadau strwythurol, pellgyrhaeddol – chwyldroadol hyd yn oed.

I'r perwyl hwn mae dychwelyd at Antonio Gramsci a Gwyn Alf Williams wedi bod yn amhrisiadwy er mwyn deall yr hyn rydym yn ei brofi, ac er mwyn gosod y tudalennau dilynol o fewn cyddestun sydd yn fwy taer a dwys na'r amgylchiadau y lluniwyd hwy ynddynt. Yn hynny o beth, diolchaf yn gyntaf i Dr Dan Evans – un sydd wedi fy herio innau, a phawb arall, mewn ymgais i'n hysgwyd o'n trwmgwsg dogmataidd. Symptom o'n diwylliant nychlyd yw'r ffaith nad yw ef, a nifer o ysgolheigion ifanc eraill, wedi cael hyd i le o fewn ein sefydliadau addysg uwch. Ymysg fy nghymdeithion eraill sydd bob tro yn fy herio ac yn gofyn imi fyfyrio ar fy rhagdybiaethau, hoffwn ddiolch i Simon Brooks, Wyn James, Garmon Iago, Huw Rees, Rhianwen Daniel ac Owain Rhys Lewis. Mae eraill hefyd rwyf wedi dibynnu arnynt neu wedi dwyn ysbrydoliaeth oddi wrthynt yn ystod cyfnod ysgrifennu'r llyfr hwn, yn eu plith Sel Williams, Robat Idris, Elin Hywel, Keith Murrell, Ali Yassin, Ali Abdi, Mymuna Solomon a Moseem Suleman. Diolchaf yn arbennig i Emily Pemberton a roddodd o'i hamser i ddarllen darnau o'r testun a chynnig ei safbwyntiau amhrisiadwy. Mae angen imi ddiolch iddi hi a gweddill fy myfyrwyr sydd fwy na neb yn fy nghadw ar flaenau fy nhraed ac yn fy achub rhag drifft deallusol.

Mae yna unigolion eraill wedyn sydd yn gofyn cydnabyddiaeth am eu cefnogaeth neilltuol ac sydd wedi fy ngalluogi i gynhyrchu'r gwaith hwn. Yn arbennig rhaid imi ddiolch i Sioned Puw Rowlands am y ffydd y mae wedi dangos yn fy ngwaith – yn ogystal â'r gymwynas gyffredinol mae hi ac Angharad Penrhyn Jones yn gwneud â'r diwylliant Cymreig yn eu hymdrechion gydag *O'r Pedwar Gwynt*. I'r un graddau hoffwn ddiolch i Gwyn Matthews am ei gefnogaeth ddi-ben-draw, a'i gyfraniad ef a Walford Gealy at ein diwylliant deallusol trwy weithgaredd Adran Athronyddol Urdd y Graddedigion Prifysgol Cymru dros y blynyddoedd. Yn y cefndir hefyd y mae tri gŵr doeth sydd wedi sicrhau'r cyd-destun sefydlog y mae pob un ohonom yn buddio ohoni yn y gwaith, sef Damian Walford Davies, Dylan Foster Evans a Martin Willis. Diolchaf yn ogystal i Elliw Iwan, Haley Miles, Sian Lewis, Nicola Bassett, Myfi Jones, Lesley Edwards, Julie Alford ac Ellen James am eu cefnogaeth feunyddiol wrth y talcen glo.

Yn bwysicach fyth, wrth gwrs, yw bod y teulu oll yn gefn imi. Diolchaf yn arbennig i Rhiannon am ei hamynedd a'i hymroddiad at bob agwedd o fywyd teuluol sy'n caniatáu'r rhyddid imi wireddu fy nymuniadau. Diolch hefyd i fy rhieni am y gefnogaeth ymarferol ac ysbrydol, a fy mrodyr hefyd. Mewn cyfnod o'r fath, gwelwn eisiau hynny'n fawr, wrth gwrs, ac o ran y plant, mae treulio amser neilltuol a gwerthfawr gyda'n gilydd yn atgoffa rhywun o'r hyn sydd bwysicaf. Diolch i Morfudd a Melangell am eu cwmni a'u cariad.

Yn olaf hoffwn ddiolch yn arbennig i'r sawl sydd wedi sicrhau bod y gyfrol wedi cyrraedd pen y daith mewn cyflwr gallaf fod yn falch iawn ohoni. Diolch i Leah Jenkins am ei golygu gofalus, i Llion Wigley am ei gefnogaeth a'i amynedd, ac i staff y wasg am eu hymdrechion yn wyneb sawl her. Diolch hefyd i'r darllenydd cudd am yr adborth, ac i Jane Aaron ac M. Wynn Thomas am ddarllen y testun a rhoi eu sêl bendith i'r weledigaeth. Yn olaf, mae'r diolch mwyaf o safbwynt adborth a sylw manwl i'r testun i Daniel

Williams a Cynog Dafis. Heb eu sylwadau a'u hymdrechion, ni fuasai'r testun yn agos at yr hyn sydd yn eich dwylo, ddarllenydd. Mae pob gwall a chamsyniad sydd yn weddill yn eiddo i mi.

RHAGYMADRODD

Afraid dweud mai dyma un o'r cyfnodau mwyaf anwadal ym mywyd gwleidyddol y Gorllewin ers yr Ail Ryfel Byd. Nodweddir y dyddiau tymhestlog, syfrdanol yma gan eithafiaeth, yn arbennig gan wleidyddiaeth asgell dde ragfarnllyd, ymosodol a hiliol. Anodd ydyw peidio â thybio ar brydiau mai dyma'r 'gwrth-chwyldro ffasgaidd' y rhybuddiodd J. R. Jones amdano yn *Yr Argyfwng Gwacter Ystyr*. Yn wir, wrth ystyried ymateb tila, di-asgwrn-cefn trwch ein gwleidyddion a'n cyfryngau, rhaid derbyn na chymerasom sylw o'r rhybudd – a'n bod ni bellach wedi 'ein dirymu a'n meddalu i fyny fel pobl'.

O safbwynt materolaidd, symptom ydyw o sgileffeithiau llaw farw y gyfundrefn elw neoryddfrydol; un sydd yn niweidiol i drwch y boblogaeth, yn groes i ddelfryd Adam Smith o'r llaw anweladwy sydd yn hwyluso mecanwaith y farchnad rydd er budd pawb. Mae'r cyfuniad o gyni ariannol a gwacter ysbrydol yn cynnig tir ffrwythlon i'r sawl sydd am hau casineb.[1] Mewn byd lle mae ariangarwch a phrynwriaeth bellach yn bileri'r bywyd da, prin yw'r gwerthoedd eraill i gymryd y pwysau mewn argyfwng – a rhith y totemau cyfalafol o gyfoeth a thrugareddau materol wedi'u halogi a llithro ymhell o'n gafael. Eironi o'r mwyaf yw'r ffaith mai'r diwylliant Eingl-Americanaidd, a wrthsafodd ffasgaeth mor daer yn yr Ail Ryfel Byd, sydd bellach wedi ymollwng i'r neo-ffasgwyr – tra bo diwylliannau eraill y Gorllewin fel petaent yn araf deg dynnu yn ôl o ymyl y dibyn. Dichon fod hyn yn ym-wneud â'r cof hanesyddol a'r braw o weld y syniadau yma'n cyn-iwair eto, yn ogystal â'r ffaith mai'r Americanwyr a'r Prydeinwyr sydd wedi cofleidio cyfalafiaeth yn ei ffurf fwyaf aflan, gan greu anghyfartaledd digyffelyb.

Ymgais i ymateb i'r gyflafan yw'r gyfrol yma yn ei hanfod, trwy fyfyrdodau athronyddol yn bennaf, wedi'u gwreiddio yn y man lle cefais i fy angori yn y byd. Yng Nghymru ymestynna'r difaterwch a'r agwedd ddi-rym, ddiymadferth, ymhellach. Dyma ysbryd yr 'Hen Ymneilltuwyr', chwedl Iorwerth Peate, wedi'i lurgunio, heb angor ysbrydol na chadernid ffydd; encilio o fyd gwleidyddiaeth, derbyn ein ffawd heb brotest, a gobeithio am ymwared personol – ond heb y gobaith o'r bywyd tragwyddol.[2] Fe'n twyllwyd ni yn fwy na neb gan y dde eithafol, oblegid nid ein diwylliant ni a 'amddiffynnir' ganddynt. Ac eto, nid yr ymosodiadau ciaidd a digywilydd y mae'n rhaid ymateb yn uniongyrchol iddynt yw'r bygythiad mwyaf, ond ymddatod graddol ein cymdeithas dan y straen economaidd, a glastwreiddio tawel, disylw y diwylliannau Cymreig sy'n dilyn hynny, trwy'r mewnlifiad yn y cyfryngau torfol ac yn ein cymunedau – mewnlifiad nad yw'n fygythiad yn ei hanfod, ond sydd yn tawel foddi'r meddwl Cymreig, nad yw'n meddu ar yr hunanymwybyddiaeth na'r ewyllys na'r medrau i'w gwrthsefyll. Rhaid diolch o ddifri na wynebwn dranc gwaedlyd, treisgar lleiafrifoedd eraill y byd, ond marwolaeth ddiwylliannol fydd y canlyniad yn y pen draw – os na fydd yr argyfwng hinsawdd yn ein boddi ni'n gyntaf.

Yn yr oes seciwlar hon, a'r mwyafrif ohonom bellach heb ein trwytho yng nghadernid crefyddol y genhedlaeth gynt (sydd yn angori ein hymwybod moesol, hyd yn oed pan fyddwn yn ei wrthod yn fwriadol), rhaid inni weithio'n galetach i fywiogi ein cenhadaeth, ein hystyr, ein rhesymau dros weithredu. Rhaid adeiladu ysbrydoliaeth o'r newydd a chreu delfryd i'r dyfodol er mwyn cymell gweithredu. Dyma'r hyn a elwir gan Habermas yn ddisgŵrs gwleidyddol moesegol, a gynhelir gan gymuned o bobl sydd yn gofyn iddynt hwy eu hunain: pwy ydym? Beth yw ein pwrpas? Beth yw'r hyn sydd yn dda i ni? Nid athroniaeth mo hyn yn ôl dealltwriaeth yr Almaenwr hwnnw, oherwydd y mae'n gofyn cwestiynau ac yn myfyrio ar themâu 'metaffisegol' sydd y tu hwnt i ffiniau'r pwnc yn yr oes sydd ohoni – gan gynnwys y mythig a'r cyfrin – sydd hefyd yn mynnu ystyriaeth o lenyddiaeth a chelf a

meysydd eraill sy'n gallu cyfrannu at yr atebion.[3] Beth bynnag fo
barn Habermas ar natur y trafod hwn, dyma'r math o 'athroniaeth'
y mae ei angen arnom yng Nghymru – neu o leiaf dyma weith-
garedd y dylem ymroi iddo yng Nghymru mewn dull athronyddol.
Oni wneir hynny, oblegid breuder ein gwahanrwydd a'n cym-
athiad o fewn y diwylliant Eingl-Americanaidd, fe'n boddir ym
master a llwydni'r diwylliant cyfalafol unwaith eto.
    Mewn cywair arall dyma oedd neges Gwyn Alf Williams yn
ei waith hwyr. Yng nghysgod Streic y Glowyr ac aflwydd reff-
erendwm 1979, myfyriodd ar 'Argyfwng Cymru'[4] gan ddehongli
gwrthodiad ein deallusion organig fel symptom neilltuol yr af-
iechyd. Dilyna gysyniad Antonio Gramsci trwy eu deall fel y
bobl hynny 'a gyflawnai swyddogaeth yn trefnu, cynllunio,
mynegi, unrhyw un, mewn gwirionedd, a oedd yn "weithiwr
drwy ymennydd".' Dyma'r sawl 'a fynegai – a wnâi'n hanesyddol
weithredol – ymwybyddiaethau grwpiau a dosbarthiadau yn dod
i fodolaeth hanesyddol.'[5] Yn achos Cymru mae'n sôn am grŵp a
fu'n hanfodol i'n hanes: y Gogynfeirdd, Dyneiddwyr Tuduraidd,
Iolo Morganwg a'r Gwyneddigion, a'r gweinidogion, traethodwyr,
athrawon ac arweinwyr diwydiannol a 'orgynhyrchwyd' yn yr
oes fodern. 'Mae'n bosibl,' meddai, 'ac i'm tyb i, yn hanfodol,
ysgrifennu hanes y Cymry yn nhermau eu deallusion organig.'[6]
Yn wir, nid yn unig y mae'n amhosib deall hanes y Cymry heb y
deallusion yma, mae'n amhosib dychmygu eu dyfodol gan mai'r
deallusion yma sydd yn adlunio ac yn ailgyfieithu – gwneud yn
hanesyddol weithredol – yr ymwybyddiaeth dorfol i wrthsefyll
yr oruchafiaeth gyfalafol ddinistriol: 'y math hwnnw o hegemoni
foesol a oedd mor hollamgylchynol â'r awyr a anadlwn, nas
canfyddid gan y bobl sy'n ddarostyngedig iddo ef ddim mwy
nag y canfyddent rym disgyrchiant, a wnaeth rai meddyliau
bron yn amhosib eu meddwl.'[7] Ym marn Williams mae natur yr
oruchafiaeth hon – sy'n seiliedig ar y modd cyfalafol o gynhyrchu
– yn arwain iddo dybio na allai unrhyw fath o Gymru 'wir-
ioneddol' na Chymry 'gwirioneddol' ei goroesi.[8] Yr unig fodd o'i
gwrthsefyll yw mudiad sy'n adfer deallusion organig ac aildrosi
ac ail-greu y Cymry trwy'r hyn a alwai'r 'ewyllys genedlaethol-
werinol'. Eironi'r Gymru gyfoes yw ein bod ni bellach, yn wahanol

i Gymru Gwyn Alf, mewn sefyllfa wleidyddol gryfach o lawer i allu sicrhau ein hiachawdwriaeth, tra bo ein synnwyr o'r hyn yr ydym, ein hewyllys i barhau fel cenedl, dan fygythiad einioes, eto fyth. Dyna amlinellu fyrdwn y gyfrol hon, felly. Lluniwyd gan ddilyn cysyniad Kristie Dotson o athroniaeth fel diwylliant o ymarfer (un sydd yn herio dealltwriaeth Habermas o wir athronyddu) a fyddai (yn ôl fy nehongliad i o leiaf) yn ystyried yr ymdrech i saernïo disgẃrs gwleidyddol moesegol fel rhan o genhadaeth y pwnc.[9] Nid ymbalfalu am ryw dir canol, uwchlaw bywyd beunyddiol yw nod athroniaeth o'r fath, neu ymdrechu i adnabod gwerthoedd rhyngoddrychol, ond yn hytrach gydnabod mai *oddi mewn* i ddiwylliant y mae athronyddu'n digwydd, a chyda'r bwriad penodol o ymwneud â'r cwestiynau a'r problemau rheiny sy'n ei nodweddu, gan droi at adnoddau deallusol y diwylliant hwnnw er mwyn ffurfio'r ymateb. Ar un wedd, dilyniant i *Credoau'r Cymry* a geir yma, gan afael yn yr edefyn aur a awgrymwyd yn y gyfrol honno, gan gydblethu agweddau syniadaethol, o'r diwylliant Brythoneg i'r ôl-Farcsaidd, er mwyn cynnig fersiwn sylweddol o hanes deallusol Cymreig. Prin yw'r athronwyr prif ffrwd – fy nghyd-weithwyr yn eu mysg – a fyddai'n fodlon cydnabod hyn fel athroniaeth, ac i raddau mae'r term Cymraeg cyfarwydd, *syniadaeth*, yn un mwy addas i orchwyl o'r fath, gan osgoi yr hen drafodaethau blin a blinedig ynghylch beth sy'n cyfri fel athroniaeth neu beidio. O ran ein bywyd ymarferol, a pherthnasedd syniadau i'r byd sydd ohoni, does dim tamaid o ots gen i o ran hynny a ydynt yn deillio o waith athronydd, hanesydd, gwleidydd, ymgyrchydd, bardd, emynydd neu saer coed.

Tu hwnt i'r manylu methodolegol, ymholi i ryddfreiniad a wnaf yn y bôn, trwy ddeialog â'r sawl a geisiodd ryddfreiniad yn y gorffennol. At ei gilydd, mae'r ddadl gyffredinol yn arddel ffurf ar yr hyn a alwaf – yn dilyn y Sais Michael Oakeshott – yn neo-Belagiaeth, gan ymateb i waith o eiddo Simon Brooks,[10] trwy awgrymu yn y pen draw mai ffurf newydd ar wleidyddiaeth flaengar, sosialaidd yn unig a ddaw â gwaredigaeth i Gymru (ac o ran hynny i'r 'byd mwyafrifol'[11] sydd dan ormes y drefn gyfoes). Y nod, felly, yw ail-saernïo stori ein traddodiad radical trwy amlygu ei wreiddiau a'i osod yn ddwfn yn hanes ein pobl, gan ddod o hyd i'r egwyddorion sylfaenol all fod yn sail i'n hymateb i'r byd cyfoes.

I'r perwyl hwnnw af ar drywyddau amgen ein hanes er mwyn llunio ymateb i'n cyflwr presennol. Dadansoddi testunau o'r gorffennol a wnaf, a'u cyd-weu gan anelu at lunio clytwaith a fydd o ddefnydd yn awr. Stori o'n gorffennol er mwyn ein gwroli yn wyneb her y presennol; gweithred greadigol yn y bôn, sydd yn derbyn – yn ysbryd Hans-Georg Gadamer[12] – mai creaduriaid ydyn ni sy'n meddu ar ragfarnau sydd yn strwythuro ein darlleniad o'r testun a'r byd ehangach. Ac eto, trwy gydnabod ein rhagfarnau, deallwn nad oes modd ein gwaredu'n hunain oddi wrthynt – dim ond eu beirniadu, eu haddasu ac asio ein gorwelion â rhai eraill. O ran y dasg o greu'r disgŵrs gwleidyddol moesegol, ceir rôl allweddol i'r athronydd fel y sawl a fydd â'i ffocws ar sicrhau agwedd feirniadol, hunanymwybodol – agwedd sy'n hollbwysig o ystyried y perygl y gall ceisio llunio ymateb i gwestiynau am ein hunaniaeth a'n 'da' cyfunol arwain at y math o atebion sydd wedi achosi cymaint o fileindra cyfoes a hanesyddol.

Ystyriaf y byd cyfoes o safbwynt fy ngorwelion innau fel un lle mae yna nifer o bethau o'i le; yn anad dim yr anghyfiawnder sy'n hydreiddio ein cymdeithas ac sydd yn wynebu Cymru. Ymgais yw'r testun hwn i ddarganfod ffordd allan o'n hargyfwng trwy ddeialog â'r gorffennol. Darllenaf destunau gan chwilota am y deunydd rhyddfreiniol creiddiol, oherwydd i mi, nid oes troi yn ôl, a *dim ond* yr agwedd sosialaidd a all ein hachub nawr – yr agwedd honno sydd yn gweld mai gyrru hanes yn ei flaen yw'r nod ac ail-greu byd sy'n gweddu inni. Yn reddfol, nid ffolineb mo hynny, oherwydd felly y mae cyflwr y Cymry wedi bod erioed, a mentraf fy mod yn chwilio yn noethineb ein gorffennol am agweddau a syniadau oedd â'r un bwriad yn eu hoes nhw.

Canlyniad y fenter hon yw testun sydd yn ymddangosiadol ysgafn ei natur; yn wir, cawn stori sydd yn ymlwybro o'r naill gymeriad i'r llall heb ryw lawer o dyndra na gwrthosodiadau. Dod o hyd i'r un patrwm yn syniadau amrywiaeth o feddylwyr yw'r bwriad, ac o ganlyniad deongliadol ac nid beirniadol yw arddull yr ysgrifennu ar y cyfan – gorchwyl sy'n adeiladol yn ei hanfod. Tra bo'r mwyafrif yn mynnu mai dadansoddi'r byd yw cenhadaeth athroniaeth, credaf fod iddi waith hanfodol i'w wneud wrth ei greu yn ogystal.

Ac eto, polemig a geir fan hyn – er ei fod ar ffurf stori – a beirniadaeth o sawl siboleth ymhlyg ynddo. Yn eu plith: y duedd i anwybyddu cyfraniad athroniaeth i fywyd Cymru; y gred mai'r ateb i'n cyflwr presennol yw'r wleidyddiaeth ryddfrydol y mae'r canol yn ceisio dychwelyd iddi; y duedd ymysg rhai i gredu bod gwir stori ein cenedl yn eiddo i un iaith a diwylliant yn hytrach na'r llall; y gred nid annhebyg mai'r naill neu'r llall o'n pleidiau gwleidyddol yw gwir grud ysbryd y genedl; anoddefgarwch yn wyneb yr angen i ailddiffinio Cymru o'r newydd ar sail amrywiaeth; y ddadl mai dim ond trwy stopio'r cloc neu ei droi yn ôl y daw gwaredigaeth i'r Cymry; yr ystrydebu am yr amryw 'Waleses' a'r hen dôn gron ddogmataidd am ein gwahaniaethau. Yn wir, yr her bwysicaf sydd yn ein hwynebu erbyn heddiw yw dwyn ein hamryw draddodiadau at ei gilydd.

Gallaf obeithio y bydd y profiad a'r ymdrech yma yn y cyddestun Cymreig yn datgelu rhywbeth sydd yn fwy cyffredinol, ond nid myfi sy'n gymwys i farnu hynny. Af ati mewn ffurf fydd yn bell braidd o'r safonau neu rigolau disgwyliedig o ran athroniaeth yr academi, ac rwyf eisoes wedi cydnabod na fyddai rhai yn derbyn y fath waith fel cyfraniad i'r ddisgyblaeth. Wedi rhoi'r gorau i ofynion deallusiaeth broffesiynol ein dydd ac ymroi yn hytrach i'r dasg o greu disgŵrs gwleidyddol moesegol sydd yn cyfannu syniadau ac agweddau o amryw feysydd, gan droi hefyd at y mythig a'r cyfrin, y mae dulliau amgen o drafod yn eu cynnig eu hunain fel moddion addas a mwy dychmygus i gyfleu'r rhychwant o syniadau a myfyrdodau sy'n rhan o'r gorchwyl. Ceir gwedd gyfoes, amserol, i'r syniad o fyd natur yn cyfathrebu â ni, ond hen arfer canoloesol oedd dychmygu'r adar yn negeswyr;[13] i'r sawl nad ydynt yn gyfarwydd â Morgan Llwyd (a anwyd 400 mlynedd i'r flwyddyn y cwblheais y testun hwn), ceir ysgogiad yma i ymgyfarwyddo â Llyfr y Tri Aderyn. Gobeithiaf hefyd, trwy ddewis y dull hwn, fy mod yn cyfleu syniadau newydd neu gyffredinol mewn cywair cyfarwydd, sydd wedi'i drwytho yn ein bychanfyd a'n dychymyg unigryw ni. Mewn diwylliant sydd wedi bod â pherthynas llai nag esmwyth ag athroniaeth, dyma anelu hefyd at hwyluso nid yn unig yr ymgais at fynegiant syml a sicrhau dealltwriaeth darllenwyr, ond, yn bwysicach fyth, at danio'r dychymyg. Wedi'r cyfan, ein medrau creadigol yw cyfaill pennaf rheswm, a'n gobaith mwyaf, wrth inni ymgodymu â'r cyflwr dynol.

Nodiadau

1 Amlygir sgileffeithiau a hollbresenoldeb neoryddfrydiaeth yn llyfr Mark E. Fisher, *Capitalist Realism: Is There No Alternative?* (Ropley: Zero Books, 2009). Ar un wedd, ymgais yw'r stori hon i amlygu modd amgen o ddychmygu'r byd, arall na'r teithi meddwl cyfalafol rydym wedi cyflyrru ganddynt.

2 Iorwerth C. Peate, 'Y Meddwl Ymneilltuol', *Efrydiau Athronyddol*, 14 (1951), 1–11.

3 Gweler Dafydd Huw Rees, *The Postsecular Philosophy of Jürgen Habermas: Translating the Sacred* (Cardiff: University of Wales Press, 2018). Diolch iddo am awgrymu'r disgŵrs gwleidyddol moesegol fel modd o gymeriadu'r gwaith hwn.

4 Gwyn Alf Williams, 'Marcsydd o Sardiniwr ac Argyfwng Cymru', *Efrydiau Athronyddol*, XLVII (1984), 16–27.

5 Williams, 'Marcsydd o Sardiniwr', 20.

6 Williams, 'Marcsydd o Sardiniwr', 20.

7 Williams, 'Marcsydd o Sardiniwr', 20.

8 Williams, 'Marcsydd o Sardiniwr', 20.

9 Kristie Dotson, 'How is this Paper Philosophy?', *Comparative Philosophy*, 3(1) (2012), 3–29.

10 Simon Brooks, *Pam Na Fu Cymru? Methiant Cenedlaetholdeb Cymraeg* (Caerdydd: Gwasg Prifysgol Cymru, 2015).

11 Term sy'n cyfeirio at y gwledydd hynny nad ydynt yn rhan o'r byd Gorllewinol; gweler, er enghraifft, yn Huw L. Williams a Carl Death, *Global Justice: The Basics* (Abingdon: Routledge, 2017).

12 Hans-Georg Gadamer, *Truth and Method* (London: Continuum, 2004).

13 Diolch i Dylan Foster Evans am dynnu fy sylw at hyn a gwaith ymchwil Arthur Howard Williams yn y maes.

1

Ceridwen

Ma' Gransha'n marw, a Mam a minnau'n mynd i ofalu amdano. Hen ddyn oedd unwaith yn ddisglair a llawn bywyd, ond chwerw ma' Gransha wedi bod er blynyddoedd, a dim byd wedi rhoi gwên ar ei wyneb. Dwi ddim yn edrych 'mlaen rhyw lawer, er o leia' fydd hi'n newid byd, a siawns i fwynhau ychydig o fyd natur. Lwcus fy mod i'n hoff o hwnnw, cofiwch, gan fod dim byd arall yna. Tawel; dim siw na miw, na gwe. A dim lot o bobl chwaith, sy'n berffaith iawn gen i. 'Sdim siâp arno fe o gwbl, druan. Ond be' sy' i ddisgwyl? Mae'n marw wedi'r cyfan. Y salwch yn ei fwyta fe'n dawel bach o'r tu mewn; mae'n anodd dychmygu'r dinistr ara' sy'n ei gydio o edrych arno fe – y corff a'r wyneb yn dal 'na 'run fath, jyst yn llwydo ac yn eiddil i gyd. Dim dal pa hyd fydd e efo ni. Hen foi cadarn, ond heb awydd byw wedi bod arno ers i Nain ein gadael ni. Mae'r hen le'n dal i edrych fel 'se hi yma. Fel bod Gransha wedi trio cadw popeth fel oedd e er mwyn ei chadw hi efo fe. Ond mae'n teimlo'n wag – cragen fach bert ond y bywyd oedd ynddi wedi mynd. Y tu allan mae'r bryniau'n edrych yr un mor hudolus ag erioed, a sŵn yr anifeiliaid yn hapus ac anwybodus eu byd. Dwi'm yn siŵr am y melinau yna chwaith, ond ma' 'na brydferthwch yn eu pwrpas, o leia'.

Dwi'n caru Nain. Wastad wedi. Oedd Nain yn fy neall i. A Mam. A Gransha, a bod yn deg. Roedd hi jyst yn deall pobl ac yn fodlon gwneud pethe drostyn nhw i'w helpu nhw yn eu blaen. Dim syndod bod Gransha wedi colli'r awydd am fywyd wedi iddi fynd. Fel petai hi wedi rhoi rheswm iddo fe fyw, a'i chariad yn gofyn y gorau ohono. A dweud y gwir, pan fu farw Nain, fe gollom ni Gransha; o leia' y Gransha oedd yn adnabyddus i fi. Daeth rhyw ddyn dieithr yn ei le. Mae Mam wedi dweud, wrth inni edrych ar y dyn yna yn y gwely, fod raid inni geisio cadw'r atgofion melys yn fyw yn ein meddyliau – nid dyddiau ola' dyn sy'n cyfri, meddai hi.

Wedi bod allan yn crwydro – dan orchymyn Mam, cyn i'r *cabin fever* fynd yn drech na fi. Pob math o bethau i'w gweld. Dwi'n mwynhau gweld y defaid a'r gwartheg hyd yn oed. Un peth dwi'n leicio am anifeiliaid yw'r ffordd mae rhywun yn gallu rhoi trefn arnyn nhw, eu cymharu nhw, y manylion bach. Eu gosod nhw mewn grwpiau, meddwl am y categorïau – gymaint ohonyn nhw ac mae gwahaniaethau bach a phethau bach sy'n debyg. A'r enwau; dwi'n leicio trio cofio'r holl enwau.

Gransha fel ma' fe, ond bach mwy siaradus. Fel 'se'r posibilrwydd o'n gadael ni wedi ei feirioli a thawelu ei feddwl rywfaint . . .

Mae tridiau heb sgrin yn gwneud pethau rhyfedd i rywun. Ma' mhen fel 'se fe ar bigau'r drain rywsut; dim ond Mam a Gransha a'r muriau a byd natur yn gwmni. Ond braf cael byw yn fy mhen 'yn hunan am gyfnod, er bod Mam fel 'se hi'n wyliadwrus ohona i. Felly mae hi wastad wedi bod, cofiwch; pryderu 'mod i ychydig bach yn wahanol neu'n mynd i'w chael hi'n anodd ffeindio fy lle. A falle fod yna resymau dros hynny, ond ry' ni gyd yn gorfod ymdopi a dod i mewn o'r ymylon weithiau. Ac unwaith mae rhywun yn cyrraedd ei ddeunaw, byddech chi'n dychmygu y byddai pobl yn poeni llai . . . Ond poeni ma' hi'n gyffredinol ar hyn o bryd; falle bod poeni amdana i'n llai poenus na phoeni am Gransha, felly os yw hynny'n help . . .

O, Nain. Fe wnaeth hi rywbeth mor hyfryd i fi; fel 'se hi'n gwybod y bydden i yma ryw ddydd fel hyn. Dywedodd Gransha bore 'ma wrth Mam ei fod e'n cofio iddi roi trefn ar ei llyfrau i fi. O'dd Nain yn gwybod fy mod i'n caru llyfrau; yn eu bwyta nhw i frecwast, fel y byddai hi'n ei ddweud. Es i a Mam i mewn i'r atic bach pnawn ma a dod â'r bocsys lawr. Pedwar bach mewn trefn – a wyddoch chi be', llun bach aderyn ar bob un ohonyn nhw! Dwi'm yn siŵr am y dewis chwaith: tylluan, mwyalchen, gwylan a barcud. Mae'n siŵr bod 'na ryw synnwyr i'r peth. Methu'n lan ag aros i'w hagor nhw. Un ffordd o lenwi'r dyddiau hir yma, o leia'.

* * *

Y Dylluan

Cloc ellyll, ceiliog gwylliaid,
Cenau diawl – cwyno i'w daid![1]

'A phwy wyt ti?' Roedd cwestiwn yr aderyn yn teimlo fel cyhuddiad.
'Ceridwen', atebodd y ferch yn ddidaro.
'Ceridwen. Diddorol. A beth yw dy fusnes fan hyn?' Petai gan yr aderyn aeliau, byddai un ohonynt wedi esgyn yn uchel i mewn i'w thalcen.
'Roeddwn i'n gobeithio y byddai gen ti awgrym. Nain sy' wedi'n hela fi, i ddysgu rhywbeth gen ti, debyg.'
'Dysgu rhywbeth? Wel, mi oedd dy nain yn llygaid ei lle. Menyw ddysgedig mae'n rhaid.'
'Nid felly, ond roedd gyda hi ddiddordeb.'
'Wel, diddordeb neu ddysg, mae wedi dy ddanfon at yr aderyn cywir. Wyddost ti pwy oeddwn i yn gydymaith â hi yn yr hen ddyddiau?'
'Rwy'n synnu clywed bod gen ti gyfeillion. Roeddwn i wedi cael ar ddeall bod yr adar yn dy gasáu di – yr arferion nosweithiol, y sgrech ofnadwy yna.' Edrychai'r creadur yn llai hapus fyth.
'Chwedlau dy bobl di yw y rheiny, bid siŵr. Yr hen greaduriaid ofergoelus. Cofio stori Blodeuwedd maen nhw, a'r gosb o'i throi yn dylluan, a'i chaethiwo mewn tywyllwch ac yn unigrwydd y

3

nos. Credu 'mod i'n cyfleu dirgelwch ac ing meddwl, a darogan gwae. Neu rywbeth felly.' Ochneidiodd, cyn ychwanegu, 'Cofia, fi yw un o'r pedwar creadur hynaf yn y byd. Wyt ti wedi clywed am Dylluan Cwm Cawlwyd yng *Nghulhwch ac Olwen*? Na? 'Dyw hynny ddim yn fy synnu – does neb eisiau rhoi sylw i'r pethau positif. Ond cofia di, fel arall roedd pobloedd eraill yn meddwl amdana' i. Yn y byd clasurol roeddwn i'n cadw cwmni i'r Dduwies Athena, neu Minerfa Rhufain.'

'Minerfa?'

'Duwies bwysig, a gysylltir â doethineb a gwybodaeth – dyna oeddwn i yn ei gynrychioli. Yn wir, pan oedd yr athronydd enwog Hegel yn siarad am Dylluan Minerfa, roedd e'n sôn am ei faes, sef athroniaeth.'[2]

'Athroniaeth?', cwestiynodd Ceridwen, a rhaid bod yr aderyn wedi synhwyro tinc o chwilfrydedd yn ei llais, oherwydd dyma hi'n ymsythu ychydig a dechrau traethu o ddifri.

'Ie, athroniaeth, y pwnc hwnnw sy'n ceisio rhoi cyfrif i rai o bethau sylfaenol bywyd. Sut mae modd gwybod pethau? Beth yw natur iaith? Beth sy'n foesol ac yn anfoesol? Beth yw'r bywyd da? Sut mae trefnu cymdeithas?'

'Dywedwch rywbeth wrtha i am athroniaeth 'te, nid dim ond cwestiynau', meddai Ceridwen yn bryfoclyd.

'Wel, mae cwestiynu'n hanfodol i athroniaeth – y sgwrs a'r cyfle i drafod, a dynesu at y gwirionedd.' Roedd y dylluan yn amddiffynnol braidd yn ei hymateb.

'Hapus i roi cynnig arni, ond ti fydd yn arwain', medd Ceridwen. 'Iawn 'te . . .'. Cymerodd yr aderyn saib, fel pe na bai hi wedi disgwyl ymateb cadarnhaol. Wedyn, dyma hi'n bwrw iddi.

'Y peth cyntaf i'w nodi yw'r amrywiaeth fawr yn yr hyn mae pobl yn ei ystyried yw athroniaeth, gan ddibynnu ar ble wyt ti yn y byd. Er hynny, mae'n deg dweud bod athronwyr at ei gilydd yn credu yn yr angen i ddefnyddio rheswm a rhesymeg wrth drafod cwestiynau bywyd, ac at ei gilydd byddan nhw'n credu bod modd anelu at rai gwirioneddau sydd yn wir ledled y byd; bod yna'r fath beth â gwirionedd cyfanfydol. O'i roi'n syml – a gorsyml debyg – bydd rhai yn credu eu bod yn gwneud hyn trwy gamu yn ôl o'r byd a thrafod cwestiynau mewn modd diduedd, dadansoddol, a bod eu hiaith a'u sgwrs yn gyfanfydol a chyffredinol eu natur. Ceir eraill wedyn sydd yn llai gobeithiol, neu'n llai uchelgeisiol, os mynnwch chi, ac sydd yn credu bod syniadau a dadansoddi o raid yn gyfyngedig i le ac amser yn y byd (ond gallant o dan rai amodau gyfrannu at y corff o wybodaeth ehangach, cyfanfydol).'

'A beth wyt ti'n ei gredu, dylluan?'

'Wel, un o wersi sylfaenol athroniaeth yw cydnabod cyfyngiadau ein gwybodaeth ni am y byd, a chyn lleied rydym yn ei wybod, ac o gymryd y safbwynt hwnnw byddai'n ddoethach imi nodi bod yna sawl modd dilys o ddeall y maes.'

'Ond . . .?'

'Pe byddai rhywun, dyweder, yn fy ngorfodi i leisio barn, byddai'n rhaid imi nodi eto pa mor hen ydw i a chymaint o fywyd dynol rwyf wedi ei weld. Ac wrth i rywun ystyried hanes dy hil di, wrth gydnabod bod yna gysondebau i'w gweld – eich twpdra, eich traha a'ch tueddiad i ryfela, er enghraifft – rhaid cydnabod yn ogystal fod y gwahaniaethau rhwng cymdeithasau dros amser ac ar draws y byd yn peri i rywun feddwl nad oes gwir fodd camu allan yn llwyr o gyfyngiadau diwylliannau penodol gwahanol. Mae pob ymgais i athronyddu, pob ymgais i ddatgelu rhywbeth pwysig, gwerthfawr a thragwyddol amdanoch chi a'ch perthynas â bywyd a'r difywyd, yn digwydd mewn cyd-destun penodol ac arbennig. Er gwaethaf y ffaith fod modd darllen a dysgu oddi wrth Platon, Awstin Sant, Thomas Hobbes, Richard Price, Mary Wollstonecraft, Karl Marx neu Simone Weil heb ddirnad neu roi sylw i'w lle penodol mewn hanes, ysgrifennu mewn ymateb i'w hamgylchiadau arbennig hwy a wnânt (rhai yn fwy uniongyrchol na'i gilydd, wrth reswm).

Ystyrier deialogau Platon, er enghraifft, mewn oes pan oedd Athen yn nhyb yr awdur a'i athro Socrates yn colli ei ffordd. Crëwyd *oeuvre* anferthol Awstin mewn oes pan oedd yr Ymerodraeth Rufeinig yn sefydlu Cristnogaeth fel ei dewis cred – a'r angen am uniongrededd felly'n gryf. Llunio damcaniaeth o'r natur ddynol a'r wladwriaeth a wna Hobbes mewn ymateb i'r Rhyfel Cartref Seisnig dinistriol. Adlewyrcha ysgrifau Price benllanw oes yr Ymoleuo a'r ffydd newydd yn natur dynoliaeth. Mynnu lle o fewn y ddealltwriaeth newydd honno i fenywod oedd cymhelliant

Wollstonecraft. Galaru a cheisio geirioli ymateb i ymddieithrio'r gweithwyr oedd cymhelliant Marx ym Manceinion. Trafod anghenion yr enaid a wna Simone Weil, wrth i'r Ffrancwyr edrych tuag at ddyfodol gwell yng nghysgod yr Ail Ryfel Byd.'

'Oes ots, dylluan, o ble'r ydym yn dechrau â'r cwestiynu?'

'Wel nac oes siŵr; ceisio pwysleisio ydw i mai peth naturiol yw athronyddu mewn ymateb i amgylchiadau penodol, a does dim o'i le ar wneud hynny; ac yn amlach na pheidio, o'r penodol y daw'r cyfanfydol. Trwy amlygu syniadau a safbwyntiau sydd yn codi mewn un lle, mewn un cyfnod, mae'n bosib y daw gwirioneddau cyffredinol i'r golwg a fydd yn ysbrydoli ac yn cynnig synnwyr i'r sawl sy'n byw ym mhen draw'r byd, neu mewn oes ym mhen arall hanes.'

'Ac mae'n rhaid bod y sawl sydd yn athronyddu yn ffeindio eu hunain yn gofyn cwestiynau tebyg, onid ydynt? Hynny yw, os wyt ti'n ymddiddori yn y cyflwr dynol a bod awydd arnat ti i drafod yr heriau sy'n ein hwynebu ni, mae'n anochel y byddi di'n taro ar yr un themâu?'

'Craff iawn, fy merch i. Mentraf fod gan bob un athronydd sydd yn ceisio mynd i'r afael â'n dull o fyw fan cychwyn tebyg yn ei ddadansoddiad neu ddadansoddiad. Hynny yw, hyd yn oed yn yr achosion yna lle maent yn anwybyddu, yn celu neu'n osgoi'r drafodaeth, maent yn cyflwyno neu awgrymu rhyw ddealltwriaeth o'r natur ddynol. Mae hyd yn oed yr ymgais gan rai megis Richard Rorty i ddadlau nad oes gwir natur ddynol – eich bod chi'n greaduriaid cwbl diganol, dihanfod, yn barod i blygu i ba bynnag ffurf a siâp o dan drawiadau morthwyl bywyd – yn ddatganiad o'r hyn ydym. Creaduriaid moesol a rhesymegol (ar eu gorau) oedd bodau dynol i'r Groegiaid gynt; plant Duw, wrth gwrs, i'r athronwyr Cristnogol; megis peiriannau hunanol, di-baid yng ngolwg Hobbes; bodau rhinweddol yng ngolwg Price; cynnyrch eu haddysg i Wollstonecraft; neu yn ôl Marx, bodau creadigol, cynhyrchiol y mae arnyn nhw angen perthynas gadarnhaol â'r hyn y maent yn ei gynhyrchu; eneidiau ag anghenion arbennig a'r angen am wreiddiau i Simone Weil.

Mae'n debyg y byddi di'n gweld elfennau o wirionedd yn sawl un o'r cysyniadau yma. Ond y gwir amdani yw mai ofer ydyw ceisio un diffiniad o'r natur ddynol a fydd yn mynegi dealltwriaeth pob un ohonoch o'r hyn yr ydych. Mewn byd sydd bellach mor fach, a lle rydych chi bellach mor ymwybodol o wahaniaethau mewn gwerthoedd a gwirioneddau, mae'n amhosib cynnig dehongliad a fydd yn taro deuddeg gyda'r mwyafrif, heb sôn am bawb. Felly mae wedi bod erioed, ond nawr rydych yn ddyddiol ymwybodol o hynny. A thrwy geisio cyffredinoli yn ehangach ac ehangach er mwyn corlannu pob syniad ar y natur ddynol i un cysyniad sy'n trosgynnu pob dim, y mae'r syniad hwnnw yn colli pob sylwedd, synnwyr a gafael. Wrth fentro, er enghraifft, mai hanfod pobl yw'r gallu i siarad, neu feddwl â chysyniadau, neu ddefnyddio dychymyg, mae'r diffiniad mor denau nes ei fod yn colli unrhyw arwyddocâd, neu mae modd dadlau nad yw'n wir am bob person, neu fod rhyw anifail neu'i gilydd yn meddu ar fedr cymharol.'

'Ond beth sydd i'w wneud, felly, os nad oes modd inni gyrraedd rhyw fath o syniad o wirionedd am y natur ddynol? Os nad oes modd inni bwyntio at un peth, neu sawl peth, a dweud, ie, dyna sy'n ein gwneud ni'n bobl a dyna sy'n cysylltu pob un ohonom â'n gilydd?'

'Cwestiwn teg. Byddai rhai'n awgrymu efallai nad oes ots. Os edrychwn ni ar y traddodiad hwnnw sydd yn un prif ffrwd, un bwysig heddiw, sef athroniaeth Eingl-Americanaidd ryddfrydol, fe gawn ni enghraifft arall o sut i fynd ati. Dyma athronwyr sydd yn dilyn yn ôl troed rhai o athronwyr yr Ymoleuad, megis y Cymro Richard Price, ac enwau adnabyddus fel y Sais John Locke a'r Prwsiad Immanuel Kant; y rhai a oedd wedi gosod sylfeini'r dadleuon dros iawnderau dynol, goddefgarwch a'r angen i geisio gwella cyflwr bywyd. Bellach maen nhw'n glynu at yr un egwyddorion cyffredinol, ond yn hytrach na cheisio cysyniad hollgwmpasog a thrwyadl o'r natur ddynol, maent yn llunio syniadau am yr iawnderau neu'r anghenion y maent yn ystyried yn wir i bob un ohonom.

Hynny yw, yn bwysicach na degymu'r mintys a'r anis a'r cwmin – a cheisio cyrraedd rhyw ddiffiniad o'r natur ddynol sy'n dderbyniol i'r trwch – haws a mwy ymarferol yw ceisio adnabod yr hyn sydd ei *angen* ar bawb. Fel hyn mae rhywun yn adnabod yr egwyddorion y dylid anelu atynt o safbwynt trefnu eich gwledydd – a'r berthynas rhyngddynt. Rhaid ichi geisio cyfundrefn sydd yn amddiffyn y cyfryw gysyniadau ac sydd yn caniatáu i berson fyw bywyd fel y myn.'

'Ac a ydyn nhw wedi llwyddo?'

'Wel, mae rhywun yn gallu gweld llwyddiant o fath, mewn dogfennau megis Datganiad Cyffredinol ar Iawnderau Dynol y Cenhedloedd Unedig, ond i'm tyb i a llawer un arall, cwympo i'r un fagl a wnânt, oherwydd yn y pen draw adlewyrchiad ydynt o'r hyn y mae athronwyr yn meddwl sydd yn bwysig ac yn greiddiol er mwyn i'r natur ddynol fynegi ei hunan. Er enghraifft, mae yna anghydweld ymhlith yr athronwyr yma ynghylch yr hawl honedig i bleidleisio; i rai ohonynt dyma fynegiant diymwad o'r hyn yr ydych fel anifeiliaid gwleidyddol; i eraill agwedd benodol ar ddiwylliant gwleidyddol ydyw.'

'Os nad oes modd cytuno ar y natur ddynol, felly, na chwaith yr hyn sydd ei angen ar natur ddynol, oes unrhyw drywydd arall all fynd â ni at ryw ddealltwriaeth gyfanfydol?', gofynnodd Ceridwen.

'Wel, un ffordd o'i chwmpas hi, o bosib, yw cyffredinoli yn hytrach am yr hyn sy'n wir am *gyflwr dynoliaeth*. Hynny yw, y mae'n haws adnabod y nodweddion yna sydd yn wir i'r *sefyllfa* y mae personau yn ei hwynebu; nid disgrifiad neu ddiffiniad o'r unigolyn neu'r hil, ond yn hytrach ddisgrifiad cyfanfydol o'r sefyllfa sydd yn eich wynebu fel personau ac fel rhywogaeth. Dyma i raddau a wnaed gan athronwyr fel Simone de Beauvoir a Jean-Paul Sartre a adnabyddid fel dirfodwyr: eu safbwynt nhw ar y cyflwr dynol yw mai un o ryddid ydyw, a phob un ohonom heb yr un dewis, heblaw cydnabod bod raid wrth ddewis er mwyn byw. Nid oes modd gwadu'r rhyddid hwn, mynnant, ac iddynt hwy yr unig ffordd o wynebu'r rhyddid diddiwedd yma yw trwy geisio bod yn driw i'r hyn ydych chi, a byw bywyd "go iawn" gyda "ffydd dda", yn hytrach na bywyd annilys, nad yw'n driw i chi'ch hunain, gan ymlynu wrth yr hyn sy'n estron ichi, neu'r hyn y mae'r "dyrfa" yn ei ddilyn.'

'Rwy'n deall hynny', meddai'r ferch, 'o safbwynt y ffordd rwy'n ceisio, neu'n gorfod, byw bywyd. Rwyf wedi bod ychydig bach yn wahanol erioed – mae pobl yn rhoi enwau ar y pethau yma – ond yn fwy na dim, rwyf wedi treulio gormod o amser yn ceisio gwadu pwy ydw i a ffitio'r hyn y mae pawb arall yn ei wneud a'i ddisgwyl. Ie, roedd hi wastad yn teimlo fel ffordd "annilys" o fyw a bod, a pheidio â gwneud y pethau yna oedd wir wrth fy modd, neu'n benderfyniadau rhydd oedd yn caniatáu imi fyw bywyd go iawn. Nid peth hawdd yw hynny, ond roedd Nain wastad yn help imi. "Rhaid iti fyw dy fywyd fel mae yn dy ben bach di, Ceridwen", byddai'n dweud. "Falle nad wyt ti'n gweld y byd fel eraill, ond bendith yw hynny, nid rhywbeth i'w ofni." Dim ond dechrau ei gwerthfawrogi hi ydw i, a dweud y gwir . . .'

'Ie, mae yna lawer i'w edmygu yn syniadau'r dirfodwyr, yn yr union fodd y mae yna lawer i'w edmygu yn y gwahanol draddodiadau oll. Mae'r dirfodwyr yn sicr yn amlygu gwirioneddau inni o fywyd cymdeithas y Gorllewin. Ond mae'n anodd peidio chwaith â gweld eu syniadau yn rhai sydd yn rhy benodol neu'n llwythog o'r traddodiad hwnnw. Dyma'r unigolyn delfrydol, dilyffethair a ddychmygir gan y traddodiad rhyddfrydol, sy'n cefnogi'r syniad cyffredinol o gyflwr bywyd fel un sydd yn gofyn y rhyddid i fyw bywyd "go iawn". Hynny yw, mae'r ensyniad bod gennych "hunan" go iawn sydd ar wahân i gymdeithas, ac mae gofyn ichi ei wireddu, yn gymaint syniad am sut i fyw bywyd ag ydyw'n ddisgrifiad o'ch sefyllfa chi fel pobl. Er dy fod yn gallu gwneud synnwyr a defnydd pwysig o'r syniad yma, mae'n ddigon posib y byddai'n ddirgel i lawer, nad ydynt yn y traddodiad yma o feddwl. Yn hytrach, mae yna le i ganolbwyntio'n fwy penodol ar ddod o hyd i wirioneddau syml, gwaelodol ynghylch y cyflwr dynol sydd yn eich cysylltu â'ch gilydd – heb yr angen i ddatblygu syniadau mwy penodol am sut mae ymateb i'r cyflwr hwnnw.'

'Beth sydd yn fwy sylfaenol, felly, na bod mewn sefyllfa lle mae'n rhaid i rywun benderfynu ar drywydd ei fywyd?'

'Gad imi geisio esbonio, felly, a chynnig syniad am y cyflwr dynol sy'n gyffredin i chi i gyd ac sy'n wahanol i bwyslais y dirfodwyr. Y mae yna nifer fach o wirioneddau sylfaenol sydd yn eich wynebu chi oll fel aelodau o'r rhywogaeth ddynol. Yn gyntaf mae eich bywydau, a'r modd rydych yn deall y bywydau hynny, yn gwbl ddibynnol ar y man lle'ch lluchiwyd chi ar y blaned hon. Mae'r byd rydych yn ei wynebu, yr anawsterau a'r cyfleoedd, yr hinsawdd a'r strwythurau cymdeithasol, y gwerthoedd a'r syniadau y'ch trwythwyd chi ynddyn nhw, *oll* yn amrywio bron yn ddiddiwedd. Y ffawd sydd yn wynebu pob un ohonoch, felly, yw eich bod chi fel babanod, ac yn nes ymlaen yn blantos ac yn bobl fychain, yn gwbl ddiddylanwad ynghylch y lle rydych yn eich ffeindio eich hunain yn eich man cychwyn, a'r modd y'ch meithrinir yn y blynyddoedd cynnar hynny. Rydych felly wedi'ch diffinio fel pobl i raddau helaeth – os nad yn gyfan gwbl – gan rymoedd sydd y tu hwnt i'ch galluoedd, ac mae eich gobeithion a'ch cyfleoedd yn rhwym wrth yr amodau arbennig hynny. Y sefyllfa gwbl ddi-rym, gwbl luchiedig yma sydd yn wir am bob un ohonoch – hyd yn oed y frenhines fwyaf bwerus, sydd heb ddewis dros ei ffawd.

Mae'n bwysig, wrth gwrs, i beidio â dod i'r casgliad bod y cyflwr yma o hap y mae pob un ohonoch yn ei brofi yn arwain at safbwynt negyddol neu drist ar fywyd. Yn hytrach mae'n pwysleisio'r ffaith fod y galluoedd rydych yn eu datblygu er mwyn ymdopi â'r sefyllfa yma'n ddibynnol ar y fagwraeth unigryw a gewch, a bod gan rai y gallu i oresgyn amgylchiadau eu sefyllfa yn gyfan gwbl. Yn y cyswllt yma daw'r pwnc canolog a hirhoedlog o ryddid yr ewyllys i'r amlwg. Rydym eto i allu profi yn ddigamsyniol fod y fath ryddid yn bod (ond mae safbwynt y dirfodwyr, er enghraifft, yn ddibynnol ar y syniad bod gennych chi oll y gallu cynhenid i ddewis yn wahanol i'r hyn y mae'r amgylchiadau'n pwyso arnoch i'w wneud). Tebycach yw bod eich penderfyniadau, rhai bach a mawr o ddydd i ddydd, yn deillio nid o allu digymell i wneud yr hyn rydych am ei wneud, ond yn gysylltiedig â chymeriad a thueddiadau sydd wedi eu ffurfio ar eich rhan chi trwy'r profiadau cychwynnol yna mewn bywyd sydd yn eich siapio weddill eich oes.

Y mae'r cyfrif mwyaf cyflawn o'r ewyllys rydd, ddigymell, wedi dod o law Kant, a hwnnw'n darlunio'r ewyllys rydd fel un sydd yn dianc rhag "heteronomi" – sef cymhellion allanol sydd yn aml yn gyfeiliornus – ac yn gweithredu'n hytrach yn unol â rheswm yn unig. Pan ydys yn gweithredu'r ewyllys rydd, felly, rydych yn llwyddo i godi uwchlaw ffactorau megis emosiwn neu ddyheadau'r corff, gan arddangos y gallu i wneud yr hyn sy'n gyson â rheolau moesol – y gorchymyn diamod yn nhermau Kant. Os am barhau â'r gred, felly, yn y syniad o'r ewyllys ddigymell, rhaid glynu at gred Kant fod modd ichi esgyn i'r hyn y mae'n ei alw'n "deyrnas y nwmenal". Ac eto, er ei fod yn dadlau bod y gallu yma ynoch bob un, mae modd ei gysoni â'r gydnabyddiaeth o ddylanwad amgylchiadau, trwy awgrymu bod eich gallu i esgyn i'r deyrnas hon yn cael ei effeithio gan eich magwraeth.

Ond nid yw'r amwysedd, neu amheuaeth, ynghylch rhyddid ewyllys o reidrwydd yn golygu dedfryd oes – bod bywydau pobl yn mynd i gael eu byw o fewn cyfyngiadau nad oes byth modd iddynt fynd yn ôl mewn amser i'w trawsnewid; bod eu tynged wedi ei hadrodd yn barod yn y sêr; bod cyfeiriad cledrau eu bywyd wedi eu gosod yn barod. I'r gwrthwyneb. Oherwydd ym mywydau pob un nad yw'n gaeth neu'n rhwym wrth dlodi gorthrymus, mae yna wir ryddid yn bod, yn yr ystyr bod ganddynt y cyfle i ddewis rhwng mwy nag un ffordd ymlaen. Mae'n ddigon posib, o ystyried magwraeth, cymeriad, rhagdybiaethau a dyheadau, mai dim ond yr un dewis y byddai rhywun yn ei gymryd o fewn yr opsiynau hynny, ond dyma ni'n taro ar wir hanfod rhyddid. Gwir natur rhyddid yw ei fod yn rhoi'r cyfle i bobl amlygu eu cymeriad mewn gwahanol ffyrdd a chanlyn gwahanol lwybrau yn eu bywydau. Dyna yw'r ddelfryd ddirfodol. Person dychmygol yw hwnnw sydd â'r gallu i benderfynu ar ei ewyllys yn hollol ddigymell. Y sawl sydd â chyfle i bwyso a mesur mwy nag un, neu, yn well fyth, sawl opsiwn gwahanol yw'r un sydd â gwir ryddid, er gwaetha'r ffaith y byddai modd inni ragweld pa un o'r llwybrau y mae'r person hwnnw'n debyg o'i gymryd oherwydd nodweddion ei gymeriad. Nid y broses feddyliol, wybyddol sydd yn arwain at fynegiant o'r ewyllys sydd yn dynodi rhyddid; dynodir rhyddid gan allu ymarferol yr ewyllys i fynegi ei hunan trwy sawl gwahanol ddewis.

Yn anffodus, gellid awgrymu mai ychydig iawn sydd yn cyrraedd y cyflwr delfrydol dirfodol lle mae galluoedd a sefyllfa gymdeithasol yn caniatáu adnabod gwirionedd yr hunan a byw bywyd mewn "ffydd dda".

Yn hytrach na chynnig syniad positif, cyflawn, felly, o'r cyflwr dynol sy'n dynodi rhyw fath o ddelfryd fel yr un dirfodol, mwy rhesymol ydyw cynnig syniad sylfaenol, negatif o'r cyflwr hwnnw os ydym am geisio cyfleu rhyw wirionedd diymwad amdano. Mewn geiriau eraill, beth yw hanfod y cyflwr dynol?

Un gwirionedd yw eich bod chi oll yn wynebu'r un cyflwr o fod wedi cael eich lluchio heb ddewis i mewn i'ch byd arbennig chi. Ymhlyg yn y cyflwr lluchiedig yma hefyd mae yna ddau wirionedd arall, a adwaenwyd gan y Cymro J. R. Jones wrth iddo fyfyrio ar syniadau Simone Weil am anghenion yr enaid: am fod personau yn ymgorfforedig – hynny yw, yn bersonau meidrol o gig a gwaed – mae angen lle arnynt i fyw yn y byd, ac mae angen cynhaliaeth i gynnal y corff. Yn ail, mae angen cyd-destun arnynt er mwyn datblygu a mynegi eu hysbryd – eu hymwybod, yr agwedd ar fywyd sydd yn byw yn y meddwl.

Gwirionedd arall yw bod y cyflwr lluchiedig yn esgor ar amrywiaeth ddi-ben-draw, nid yn unig rhwng un gymdeithas a'r llall, ond yn ogystal o ran y galluoedd sydd gennych wrth fynd i'r afael â'r cyflwr penodol hwnnw. Fe fydd rhai yn wynebu brwydr dim ond i oroesi, oblegid ansicrwydd eu lle nhw yn y byd a'r gynhaliaeth sydd ei hangen arnynt. O safbwynt pob un ohonoch, bydd maint eich rhyddid yn amrywio yn ôl y gwahanol lwybrau sydd yn agored ichi.'

'Ond os mai dyma yw'r unig wirioneddau cyffredinol, pa wersi bywyd sydd ar gael inni?', gofynnodd Ceridwen, gydag awgrym o rwystredigaeth. 'Oes unrhyw obaith am wirioneddau i'w cael ynghylch ein lle ni yn y byd, heb sôn am y byd cyfan?'

'Mi'r wyt yn iawn i ofyn y fath gwestiynau,' atebodd y dylluan. 'Yn wir, rwyt ti'n fy arwain i lawr y trywydd roeddwn i'n anelu amdano. Gobeithio y daw rhyw oleuni yn y sgwrs sydd i ddod, ond cyn symud ymlaen hoffwn gynnig un gosodiad a fydd o help inni – a dyma osodiad cadarnhaol, sydd â sylwedd ac sydd yn ymwneud â'ch natur yn hytrach na'ch cyflwr. Ond nid gosodiad mohono am y natur ddynol, fel y'i canfyddir yn yr unigolyn, ond yn hytrach osodiad cyffredinol am eich natur fel rhywogaeth (nad oes modd ei lleihau na'i hadnabod yn yr unigolyn yn unig – fel rhesymeg, neu rinwedd, neu greadigrwydd).

Nodwedd sydd yn diffinio eich sefyllfa fel aelodau o'r rhywogaeth ddynol, yn wahanol i anifeiliaid eraill, yw eich bod chi'n gallu defnyddio eich rhyddid i ymyrryd mewn modd digyffelyb, nid yn unig yn eich cynefin ond yn eich ffordd o fyw, ac yn hynny o beth, yn eich natur chi eich hunain. Yn wir, y mae'r graddau rydych yn gallu gwyrdroi, ail-lunio, ail-greu ac ailddiffinio eich hunain, eich amgylchfyd a'ch pwrpas, yn eich gwahaniaethu yn fwy na dim oddi wrth rywogaethau eraill. Pa rywogaeth arall all fanipiwleiddio'i galluoedd ei hunain yn yr un modd? Pa rywogaeth arall all fanipiwleiddio ei chynefin i'r fath raddau fel ei bod yn ei dinistrio'n barhaol? Pa rywogaeth arall sydd â'r gallu i ailfeddwl pwrpas ei bywyd, meddwl amdano a cheisio am rywbeth arall? Rydw i wedi gweld anifeiliaid lu yn esblygu ac yn datblygu trwy'r oesau, ond goddefol yw hynny ar y cyfan – yn ymateb i'r amgylchiadau. Chi, yr hwyrddyfodiaid, yw'r unig rai sydd â'r gallu i newid cwrs eich byd.

Rydych yn gallu ymyrryd yng nghwrs natur, a magu galluoedd, neu ryddid cwbl eithriadol. Ond yn enw beth? Dyna'r cwestiwn oesol, sy'n wynebu pob un ohonoch.

A'r enw hwnnw yw'r gwreiddyn hollgynhaliol sy'n galluogi eich bywyd i ffynnu. Mae'r 'enw' rydych yn ei ddewis, a'r modd rydych yn penderfynu ei addoli neu'i wireddu, yn diffinio'ch bodolaeth, ac wedi esgor ar ffurfiau di-rif o fywydau dynol ar draws lle ac amser. Rydych ers gwawr eich hunanymwybod wedi creu chwedlau er mwyn byw yn ôl rhyw werth neu werthoedd – byw yn enw rhywbeth sydd yn rhoi ystyr i'ch bodolaeth. Er bod rhyddid ewyllys yn fath o chwedl, mae'r rhyddid i ddewis yr hyn sy'n gwneud eich bywyd yn werth ei fyw yn ddigon real.

Yn y byd gwyn, Gorllewinol, y mae'n bosib olrhain yn weddol ddidrafferth dros rai canrifoedd y gwerthoedd cyffredinol hynny sydd wedi rhoi ystyr i fywydau pobl. Y mae paganiaeth ac yna Cristnogaeth wedi diffinio eich cymdeithasau i'r graddau eu bod wedi diffinio bywydau trwch y boblogaeth. Ers gwawr yr Ymoleuad, mae syniadau am ddyneiddiaeth wedi ennill eu plwyf yn ogystal, er bod y gwerthoedd hynny efallai yn fwy amrywiol a llai hysbys hyd yn oed na'r amryw safbwyntiau Cristnogol sydd yn frith yn eich cymdeithas.

A dyma'r trywydd yr hoffwn dy arwain di arno, os yw hynny'n dderbyniol iti. Rwyf am ofyn, ac am i ti ofyn, yn enw beth y mae'r trwch ohonoch yn byw heddiw, a sut rydych yn ei addoli?'

Saib.

13

'Onid cyfalafiaeth a digonedd yw eich Duwiau? A beth sy'n digwydd pan nad oes yna ddigonedd bellach i bawb, neu fod yr addewid o'r digonedd hwnnw wedi ei danseilio a'r gobaith o ddewis yn ddim ond rhith yn ogystal? Fel bodau lluchiedig, yn ddibynnol ar eich amodau, rydych yn byw mewn byd lle mae'n gynyddol anoddach i ymdopi â sefyllfa lle mae'r gwerthoedd gosodedig yn mynd yn anos i'w gwireddu yn eich bywyd. Fe'ch anogir i chwennych cyfoeth, ond mae'r cyfoeth yn lleihau, gan gyfyngu ar y profiad o ryddid. Deisyfwch ryddfreiniad, ond o ble y daw hynny? Mae'r sustem economaidd wedi troi'n sustem o werthoedd ac wedi eich caethiwo: cell feddyliol cyfalafiaeth.

Dyma'r argyfwng sydd yn eich wynebu heddiw ac a fydd yn wynebu dy genhedlaeth di.'

Ni ddaeth ymateb gan Ceridwen y tro hwn.

'Dyna ddigon am yr argyfwng am y tro. Rwyt yn ymwybodol ddigon ohono, mae'n siŵr, am dy fod yn byw trwyddo. Ond rhaid meddwl am ymateb a all gynnig ffordd ymlaen.

Daw galwad gan rai, mae'n siŵr, i droi yn ôl at Dduw. Ond beth am y nifer fawr nad yw Duw yn eu dychymyg na'u calonnau, ac nad oes gallu ganddyn nhw i gymryd y naid tu hwnt i fateroliaeth drwyadl eich diwylliant, nad oes modd iddyn nhw ymglywed â'r trosgynnol, na hyd yn oed gydnabod bodolaeth yr hyn nad oes iddo ffurf faterol?

Awgrymaf, wrth gwrs, fod yna obaith trwy droi at gysur athroniaeth – y maes sydd â'r ystyr "cariad at ddoethineb". Onid i'r cyfeiriad yna y byddai eneidiau coll yn cael eu denu ers llawer dydd? Y bwriad yn nyddiau Socrates yn Athen oedd cynnig syniadau ac ysbrydoliaeth ar gyfer y bywyd da, a'r amryw bynciau yn ymwneud â'r ffordd y dylid byw bywyd – gan gysylltu'r unigolyn â'i gymdeithas a chwestiynu'n blaen sut y dylai'r berthynas honno gael ei gwireddu.

Pan holodd Platon ynghylch cyfiawnder, aeth ati i edrych ar natur y ddinas a *natur yr enaid*, gan ddod o hyd i'r hyn sydd yn gyffredinol a chwilio am y cydbwysedd addas. Pan ddychmygodd

Simone Weil ddyfodol Ffrainc dros ddau fileniwm yn ddiweddarach, gwnaeth hynny'n uniongyrchol trwy berthnasu natur y Ffrainc honno ag *anghenion yr enaid*. Oedd, roedd athroniaeth yn cynnig atebion i'r cwestiynau mwyaf sylfaenol ym mywydau pobl a'r ffordd o fyw y dylent ei mabwysiadu.

Ond fe ddaeth tro ar fyd. Ciliodd y pwnc rhag cwestiynu a rhag damcaniaethu ynghylch y cwestiynau hynny. Cred Wittgenstein oedd: "gedy athroniaeth y cyfan fel y mae".[3] Nid lle athroniaeth yw damcaniaethu am y syniadau ("gemau iaith" yng ngeirfa Wittgenstein) sydd yn tywys pobl trwy eu bywydau. Mae ffyrdd o fyw "yna fel ein bywyd" ac yn rhan o brofiad beunyddiol – nid deunydd i'w greu, neu feirniadu yn ei gylch. Eu *hegluro a'u hesbonio* oedd gwaith athroniaeth.

Gwadodd eraill, y positifwyr rhesymegol,[4] wir ystyr moeseg, gan fynnu nad oes synnwyr i unrhyw osodiad na ellir ei gadarnhau fel ffaith empeiraidd ddiymwad. O'r safbwynt yma, nonsens yw crefydd a moeseg – datganiadau nad oes iddynt fwy o sylwedd nag sydd i fynegiant o hoffter am liw neu flas.

Ond mae'r rhod bob amser yn troi, ac fe ddaeth y sylweddoliad nad oes modd byw heb roi lle priodol i werthoedd ein bywyd mewn cysylltiad â'r gymdeithas ehangach. Bu rhai yn glynu wrth y trafodaethau yma trwy'r cyfan, wrth gwrs – y Sais Michael Oakshott ac Isaiah Berlin y Latfiad yn eu plith, ond y gŵr mawr (mawr o ddeallusrwydd, mawr o galon) John Rawls a gydnabyddir fel yr un a achubodd "ddamcaniaeth fawr".

Y weithred fwyaf anfoesol ym myd dyn a sbardunodd yr adferiad – rhyfel.[5] Roedd yr Americanwyr yn arbennig yn methu wynebu erchyllterau Fietnam a chynddaredd y Dwyrain Canol heb geisio gosod rhyw drefn foesol ar y cyfan. I feddylwyr megis Michael Walzer rhaid oedd gwahaniaethu rhwng yr hyn a ystyrid yn rhyfel cyfiawn ar ran yr Israeliaid, ac anghyfiawnder a thresmasu haerllug rhyfel procsi'r Rhyfel Oer yn y Dwyrain Pell. Nid digon oedd brandio'r cyfan yn nonsens. Mae yna angen dwfn ynom i ddisgrifio a deall pam fod rhai pethau yn werthfawr, rhai pethau'n ddiwerth, a rhai pethau'n fwy annerbyniol na'i gilydd. Nid syndod efallai mai trychineb rhyfel, a'r angen i'w ddeall a'i gyfiawnhau, sydd fwyaf tebygol o ddatgelu'r gwirionedd hwnnw.

15

Er i Rawls ei hun ysgrifennu am gyfiawnder rhyfel, rhan ddigon ymylol oedd hynny o'i gampwaith *A Theory of Justice*,[6] a geisiodd, yn nhraddodiad gorau athroniaeth, gynnig gweledigaeth o'r gymdeithas gyfiawn. Nid dyma'r lle i geisio crynhoi'r weledigaeth honno, heblaw nodi mai'r term a fathwyd iddi oedd "rhyddfrydiaeth egalitaraidd", sydd yn adlewyrchu'r modd y ceisiai Rawls gyfuno egwyddorion rhyddid a chydraddoldeb. Rhaid oedd gosod iawnderau sylfaenol ochr yn ochr â mesurau sydd yn unioni cyfleoedd ac yn dosbarthu adnoddau yn deg.

Roedd cyfiawnhad Rawls o'i ddamcaniaeth yr un mor bwysig â'i nodweddion. Nid datgan yr egwyddorion fel gwerthoedd gwrthrychol, bythol a wnaeth. Nid adlewyrchiad mohonynt o ryw drefn foesol annibynnol gyfanfydol – fel yn achos Platon. Yn hytrach, closiai yn agosach at ddisgybl yr hen Roegwr hwnnw, sef Aristoteles, a'i arfer o ddechrau â'r syniadau a'r gwerthoedd hynny y mae rhywun yn eu hetifeddu oddi wrth y cyndeidiau.

Honnai Rawls mai'r man cywir i ddechrau wrth chwilio am egwyddorion moesol i gymdeithas yw trwy edrych ar y 'farn ystyriol' – credoau rhesymol bob dydd – a'r gwerthoedd sydd wedi eu gweu trwyddynt. Dylai'r egwyddorion ffurfiol rydych yn penderfynu arnynt adlewyrchu a chrynhoi'r gwerthoedd hynny, a chynnig fframwaith damcaniaethol er mwyn dwysystyried a myfyrio amdanynt.'

Cymerodd yr aderyn saib wrth sylweddoli bod llygaid ei gynulleidfa yn dechrau pylu.

'Rwy'n ceisio fy ngorau i gadw lan â thi, Dylluan, ond mae'r syniad yma'n un anodd. Ai dweud wyt ti nad oedd Rawls yn credu bod cadernid egwyddorion y gymdeithas yn deillio o rywle uwchlaw neu ar wahân i'r gymdeithas honno – fel ewyllys Duw, er enghraifft – ond y dylem eu derbyn a'u hystyried yn ddilys oherwydd eu lle o fewn hanes y gymdeithas?'

'I bob pwrpas, dyna ni. Da iawn.'

'Ac mai nod athroniaeth yw myfyrio ar yr egwyddorion hynny mewn modd rhesymol, a'u pwyso a'u mesur yn erbyn y syniadau trefnus rydym yn eu datblygu ohonynt.'

'Ie wir. Dyma'r cysyniad o "gydbwysedd myfyriol".[7] Mae yna gymhariaeth dda â'r modd y mae gramadeg yn rhoi'r gallu inni ddeall, dadansoddi a meddwl am iaith mewn modd ystyriol ac ystyrlon. Lle mae defnydd bob dydd yn newid, rhaid ystyried weithiau a oes angen newid y rheolau gramadegol. Lle mae yna densiwn rhwng gwerthoedd gwleidyddol bob dydd a'r egwyddorion gwaelodol, y mae'n rhaid naill ai ail-lunio egwyddorion neu ystyried a oes angen diwygio'r farn ystyriol. Nid cynnig damcaniaeth ar ryddfrydiaeth egalitaraidd a wnâi Rawls, ond yn hytrach ceisiodd fynegi'r gwerthoedd hynny yr ystyriai eu bod yn ymhlyg yng ngwead cymdeithasau democrataidd y Gorllewin.

Mae triniaeth Rawls o egwyddorion moesol ar gyfer y gyfundrefn wleidyddol yn hynod drawiadol, heriol a phwysfawr. Fodd bynnag, o safbwynt ein stori ni, a phroblem benodol yr argyfwng presennol, mae yna duedd yn ei waith, nas amlygwyd tan iddo ddatblygu ei syniadau. Ymhen amser fe ddaeth yn amlwg bod Rawls yn gweld yr angen i wahaniaethu rhwng egwyddorion gwleidyddol cymdeithas a'r egwyddorion niferus ac amrywiol y mae ei dinasyddion yn eu coleddu, ynglŷn â phob agwedd ar eu bywydau. Hynny yw, yn ei waith gwreiddiol dyma Rawls yn cysegru trydedd ran y llyfr i'r dasg o ddarlunio'r math o werthoedd a syniadau y byddai unigolyn a fyddai'n cyd-fynd â'i ddelfryd o gymdeithas gyfiawn yn debygol o'u harddangos – dyma ymgais, fel gan Platon, i amlygu'r gydberthynas rhwng syniadau am foesoldeb cymdeithasol a moesoldeb yr unigolyn.

Fodd bynnag, erbyn ei waith hwyrach, roedd Rawls yn cydnabod – yn wyneb yr amrywiaeth credoau yn y gymdeithas ddemocrataidd gyfoes – yr angen i ddangos sut mae egwyddorion cyfiawnder cymdeithasol yn gydnaws â phob math o safbwyntiau moesol gwahanol – neu gysyniadaeth (*conception*) o'r da.

A dyma ddatblygiad nodedig a hanfodol, gan droi ei egwyddorion cymdeithasol yn gysyniadaeth "wleidyddol" nid "metaffisegol" o gyfiawnder.'

'Sori, metaffisegol ac nid gwleidyddol . . .? Cysyniadaethau o'r da? Rwyt ti'n dechrau siarad mewn iaith arall, neu yn iaith Rawls o leia'.'

'Rwyt ti'n berffaith iawn. Fe dria i eto: yn y lle cyntaf roedd Rawls am ddisgrifio set o gredoau personol, rhyw fath o ddelfryd ryddfrydol o'r bywyd da, a fyddai'n ffitio i'r drefn gymdeithasol mae'n ei dychmygu. Ond buan y sylweddolodd fod angen dangos y gallai'r drefn gynnig noddfa i nifer o safbwyntiau. Mae yna amryw o wahanol grefyddau – cysyniadaethau o'r da – mewn cymdeithas gyfoes, er enghraifft, a rhai ohonynt yn sylfaenol wahanol i safbwyntiau rhyddfrydol, dyneiddiol.

Ond er mwyn dangos bod yr egwyddorion cymdeithasol yn gymwys ar gyfer pob math o egwyddorion personol – cysyniadaethau o'r da – rhaid fuasai dadlau nad yw'r egwyddorion cymdeithasol wedi'u gwreiddio mewn cysyniadaeth benodol o'r da. Hynny yw, nad ydynt wedi'u hangori mewn safbwynt metaffisegol – metaffisegol yn yr ystyr o set o syniadau sydd yn ymwneud â'r hyn sydd y tu hwnt i'r byd "ffisegol" ac sy'n ymwneud ag agweddau'r gydwybod a'r ysbryd.

Felly, y bwriad oedd dangos bod y ddamcaniaeth yma o gyfiawnder cymdeithasol yn sefyll ar ei thraed ei hun, fel petai, ac yn gallu ffitio i wahanol safbwyntiau metaffisegol yn ddidrafferth.

Dyma ailddiffinio tasg athroniaeth foesol yn ei hanfod, a'i chyfyngu i'r gwaith o geisio egwyddorion cymdeithasol sydd yn ddigon cyffredinol i gynnig y modd mwyaf effeithiol o gynrychioli buddiannau pawb, a chydbwyso anghenion a dymuniadau'r gwahanol unigolion a grwpiau mewn cymdeithas. Bellach, nid busnes yr athronydd yw cynnig cysyniadaeth o'r da i'r unigolyn; tasg yr athronydd yw sicrhau bod y ddelfryd o gymdeithas gyfiawn yn un sy'n creu lle i amrywiaeth o syniadau, ac sydd hefyd yn gallu canfod pan fo rhai cysyniadaethau yn afresymol ac yn bygwth y cydbwysedd hwnnw.

Nid oedd Rawls yn unigryw wrth ddilyn y trywydd yma. Yn wir, ymhen amser, oherwydd ei amlygrwydd a'i bwysigrwydd, fe ddaeth i ddiffinio cymaint o athroniaeth wleidyddol Eingl-Americanaidd – a roddai gysyniadaethau o'r da o'r neilltu – nes bod termau'r drafodaeth i raddau helaeth wedi'u seilio ar gadw'r gwleidyddol a'r metaffisegol ar wahân. Rhaid inni beidio â meddwl ychwaith mai rhyw chwyldro yn y meddwl rhyddfrydol oedd hyn – roedd Isaiah Berlin yn rhagflaenydd o fath, gyda'i bwyslais ar luosogrwydd gwerthoedd (*value pluralism*), tra bod y syniad o oddefgarwch a rhyddid yr unigolyn i ddilyn ei gredoau personol yn draddodiad hir ac anrhydeddus yn mynd yn ôl i Price, Locke a Marlow.

Bu Ceridwen am sbel yn ystyried geiriau'r Dylluan, a'r aderyn doeth yn pryderu y buasai angen cychwyn o'r cychwyn. Ond nid felly. Roedd ei meddwl hi wedi symud ymlaen yn barod.

'A beth am draddodiadau eraill, felly?'

'Ym mha ystyr?'

'Ti oedd yn dweud bod yna sawl ffordd o athronyddu a bod modd gweld gwahanol safbwyntiau mewn gwahanol ddiwylliannau; beth oedd yn digwydd y tu hwnt i'r byd Saesneg yma?'

'Digon teg, wir.' Y Dylluan oedd angen meddwl y tro hwn. 'Roedd y llais cryfaf o'r cyfandir Ewropeaidd, yr unig un sydd wedi herio statws Rawls, yn dilyn trywydd tebyg, ond mewn cywair ychydig yn wahanol. Mae Jürgen Habermas yn gysylltiedig ag Ysgol Frankfurt. Dyma grŵp o athronwyr adnabyddus a ffurfiodd ac a geisiodd ddatblygu agenda chwyldroadol Karl Marx yn nauddegau a thridegau'r ganrif ddiwethaf, trwy addasu safbwyntiau gwrthgyfalafol, rhyddfreiniol yr Almaenwr.

Yn eu barn hwy roedd hyn yn golygu cydnabod gafael ddidostur y meddylfryd cyfalafol ar eich ffurfiau o feddwl, a cheisio ffyrdd o ddiosg elfennau mwyaf doluriol y cyflyru parhaol. Ni fyddai rhyddfreiniad yn bosib tra parhâi moddau dinistriol cyfalafiaeth o ddeall a dygymod â'r byd. Wedi'r rhyfel, roedd eu gwaith yn adlewyrchu düwch y cyfnod, ac yn ôl Habermas fe ddisgynnodd rhyw felan dros yr ysgol, a'i obaith ef oedd adnewyddu'r prosiect ar delerau newydd mewn modd mwy optimistaidd.[8]

I Habermas, yr hyn sydd ei angen yw ceisio creu strwythurau a chyfleoedd cymdeithasol lle mae'r grymoedd difaol ar eu lleiaf effeithiol; creu mannau saff, os mynnwch chi, lle mae pobl yn gallu trafod a chreu syniadau ac egwyddorion sydd yn adlewyrchu'r hyn sydd ei angen arnynt – pan nad yw'r grym cyfalafol yn gwasgu ar bob symudiad ymenyddol.

Rhan o'i weledigaeth oedd y ddelfryd o'r gyhoeddfa – y rhan yna o'r gymdeithas lle mae'r farn gyhoeddus yn cael ei datblygu a'i ffurfio mewn modd a all ddylanwadu ar wleidyddiaeth y wladwriaeth. Yn y gymdeithas gyfalafol, mae'r parth yma wedi'i lygru gan werthoedd prynwrol a chyfryngau sy'n gwasanaethu anghenion cyfalafiaeth, nid y bobl. Rhyw *bazaar* o syniadau a thrafodaethau lle mae pawb yn rhydd eu barn ac wedi'u rhyddhau o'r grymoedd difaol yma yr oedd Habermas yn eu harddel yn lle'r gyhoeddfa ddifrodedig sydd ohoni.

Ac yn yr ymgais yma i greu delfryd ategir yr hollt rhwng y da a'r iawn: y gwerthoedd dyfnaf (metaffisegol) ar y naill law a'r iawnderau cyffredinol (gwleidyddol a moesol) ar y llaw arall. Oblegid wrth ddychmygu'r broses o lunio egwyddorion cymdeithas yn y gyhoeddfa yma gofynnir i bob un adael y tu allan i'r parth hwnnw eu hymrwymiadau, eu daliadau a'u cysyniadaethau personol – o leiaf yn yr iaith a ddefnyddir, yn y broses hon o geisio cydsynio.

Hynny yw, nid yw Habermas na Rawls yn disgwyl y gall pobl ddiosg eu credoau dyfnaf wrth ymwneud â gwerthoedd cymdeithas, eu trafod neu fyfyrio arnynt. Mae Rawls yn credu bod modd ichi bennu, trwy resymegu damcaniaethol, yr egwyddorion hynny sydd yn fwyaf addas i'r gymdeithas. Tasg dinasyddion yw dod i wybod beth yw eu da personol nhw yn y sustem o iawnderau sy'n gweithredu'r egwyddorion hynny. Maent yn rhydd i drafod a dadlau a cheisio eu hiawnderau o fewn y strwythurau, nid trwy apelio at y credoau sy'n codi o'u cysyniadaethau personol o'r da, ond y gwerthoedd a'r *iaith wleidyddol* sydd ymhlyg yn egwyddorion cyfiawnder cymdeithas. Dyma'r "rheswm cyhoeddus", y *"public reason"* mae'n ddisgwyliedig i ddinasyddion ei ddefnyddio.

Mae Habermas yn debyg i Rawls yn yr ystyr ei fod yntau hefyd yn mynnu y dylai pobl fynegi eu barn a chynnig eu syniadau trwy ddefnyddio iaith y mae pawb yn gallu ei deall a'i derbyn – ac nid iaith bersonol neu benodol ei chysyniadaeth o'r da. Yr hyn sydd yn gwahanu'r ddau yn bennaf yw, tra bo Rawls yn credu bod modd pennu egwyddorion gwaelodol y gymdeithas trwy fyfyrio athronyddol "ymlaen llaw", fel petai, mae Habermas yn credu yn y broses o ganiatáu i'r egwyddorion yma eu hamlygu eu hunain trwy'r sgwrs ddelfrydol yn y gyhoeddfa, un sydd wedi'i gwahanu oddi wrth ddylanwadau beunyddiol eich cymdeithas gyfalafol.

Mae'r ymarfer athronyddol yn un mwy penagored, os mynnwch chi, yng ngweledigaeth Habermas, ond erys yr un egwyddor o wahanu "da" personol yr unigolyn oddi wrth yr "iawn" cymdeithasol. Ond i symud ymlaen – a chan dy fod yn gofyn – beth am ein ffrindiau eraill ar y cyfandir? Gwanychwyd yr egni a'r brwdfrydedd dros Farcsiaeth wrth i'r freuddwyd Sofietaidd bylu, a daeth cenhedlaeth o feddylwyr i'r casgliad bod yna rywbeth sylfaenol o'i le ag agwedd hollgwmpasog y traddodiad hwnnw a'r tueddiad at ormes. Cyfyd nifer o enwau adnabyddus – Derrida, Foucault, Baudrillard yn eu plith – ond yr un a gydnabuwyd yn bennaf am grisialu'r agwedd athronyddol newydd yma oedd Lyotard, yn ei destun ar y cyflwr ôl-fodern.[9] Wrth galon y cyflwr yma, adroddai Lyotard, roedd amheuaeth ynghylch yr archadroddiant (*grand narrative*). Marcsiaeth oedd ganddo mewn golwg wrth fynegi'r cysyniad yma, ond y mae archadroddiant yn cynrychioli unrhyw ymgais i gyflwyno safbwynt hollgwmpasog ar y byd, gan honni deall, dehongli a gweithredu yn y byd yn ôl un set o syniadau sydd yn hawlio eu bod yn cwmpasu'r gwirionedd cyfan.

O safbwynt archadroddiant nid oes lle i adroddiannau amgen er mwyn dehongli ein byd; i'r sawl nad yw'n athronyddol ei gefndir, efallai mai crefyddau sydd yn cynnig yr enghreifftiau mwyaf amlwg o archadroddiannau, oherwydd yn amlach na pheidio mae crefydd yn mynnu bod raid dehongli a deall pob dim, yn y pen draw, fel mynegiant neu wireddiad o'r grym metaffisegol a goruwchnaturiol sydd wrth galon bodolaeth. Am fod Marcsiaeth, yr un fath â chrefydd, wedi cael ei chamddefnyddio a'i chamddehongli i eithafion erchyll, nid oes syndod i rai droi yn eu herbyn a phwysleisio problemau a photensial dinistriol unrhyw adroddiant sy'n hawlio ei fod yn gwybod y gwirionedd cyfan.

Peth iach, debyg, yw sicrhau lle i'r llais beirniadol, yr olwg amgen ar y byd, damcaniaethau niferus ar natur gwybodaeth. Ond cyfyd problem, wrth gwrs, wrth hawlio nad oes gan unrhyw un adroddiant afael i unrhyw sicrwydd ar wirionedd yn y byd hwn; oherwydd yn y pen draw, mae angen i rywun gymryd safiad, adnabod y graig sydd o dan ei draed, rhag iddo lithro'n bendramwnwgl i gors o berthynoliaeth lle nad oes unrhyw ffordd o wahaniaethu rhwng yr hyn sydd yn dda neu'n ddrwg o safbwynt bywyd dynol a'i gynefin.

Ymatal rhag cydnabod pwysigrwydd y graig hon y mae'r ôl-fodernwyr neu'r ôl-strwythurwyr, rhag iddynt golli eu min beirniadol a chwympo i'r fagl o adrodd a gorchymyn rhyw ffurf ar fywyd sydd yn cyfyngu ar ac yn ddinistriol o wahaniaethau. Nid oes pellter mor sylweddol â hynny, rhaid cydnabod, rhwng yr agwedd hon ac ymdrechion Rawls a Habermas, ill dau yn datgan i bob pwrpas fod cysyniadaethau o'r da y mae pobl yn eu harddel yn anghymesur – heb fod modd cydnabod bod y naill yn agosach at y gwirionedd na'r llall.

"Beichiau barn", "*the burdens of judgement*" yw ymadrodd Rawls sydd yn cydnabod bod yna sawl ffordd at y gwir, ac mai anochel ydyw bod pobl yn coleddu cysyniadaethau o'r da sydd yn wahanol ac yn anghydweld. Nid oes rhyw safbwynt Archimedeaidd, gwrthrychol a thragwyddol yn bodoli er mwyn barnu un gysyniadaeth yn erbyn y llall. Yr hyn sy'n nodweddiadol o Rawls a Habermas yw eu bod yn mentro ar ymgais i drosgynnu'r gwahaniaethau moesol yma gyda'u hathroniaeth wleidyddol. Athroniaeth o'r math lluniadol – "*constructivist*" – yw hyn, yn yr ystyr ei bod yn llunio egwyddorion cyffredinol ar gyfer cymdeithas sydd yn ddigon cyffredinol i gyfryngu â gwirionedd personol y mwyafrif rhesymol.

I'r meddwl ôl-fodern, fodd bynnag, mae ymgais o'r fath yn ymdebygu'n ormodol i archadroddiannau'r gorffennol, a phery'r amheuaeth fod rhyw gysyniad metaffisegol o ddynoliaeth yn llechu yno yn rhywle, wrth wraidd yr athroniaethau yma, sy'n rhwym o arwahanu neu esgymuno rhai eraill yn ddi-ffael. Yn achos Rawls, nid yw'r syniad o'r "rhesymol" yn cynrychioli ymgais i ddod ag amrywiol safbwyntiau at ei gilydd mewn ffordd a fydd yn creu sail gadarn i'r gymuned wleidyddol, ond yn hytrach gysyniad gormesol sydd yno i wahanu a phardduo rhai oherwydd eu "hafresymoldeb" honedig.

Nid yfi yw'r un i gloriannu llwyddiant y safbwynt ôl-fodern, ond gellid nodi, wrth gydnabod pwysigrwydd a gwerth y llais beirniadol, sgeptigol, fod un o'i ladmeryddion pennaf, Michel

Foucault, wedi maentumio erbyn diwedd ei yrfa fod yna angen am ryw ddycnwch, rhyw sadrwydd, er mwyn gwreiddio person a'i arfogi ar gyfer bywyd.[10] Sonia am "ofal dros yr hunan".

Dyma gydnabod bod angen rhyw gysyniad o sylwedd o'r bersonoliaeth ddynol – os nad cysyniad o'r da – er mwyn llywio'r llestr drwy foroedd tymhestlog bywyd ac ymateb i'r heriau di-ri gan gymdeithas a gwleidyddiaeth fel ei gilydd. Yn y pen draw, dechreuodd ddatblygu cysyniad o'r unigolyn yn byw ei fywyd yn esthetaidd, fel darn o gelfyddyd, a bod y weithred esthetaidd honno yn un nad yw'n caniatáu i rymoedd gormesol, boed yn rhyddfrydol neu beidio, gorlannu pobl mewn archadroddiant hollgynhwysol, ond sydd eto yn cynnig egwyddor neu ysbryd gwaelodol sydd yn caniatáu i rywrai feddwl a theimlo nad ydych yn mynd yn gyfan gwbl gyda'r llif.

Ac eto, ar y cyfan, nid yw egni athronyddol yr hanner canrif ddiwethaf wedi cael ei gyfeirio at amlygu neu ddatblygu syniadau am y bywyd moesegol. Eithriad, nad yw'n derbyn gymaint â hynny o sylw, yw ethig esthetaidd Foucault. Nid moeseg yr unigolyn a'i gysylltiad â'r sefydliad gwleidyddol sydd wedi derbyn y prif sylw – ac am resymau digon dilys.

Fodd bynnag, erbyn hyn mae'n berffaith deg i ddadlau nad yw math Rawls a Habermas o athroniaeth bellach yn gwbl gymwys ar gyfer y dasg o wynebu'r heriau cyfoes. Mae methiant neoryddfrydiaeth a chwymp sosialaeth wedi gadael cymdeithas mewn sefyllfa lle nad yw gwleidyddiaeth ymarferol chwaith bellach yn cynnig y sgôp er mwyn ymateb i anghenion pobl. O'r hyn a welaf i, nid yw athroniaeth yn cynnig yr atebion sydd eu hangen, oherwydd mae'n gweithio ar ragdybiaethau am sefydlogrwydd nad ydynt bellach yn berthnasol. Nid yw'r wladwriaeth ddemocrataidd ryddfrydol bellach yn ymddangos fel y math o sefydliad a fydd o reidrwydd yn gallu ymdopi â'r gofynion yr ydych chi'n eu gosod arni, gan fod gofyn i adnoddau ariannol a naturiol gael eu trin yn fwy cynnil yn wyneb dyfodol ansicr a'r diffyg solidariaeth ac ymdeimlad o gymuned ehangach sydd yn sail i gyfundrefn o gydweithio ac ailddosbarthiad. A hynny cyn ichi hyd yn oed ystyried y cwestiynau yma ar y gwastad byd-eang. Mae'r her yn

23

fwy sylfaenol na dadansoddi'r dosbarthiad teg o fewn y gymdeithas hon a'r gymdeithas fyd-eang; mae'n ymwneud â gwendid eich credoau sylfaenol.

Yn sgil cwymp crefydd sefydliadol, rwy'n amau nad yw trwch y bobl yn gyffredinol yn meddwl yn hunanymwybodol nac yn strwythuredig am natur na moesau eu bywydau. Yr hyn sydd wedi digwydd yn lle hynny yw bod y gwagle ysbrydol a moesol wedi cael ei lenwi gan ragdybiaethau a gwerthoedd y sustem rydych yn rhan ohoni. Hunllef Ysgol Frankfurt wedi'i wireddu'n drwyadl – ac un o'i brif ladmeryddion, Theodor Adorno, yn mynnu bod y gymdeithas gyfalafol bellach wedi dinistrio'r gallu i ddychmygu'r bywyd da.[11] Pan fydd pobl yn meddwl am eu cysyniadaethau o'r da erbyn hyn, maent yn ynganu hynny nid yn nhermau gwerthoedd sydd yn annibynnol o'r drefn economaidd, ond sydd yn ei hadlewyrchu. Nid beth yw'r bywyd da, gwerthfawr a moesol yw eu cwestiwn. Nid sut y gallaf fyw fy mywyd er mwyn gwireddu hynny, a sut mae'r wladwriaeth yn caniatáu imi wneud hynny neu beidio. Yn hytrach gofynnant pa swydd sydd angen arnaf, sut y caf i lwyddiant yn ôl gofynion y gymdeithas gyfalafol, sut medraf i ennill cymaint â phosib, pa bethau allaf i fforddio'u prynu ac yn y blaen. Yn wir, os oes gan y mwyafrif erbyn hyn unrhyw fath o gysyniadaeth o'r da, yna mae'n fy nharo i mai cysyniadaeth gyfalafol, hunanol yw honno. Dywedodd Rawls ei hun, yn ei destun olaf o sylwedd, fod gwacter ysbrydol yn beryg, ond bod y broblem yn perthyn i'r sffêr dinesig yn hytrach na'r sffêr gwleidyddol, Yn fy nhyb i, roedd yn anwybyddu'r ffaith fod ffurf y wladwriaeth a'r berthynas â'r economi yn ddylanwad helaeth ar y gwacter ysbrydol hwnnw.

Ac mewn cyfundrefn sydd yn frith o unigolion wedi'u llunio gan werthoedd economaidd o'r fath, pa syndod – pan fo cymaint yn cwympo'n fyr o'r ddelfryd, a lle mae eraill yn cwffio am eu heinioes er mwyn gwireddu'r ddelfryd honno – fod awyrgylch o gasineb a hunanoldeb yn cyniwair. Arweinia hyn at sefyllfa lle'i bod hi'n amhosib cynnal cymdeithas wâr a lle ceir mynegiant gwleidyddol o'r casineb a'r hunanoldeb mewn grymoedd neo-ffasgaidd – *heb unrhyw arlliw o sicrwydd moesol ymysg y bobl a'r gwleidyddion i'w galluogi i atal y llif.*

24

O ganlyniad, y mae rhagdybiaeth Rawls fod pobl yn meddu ar gysyniadaeth o'r da – sydd yn gosod ffurf ac egwyddorion ar eu hymddygiad beunyddiol – bellach yn y fantol. Yn wir, mae'n rhagdybiaeth ddigon rhesymol nad yw'r mwyafrif ohonoch yn ymwybodol o'r fath gysyniadaeth o gwbl, nac yn ceisio rhoi ystyriaeth i'r mater. Os felly, ofer yw'r disgwyliad i bobl geisio rhoi ystyriaeth i'r cwestiwn, p'un ai a yw strwythurau gwleidyddol yn ateb eu hanghenion ai peidio. Nid yw'r anghenion hynny yn ystyriaeth iddynt yn y lle cyntaf. A dyma pam mae raid gofyn, o ble y daw'r ysbrydoliaeth am eich ffordd o fyw?'

Saib; ac yna gwestiwn gan yr aderyn.

'Beth amdanat ti? Wyt ti'n berson crefyddol, neu oes gyda ti dy syniadau penodol ynghylch yr hyn sydd yn "dda"?'

Distawrwydd. Hir. Anadl ddofn. Ac yna, meddai Ceridwen:

'Roedd Mam yn arfer fy nanfon i i'r Ysgol Sul, ond doedd arnaf i ddim awydd mynd. Gormod o blant bach sgrechlyd. Dyw hi braidd byth yn mynd i gapel, heblaw pan mae'n rhaid iddi. Roedd hynny'n brifo Nain, rwy'n credu, ond byddai Mam yn dweud nad mynychu capel ar y Sul yw'r ffordd o fyw bywyd da. Gwneud y pethau iawn, gwrando ar fy nheulu, bod yn gymwynasgar – mae gen i arferion digon da, rwy'n gobeithio. Ond gallaf i ddim dweud wrthyt ti gydag unrhyw hyder fy mod i wedi treulio llawer o amser yn meddwl *pam* y mae'r pethau yma'n dda neu beidio, ac ar ba sail rwy'n gwneud y pethau yma. Rhyw syniad cyffredinol efallai fod pawb yn haeddu parch am eu bod nhw hefyd yn bobl, ac am ein bod ni gyda'n tebyg. Ond eto, dydw i heb feddwl rhyw lawer ynghylch pam rwy'n credu hynny, a sut buaswn i'n dadlau nôl pe bai rhywun yn hawlio fel arall.'

Saib arall.

'Ond siawns nad oes rhywrai eraill wedi bod yn siarad am y pethau yma?', gofynnodd hi mewn gobaith.

'Oes, fel mae'n digwydd; lleisiau amgen, os mynnwch chi – rhai sydd wedi awgrymu bod angen mynd ymhellach na damcaniaethu am sefydliadau, ac sydd yn cymryd yn ganiataol natur "foesol" y bobl. Mae yna un enghraifft dda o'r math yna o athroniaeth, a hynny'n deillio o'r tu mewn i'r gymdeithas Orllewinol. Albanwr, fel mae'n digwydd – Alasdair MacIntyre – yw hwnnw. Gwelwyd ef fel un o blith nifer o athronwyr a elwid yn "Gymunedolwyr". Dyma athronwyr oedd yn gwadu'r gwahaniaeth rhwng y da a'r iawn, ac yn mynnu bod angen i'r gyfundrefn wleidyddol, yn wir bod raid iddi, gynrychioli rhyw agwedd ar y da.

Yr hyn oedd yn nodweddiadol o weledigaeth MacIntyre, a ddechreuodd ei ffurfio nôl yn yr wythdegau cynnar, oedd ei bod yn cydnabod rhyw fath o argyfwng ysbrydol, ac wedi ceisio'i ddadansoddi, a meddwl am ba ffyrdd y gellid amlygu'r argyfwng yna i bobl, eu cymell nhw i feddwl unwaith eto yn foesol am eu bywydau, a dangos bod yna safonau amgen, gwell, mwy priodol ar gael iddynt. Yn wir, mae'r cyflwr modern yn ôl MacIntyre yn un o ddryswch moesol.

Ar ddechrau ei waith enwog *After Virtue*[12] mae'n creu darlun dychmygol o gymdeithas sydd wedi profi anffawd ofnadwy, a'r holl etifeddiaeth wyddonol wedi'i dinistrio. Er mwyn ceisio adfer yr etifeddiaeth honno a rhoi trefn arni, mae darnau yn cael eu hel at ei gilydd fan hyn a fan draw, a syniadau a thermau'n cael eu defnyddio, er bod eu hystyr a'u pwrpas gwreiddiol wedi eu colli. Dyma, honna MacIntyre, yw cyflwr eich byd moesol chi. Rydych yn defnyddio ieithwedd foesol ac yn ystyried eich hunain yn fodau moesol, ond mewn gwirionedd, does yna ddim trefn na seiliau cadarn na rhesymeg gyson y tu ôl i'r geiriau yma.

Canlyniad hyn yw trafodaethau lle nad oes modd hawlio bod y naill safbwynt yn fwy afresymol neu anghywir na'r llall. Yn eich trafodaethau beunyddiol, felly, nid ceisio ennill y ddadl rydych, ond yn hytrach fynegi eich emosiynau a cheisio newid emosiynau pobl eraill a dwyn perswâd arnynt i rannu eich hoffterau chi. Roedd ganddo enw i'r afiechyd, sef "ysmudiaeth" (*emotivism*). Hanfod y cyflwr yma yw eich bod chi'n byw eich bywydau, ac yn gwneud eich penderfyniadau, yn ôl cysyniadaeth o'r da sydd yn gwbl fympwyol – os yn wir yr ydych yn seilio eich penderfyniadau ar gysyniadaeth o'r fath o gwbl. Mae ysmudiaeth yn y bôn yn derbyn nad yw barn foesol yn ddim byd mwy na mynegiant o ffafriaeth, agwedd neu deimlad. I MacIntyre, dyma symptom yn rhannol o'r wladwriaeth ddiduedd fodern, a'r diffyg ymgais i gynnig gweledigaeth o'r da. Nid ar hap y mae hyn wedi digwydd. Dyma ganlyniad datblygiadau athronyddol dros nifer o ganrifoedd. Yn y bôn, rydych wedi colli syniadau yn tarddu o'r Canol Oesoedd am y natur ddynol a moeseg a gynigai ystyr a rheswm: yn y cyfnod hwnnw roedd safbwyntiau Aristoteles yn tra-arglwyddiaethu trwy law Tomos o Acwin, ac yn dilyn ffurf benodol. Pwrpas moeseg oedd cynnig llwybr i sicrhau bod pobl-fel-ag-y-maent yn datblygu i fod yn bobl-wedi-cyrraedd-eu-telos. I Aristoteles, roedd gan bobl, fel pob gwrthrych arall, eu telos – sef nod – penodol; yr esiampl a roddir yn aml i esbonio hyn yw'r dderwen fel telos y fesen. Mewn geiriau eraill, roedd Cristnogaeth y Canol Oesoedd yn cynnig darlun amlwg o ddyn wedi cyrraedd ei berffeithrwydd – ei *telos* – a phwrpas moeseg oedd rhoi arweiniad i bobl ynghylch sut i ddatblygu'u rhinweddau er mwyn ymgyrraedd at y telos hwnnw.

Dinistriwyd y fframwaith yma, fodd bynnag, yn gyntaf gan Brotestaniaeth a Chatholigiaeth Jansenaidd, ac yna gan athronwyr yr Ymoleuad megis Hume, Pascal a Kant. Cyfraniad crefydd at y dadfeiliad oedd pwyslais o'r newydd ar y pechod gwreiddiol, a oedd yn gwadu natur resymegol dynoliaeth a'i gallu i adnabod ac ymgyrraedd at y cyflwr o berffeithrwydd. Yn hytrach na cheisio adfer y telos dynol, tuedd yr athronwyr oedd adfer y natur resymegol a'i defnyddio i hyrwyddo moeseg amhersonol, gyffredinol a chyfanfydol. Nid oedd egwyddorion moesol bellach yn deillio o weledigaeth o'r bywyd da, ond yn hytrach yn ymwneud ag ymddygiad nad oedd yn tresmasu ar eraill – megis gorchymyn diamod Kant[13] ac "egwyddor afles" John Stuart Mill.[14] I athronwyr yr Ymoleuad dyma sicrhau rhyddid yr unigolyn i fyw bywyd yn ôl ei ddymuniad ei hun, heb hualau rhyw syniad ehangach o'r hyn oedd yn dda neu'n ddrwg. I MacIntyre, dyma ddyfnhau a chadarnhau'r duedd at foeseg "wag" nad yw'n cynnig delfryd na chysyniadaeth o'r da i roi pwrpas i fywyd yr unigolyn.

Yn wir, glynu y mae MacIntyre wrth y syniad Groegaidd fod angen dirfawr am gysyniadaeth o'r da ar lefel y gymuned yn ogystal, oherwydd yn y bôn mae hunaniaeth a bywyd dynol yn cynnig ystyr ichi, dim ond ichi wybod eich lle o fewn y gymuned.

Nid oes modd datgysylltu eich hunain o'ch hunaniaeth yn y modd mae rhyddfrydwyr yn ei ragdybio (oni bai eich bod chi'n gadael neu'n ymwrthod â'r gymuned, neu droi'n berson newydd i bob pwrpas). Rydych yn dod i'r byd yma gan etifeddu manteision a dyletswyddau eich cymuned – er enghraifft, mae'r Sais (neu efallai dylwn i ddweud, y *Prydeiniwr*) sydd yn gwadu ei fod wedi gwneud unrhyw ddrwg i Iwerddon yn euog o fethiant moesol oherwydd bod yr etifeddiaeth yma yn rhan o'i hunaniaeth gymdeithasol. Mae rhinwedd dynol, a'r ymgyrraedd at eich telos yn dibynnu nid yn unig ar ymarfer y bywyd da trwy amrywiol arferion, ond mae'n dibynnu hefyd ar gynnal y traddodiadau hynny sydd yn gosod cyd-destun hanesyddol i bersonau a'u harferion. Nid digon yw mwynhau barddoniaeth, rygbi neu'r tirlun Cymreig; rhaid gweithredu er mwyn hyrwyddo'r traddodiad sy'n eu cynnal.[15]

Dadansoddiad athronyddol y mae MacIntyre yn ei gynnig, felly, o'r cyflwr cyfoes. Tro anffodus yw bod y ffordd o feddwl am y natur ddynol a moeseg wedi arwain at drafferth a thrybini. Rydych wedi troi cefn ar eich telos a'r amodau sydd yn ei gynnal. Ond nid yw MacIntyre yn ddall chwaith i rym dinistriol cyfalafiaeth, sydd yn ei farn ef yn ategu arferion gwaethaf ysmudiaeth a'i thueddiadau tuag at roi gwerth ar yr unigolyn yn hytrach na lles y gymuned gyfan.

Mae'n rhoi gormodedd o bwyslais ar chwennych arian a chan hynny yn cynnig syniad ffals o'r bywyd dedwydd. Mae arian yn gormesu mewn gwleidyddiaeth fodern sydd wedi'i seilio ar gystad-leuaeth gyfalafol.[16] Yn ogystal, mae natur y sustem gyfryw ag i danseilio rhinwedd trwy annog manipiwleiddio eraill – y rheolwr yn manipiwleiddio'r gweithwyr wrth gynhyrchu nwyddau, a'r sawl sy'n marchnata yn manipiwleiddio'r cwsmeriaid er mwyn dwyn perswâd arnynt i brynu'r nwyddau. Yn olaf, mae'n tueddu i ddedfrydu rhai rhannau o'r sector llafur, neu'n wir gymdeithasau cyfain, i amddifadedd economaidd annileadwy.'

'Fel rhannau o Gymru?'

'Byddai modd awgrymu hynny, mae'n siŵr . . .'.

'A be wedwch chi am ein ffrind Alasdair, Dylluan?'

'Rwy'n credu bod ei ddadansoddiad o'ch cyflwr cyfoes yn weddol agos ati, o ran adnabod tueddiadau'r oes. Yn wir, mae rhai wedi mynd yn ôl ato gan synnu at ba mor broffwydol oedd rhai o'i sylwadau am wleidyddiaeth ryddfrydol gyfoes, a'r tueddiad i beidio â chaniatáu trafodaeth o'r cwestiynau mawrion am natur a da'r gymdeithas, gan greu rhwystredigaeth ymysg y bobl a oedd yn dyheu am newid.

Wedi dweud hynny, rwy'n amheus ai gwaredu moesau o'r telos a arweiniodd at yr argyfwng presennol. Yn sicr, roedd gweledigaeth Kant a'i debyg o rinwedd yn un llawer mwy penagored, heb wreiddiau mewn traddodiad penodol. Mae safbwynt Rawls yn adlewyrchu hynny yn yr ystyr ei fod yn awgrymu y byddai sawl telos gwahanol yn gyson â'i weledigaeth wleidyddol. Ond rwy'n amau ai hynny ynddo'i hunan sydd wedi arwain at eich cyflwr presennol.

Afraid dweud nad ydy cysyniadaethau seciwlar, dyneiddiol o'r da wedi cael eu hadfywio, eu trafod na'u hyrwyddo yn yr un modd. Ond yn y pen draw, ni fyddai'r drifft yma oddi wrth y moesol wedi bod mor ddinistriol oni bai am dwf dilyffethair cyfalafiaeth. I mewn i'r gwacter yma mae gwerthoedd y sustem wedi llifo a meddiannu moesau'r mwyafrif. A rhaid gofyn heddiw pa mor ddienaid yw byd lle mae sustem economaidd yn troi yn weledigaeth foesol. Hynny yw, sustem ar gyfer masnachu a symud nwyddau yw cyfalafiaeth yn y bôn, a phan ddadansoddodd Adam Smith y sustem honno, gwnaeth hynny gan fawrygu pa mor bwysig oedd masnach rydd wrth sicrhau cyfundrefn foesol – *wedi'i seilio ar egwyddorion eraill na'r farchnad*. Ond dros amser, yn hytrach na gwasanaethu'r weledigaeth foesol yma, mae'r farchnad wedi trawsgyweirio i fod yn weledigaeth foesol ynddi'i hunan. A dyma'r afiechyd neoryddfrydol sydd wedi meddiannu'r meddwl cyfoes.

Ac eto, pa un bynnag o'r ddau – athroniaeth neu economeg – sydd ar fai, mae yna lawer i'w ystyried yng ngwaith MacIntyre, ac yn enwedig ei weledigaeth ar gyfer gwleidyddiaeth y dyfodol. Rhaid wrth ddiwygiad y sustem economaidd a rhoi cymunedau a'r lles cyffredinol yn gyntaf, ac mae hynny'n galw am lai o anghydraddoldeb, gan osgoi gosod y tlawd na'r cyfoethog tu hwnt i'r gymuned. Rhaid dofi'r farchnad fel y gellir caniatáu datblygu

29

rhinweddau unigolion a chymunedau fel na bo gofyn iddynt ymostwng i werthoedd cyfalafol. Mae hyn yn gofyn gweithio a gweithredu cysyniadaeth o'r lles cyfunol, gan roi o'r neilltu y tueddiad i wleidyddiaeth ddyfarnu rhwng cysyniadau sy'n cystadlu â'i gilydd – a symud tu hwnt i "ryfel cartref trwy ddulliau eraill".[17]

Er mwyn i'r broses yma weithio, ac er mwyn rhoi cyfle i bawb ddatblygu'n rhinweddol, rhaid sicrhau bod gan bawb ran yn y broses. Mae trafodaeth a chyfranogi o'r fath yn gofyn sefydlu cymunedau llai na'r gwladwriaethau modern. Bydd gan y cymunedau yma draddodiadau a hanesion, gyda phobl arbennig ag awdurdod ganddyn nhw i addysgu'r gymdeithas am yr hanesion a'r traddodiadau hynny er mwyn i bawb ddatblygu gwybodaeth a dealltwriaeth o'r arferion cyfunol y mae gan bobl ran ynddynt ac sydd yn eu cynnal. Felly mae annog parch at a gofal o'r gymuned a'i phobl. Rhaid ichi adrodd wrth eich gilydd hanesion am eich cymunedau, eich gwlad, a'ch bodolaeth fel un bobl, a chwilio am yr hanesion rheiny sydd yn arddangos eich rhinweddau a'ch gallu i ail-lunio eich hunain mewn ffyrdd creadigol a chyfiawn.'

'Rydych chi'n hoff o'r hen Alasdair, felly, Dylluan?'

'Nid mwy nag unrhyw athronydd arall, mewn gwirionedd iti – ond mae ef yn un o'r rhai sydd yn cynnig atebion ichi yn eich cyflwr presennol. Mae yna beryglon hefyd wrth arddel cymunedau bychain, neu hanesion sydd yn ceisio cyfannu. Yr un yw atyniadau pŵer, ac mae cyfannu bob tro yn arwain at wahaniaethu, a all arwain at dyndra. Craidd yr her sydd yn eich wynebu yw gosod gwerth ac ystyr ar eich bywyd cyfunol – fframwaith moesegol – sydd yn ddigon sylweddol i'ch cysylltu chi, ond sydd hefyd yn ddigon agored i gynnwys eraill heb ddiarddel neb.

Ond beth ddywedi di, Ceridwen?'

'Rhoi trefn ar bethau yn fy meddwl rwy'n ceisio'i wneud, yn y man cyntaf, ond gwelaf synnwyr yn eich syniadau, yn sicr, Dylluan.'
'O. Felly mae . . .?' Roedd llais yr aderyn yn awgrymu chwilfrydedd, os nad ychydig o falchder.
'Wel, mae'n ymddangos felly, os wyf wedi deall yn iawn.'
'A beth wyt ti wedi'i ddeall, Ceridwen?'

Myfyriodd y ferch am ennyd, cyn rhoi cynnig arni.

'Bod adnabod hanfod dynoliaeth a'r hyn sydd ei angen arnom i ffynnu yn dasg ddi-ben-draw. Bod y pethau diamheuol hynny sydd yn gyffredin i ni i gyd yn ymwneud â'n cyflwr yn hytrach na'n natur. Ein bod ni'n gaeth i raddau helaeth iawn i'n hamgylchiadau, ond o fewn y cyflwr lluchiedig hwnnw mae modd arfer a chynyddu ein rhyddid, a'n bod ni, fodau dynol, yn arbennig oherwydd ein gallu cyfunol i drawsnewid ein sefyllfa. A bod y sefyllfa honno, a'r credoau rydym yn eu harddel – yr ystyr rydym yn rhoi ar ein bodolaeth yn y byd yma – yn gyfan gwbl ganolog. Bod nifer ohonom bellach wedi colli'r telos hwnnw yn wyneb seciwlariaeth, cyfalafiaeth a phrynwriaeth remp, a bod ein pwrpas a'n gwerthoedd yn adlewyrchu nid ffrwyth ein profiad na'n dychymyg fel pobloedd sydd wedi esblygu dros amser mewn uniad â'n hamgylchiadau, ond yn hytrach ffwythiannau ein sustem economaidd. Stori syml, mewn gwirionedd.'

Nodiodd y dylluan ei phen a chau ei llygaid mewn gwerthfawrogiad – ac efallai ychydig o syndod. Yna, gyda'i gwaith yn amlwg wedi'i gyflawni, dyma hi'n troi, curo ei hadenydd, a diflannu i'r gwyll.

2

Nain a Gransha

Un dda oedd Nain, chware teg iddi. Fyddech chi ddim yn amau wrth edrych arni na gwrando arni fod 'na unrhyw beth arbennig yn mynd ymlaen yn y pen yna, ond duwcs, roedd hi'n fenyw a hanner. Gwraig tŷ trwy'r dydd, athronydd gyda'r nos! Fel rhyw fath o archarwr . . . Mae rhannau o'r llyfrau yma y tu hwnt i fi, ond ma' cymaint i'w ddysgu, dim ond o gael hanner gafael ar y pethau yma.

Dwi'n ffeindio fy hunan yn gofyn i fi fy hun, beth ydw i'n ei gredu – beth yw fy nghysyniadaeth i o'r 'Da', i ddefnyddio iaith y John Rawls yna? Gen i ryw syniad bras o'r hyn rwy'n credu sy'n iawn, a'r hyn sy'n foesol a gwerthfawr, ond wn i ddim ar sail beth chwaith. Ydw i wir yn credu mewn Duw, a bod ein hegwyddorion yn deillio o ryw fod hollalluog . . .? Dydyn ni ddim yn trafod y pethe yma, nac ydyn? Yn sicr doeddem ni ddim fel teulu, fel pe bai mam a dad am osgoi'r peth neu am ei roi i'r neilltu. Ond os nad oes gen ti'r ffydd yn y Bod Mawr, ar ba sail mae dy holl egwyddorion yn sefyll?

Oes, mae yna rywbeth i'w ddweud am y syniad o edrych ar ein traddodiadau ni'n hunan, a myfyrio ar yr hyn ry' ni'n gwneud a'r hyn ry' ni'n credu ynddo. Gan gofio wrth gwrs fod traddodiad yn beth cymhleth, amlweddog. Ond yn sicr rhaid peidio â derbyn nad oes dim byd o werth go iawn, a bod bywyd yn fater o foddi'n hunain mewn pethau materol. Os mai dyna ystyr bywyd bellach, waeth inni greu ystyr arall, onid e? Rhywbeth sydd â rhyw sail yn y byd sy'n ein cysylltu ni ag eraill ac yn gwneud rhywbeth o'r wyrth yma o fywyd dynol. Ail-greu ein hunain? Pam lai? Rwy'n amau weithiau mai dyna pam mae Gransha mor grac. Mae'r blynyddoedd diwethaf yma wedi'i hela fo'n benwan, yn dweud bod Cymru wedi colli arni'i hun. Anghofio pwy ydyn ni. Gallaf i weld hynny; a dweud y gwir, dwi ddim yn gwybod a fuodd gen i erioed syniad go iawn o bwy ydyn ni, tu hwnt i ddreigiau a Dewi Sant.

Mae e wedi bod yn rhefru yn y dyddiau diwethaf yma – yn reit lliwgar ar brydiau, ac yn yr iaith fain weithiau hefyd. Yn pendilio o fod yn addfwyn a thawel i fod yn grac a chwerw. Wn i ddim ai'r salwch yn unig sy'n gyfrifol.

Mae'r llyfrau yma'n rhyw gysur o leia', a dwi wedi cael ambell sgwrs ddifyr efo fo pan mae e yn ei iawn bwyll. Roedd Nain yn gwybod beth oedd hi'n gwneud, mae'n siŵr, yn hela i fi feddwl am y pethe yma. A'u gosod nhw i gyd yn eu bocsys. Un peth esboniodd Gransha am adar na wyddwn i o'r blaen oedd ein bod ni, y Cymry, ers talwm iawn, yn eu hystyried fel negeswyr. Oedd, roedd Nain yn gwybod yn iawn.

* * *

Y Fwyalchen

Y prior du, pêr air dwys,
Pur edn o wlad Paradwys . . .[1]

Herciai'r creadur o un lle i'r llall, fel petai'n sefyll ar farwydos. Er bod ei ganu'n uchel a soniarus roedd yn gynhyrfus braidd. 'Beth sydd?', gofynnodd Ceridwen, a'r cwestiwn yn codi o'i phen-bleth a'i chonsyrn am yr aderyn. 'Beth sydd? Dim byd. Dim byd o le fan hyn. Dim o gwbl. Dim ond

bod amser maith ers i rywun alw arnaf fel hyn. Braidd yn amheus ydw i, felly, beth yn union mae'r ddau ohonom yn ei wneud yn fan hyn?'
'Paid â phoeni. Rwy'n siŵr bod yna ryw reswm. Mae dy ganu di yn bert iawn, o leia'.'
'Nid y canu sy'n achosi unrhyw amheuaeth. Aderyn cân ydw i wedi'r cwbl. Na, na, amheus ydw i ynghylch yr hyn sy'n cael ei ofyn gennyf. Rydw i heb gynnal pregeth ers tro byd. Ac mae llawer o'r pethau yma wedi mynd yn angof.'
'Pa bethau?'
'Pa bethau? Wel, dim ond hanes dy genedl, dy bobl a'u crefydd. Dyna i gyd.'
'Wn i ddim am hynny. Mae gen ti ddigon i adrodd, felly.'
'A dweud y lleiaf. Llawer o bethau i'w hystyried. Ond dyna ni. Dyna'm ffawd. Pwy well nag un o bedwar creadur hynaf y byd? (Tair gwaith oedran Carw Rhedynfre, gyda llaw). A phwy well i drafod hynt a helynt eich bywyd ysbrydol nag aderyn a ystyriwyd gynt yn symbol o Gristnogaeth? A phwy well na'r aderyn honno sydd yno bob amser, ar hyd y lled y wlad, bron fel eich bod chi'n anghofio amdanaf, yn arsyllu arnoch chi drwy'r dydd, bob dydd?'

Roedd yna dinc o hyfdra yn y datganiad, a'r creadur fel petai'n dechrau ffeindio'i draed. O leiaf roedd yr hercian wedi lleihau.

'Un o gyfeillion Tylluan Cwm Cawlwyd yng *Nghulhwch ac Olwen*, felly?'
'Mi wyt ti'n hyddysg yn yr hanesion yma?' Moment o edmygedd.
'Na, nid felly. A dweud y gwir, dim o gwbl. Cwrddais â thylluan ...'
'Fe ddylet ti fod, yn enwedig gydag enw fel dy un di.'
'Esgusodwch fi?'
'Ceridwen, dylet ti ddarllen am Geridwen. Efallai byddai hynny o help iti.'
'A pham ddylwn i wrando arna ti?'
'Wel, heblaw fy mod yn un o'r hynaf rwyf hefyd yn un o'r mwyaf siaradus, a soniarus, ac yn destun edmygedd dy deip di erioed.

35

Brenin y goedwig hefyd cofia. Ac wrth gwrs peidied neb ag anghofio fy addasrwydd i draethu ar faterion ffydd, a minnau'n gwisgo casog ddu'r mynaich ...'[2]
'Rwyt ti'n dechrau setlo i'r dasg, rwy'n credu. Beth fyddwn ni'n ei drafod?'
'Trafod? O, does dim gymaint o drafod i'w wneud fan hyn. Fi fydd yn cynnal pregeth, megis o'r pwlpid. Rydw i wedi gorfod paratoi'n ddyfal, a minnau wedi colli'r arfer ... Nawr 'te, lle'r oedd y nodiadau yna ...?'
A dyma'r aderyn yn dychwelyd i'w hercio a'i thrydar anwadal.
'Dim cwestiynau, felly? Dim ots. Rwy'n siŵr y byddi di'n fy niddanu. Rwy'n edrych ymlaen. Barod i wrando. Ydw.'
'Iawn, dyma ni. Dechrau o'r dechrau, fel petai ...'

Ac yna, mewn corwynt o eiriau dyma hi'n dechrau ar ei hanes.

'Bydd gan y bregeth hon dri phen. Wel, pump mewn gwirionedd, ond rhaid wrth dri ... Ta waeth ...' Sadiodd ei hun, a dechrau eto. 'Y cyntaf o'r rhain fydd olrhain hanes y Cymry yn ôl trwy'r oesoedd, i'r Brythoniaid gynt a'u cyndeidiau nhw, gan oedi i grynhoi syniadau'r bobl yma. Yr ail fydd trafodaeth o ddiwinyddiaeth y Brython Pelagius, neu Morgan wrth ei enw Cymreig, dyn a bardduwyd am ei syniadau Cristnogol, syniadau sydd wedi cael eu gwarafun ar hyd yr oesau yng Nghymru er, fel y cred llawer, eu bod yn adlewyrchu'r etifeddiaeth baganaidd o'i gwreiddiau cynharach. Awn ar grwydr am ryw ychydig wedyn, gan fyfyrio ar sut y bu i'r etifeddiaeth yma cael ei thrin, cyn troi at y trydydd pen, sef y mawreddog Morgan Llwyd, a cheisio deall hanfod ei syniadaeth ef, ei berthynas â'r traddodiad Platonaidd a Christnogaeth Belagaidd. Dyma awgrymu, felly, ar sail y dadansoddiad, fod y meddylfryd Platonaidd-Belagaidd yn un gwaelodol a esgeuluswyd yn hanes cenedl y Cymry. Awgrymaf, ymhellach, fod yr athronydd Richard Price yr athronydd yn ymgorfforiad o'r meddylfryd hwnnw. Ond mwy amdano ef yn y man!'

Herciodd yr aderyn eto. Sawl gwaith. Gan dynnu ei wynt yn ddwfn i'w frest.

'Diddorol iawn, Fwyalchen, ond llawer i'w esbonio', meddai Ceridwen yn ddidaro, heb ddangos affliw o awgrym ei bod yn ymwybodol o nerfusrwydd yr aderyn bach. 'Ymlaen â chi, plis', siarsiodd hi'r aderyn.
'Iawn. Gwych. Falch i glywed. Ymlaen â fi 'te.' Herc a naid arall, cyn bwrw ati eto.
'Nid peth hawdd yw olrhain achau'r Cymry cyfoes.'
'Ond roeddet ti yno yn y dechrau, onid oeddet ti? Un o'r pedwar creadur hynaf yn y byd?' torrodd Ceridwen ar ei thraws.

Herciodd yr aderyn eto.

'Oeddwn, ond mae rhywun yn anghofio dros amser.'
'Mae'n beth eithaf pwysig i'w anghofio.' Roedd Ceridwen yn amlwg yn mwynhau'r tynnu coes erbyn hyn.
'Wel, mae rhywun yn cadw rhyw frith gof, ond wrth iti fynd yn hŷn mae'n anodd gwybod ai cofio go iawn wyt ti, neu gofio delweddau a phethau o ffynonellau eraill . . . Mae'n rhaid dy fod di'n anghofio pethau . . .?' Erfyn yn gymaint â chwestiynu oedd yr aderyn.
'Ydw, weithiau, chi'n iawn.' Dyma Ceridwen yn penderfynu rhoi'r gorau i blagio'r aderyn druan, gan sylweddoli bod ganddi gyfnod hir yn y sedd yn ei haros.
'Dyna ni.' Rhyddhad. 'A thithau'n be', ddeunaw? Trïa di gofio pethau dros bumdeg mil o flynyddoedd. Rhaid cyfaddef i fi gael rhywfaint o help fan gyda'r nodiadau yma ac ambell beth gan eraill er mwyn fy atgoffa, felly dylai'r peth wneud synnwyr. Cofia, mae gan hanesion dueddiad i droi'n straeon, felly mae eisiau bod yn ofalus. Ond weithiau mae'r hyn rwyt ti'n meddwl dy fod ti'n ei gofio yr un mor bwysig â'r hyn ddigwyddodd go iawn, gan fod y pethau yma'n dueddol o gael dylanwad ar yr hyn rwyt ti'n ei wneud, waeth beth oedd y gwirionedd.'[3]
Roedd y rhagarweiniad fel petai wedi setlo'r aderyn bach, a hithau wedi ymgolli rhywfaint yn y cleber. Petai aderyn yn gallu ymsythu, dyna a wnaeth y Fwyalchen, gan blannu ei thraed yn gadarn ar y ddaear, ac edrych yn gartrefol am y tro cyntaf.

1

'Nid peth hawdd yw dod o hyd i union ddechreuad y Cymry. Dywed rhai i'r bobl gyntaf fyw yma dros ddegau o filoedd o flynyddoedd yn ôl, dros bumdeg mil o leiaf.[4] Wrth i'r gymdeithas droi at amaethu, o amgylch ardaloedd yr arfordir y trôi bywyd, a daw'r olion amlycaf cyntaf i'n golwg yn yr Oes Efydd.

O'r cyfandir y daeth y sawl a oedd yn gosod y meini hirion, a bywyd yr ynys wedi'i ganoli o gwmpas Côr y Cewri. Yna, yn ystod y milenia olaf cyn Crist fe ddaeth yr Oes Haearn a gwareiddiad y Celtiaid, un a lewyrchodd trwy feistrolaeth ar y dechnoleg newydd. Rhaid inni beidio â meddwl am y newidiadau yma yn nhermau un bobl yn disodli'r lleill,[5] ac nid mater oedd hi o un hil yn goresgyn y llall,[6] gan fod nodweddion gwahanol ymysg y gwareiddiad Celtaidd ar yr ynysoedd yma – rhai yn fyr a thywyll eu pryd, eraill yn dal a golau. Yn hytrach, daeth gwareiddiad i'r amlwg dros gyfnod o amser ag iddo arferion, celf a chredoau cyfunol – ac ieithoedd tebyg. Erbyn i'r gwareiddiad yma ddod yn rhan o hanes trwy gysylltiad â'r Rhufeiniaid, llwythau oedd yn defnyddio amrywiol ffurfiau o'r iaith Frythoneg oedd yn dominyddu rhannau helaeth o'r ynys. Dyma gyndeidiau'r Cymry, y Cernywiaid a'r Llydäwyr.

Yn eu plith, pum llwyth yn arbennig fyddai'n chwarae rhan sylfaenol yn eich hanes chi wrth i'r llwythau ddod dan warchae'r Rhufeiniaid. Rhain oedd y Silwriaid yn y de-ddwyrain, y Demetae i'r gorllewin, y Cornofi yng nghyffiniau'r Powys gyfoes, yr Ordofisis yn ardaloedd gwyllt y gogledd, a'r Deceangli ar yr arfordir gogleddol. Gorchfygwyd pob un yn eu tro gan y Rhufeiniaid, a thrwy hynny uno eu hunaniaeth mewn modd yr oedd eu rhyfela wedi ei rwystro cyn hynny, a gosod ffurf swyddogol ar y diriogaeth ar ffurf y *civitas* gyda'u pencadlysoedd.

Beth bynnag y ffurfiau gwahanol, does dim gwadu yr unffurfiaeth gymharol a ddatblygodd yn y cyfnod yma yn hunaniaeth a diwylliant y bobl. Yng ngeiriau'r proffwyd, 'Beth bynnag oedd y bobl yma wrth fyned i Rufain, daethant allan yn Frythoniaid'.[7] Ac eto, mae modd gweld adlais o'r hen drefn, neu anhrefn, yn y teyrnasoedd mawrion a amlygodd eu hunain wrth i'r Brythoniaid hynny ymgiprys â'i gilydd ac eraill yn y cyfnod hir a welodd drai yr Ymerodraeth a ffurfiant Cymru. Yn ogystal â Phowys yr hen Gornofi, mae modd cysylltu'r Silwriaid â Gwent, y Demetae â Dyfed, a'r Ordofisis â Gwynedd – gan gydnabod bod y darlun yn un mwy cymhleth ar y ffiniau, a Thegeingl yr hen Deceangli yn un o nifer o barthau llai a ymddangosodd.[8]

Gadewch inni gymryd saib am eiliad cyn symud ymlaen i'r dyddiau pan drodd yr hen Frythoniaid yn Gymry – a mynd yn ôl at yr hen ddiwylliant Celtaidd a oedd wedi datblygu cyn i'r Rhufeiniaid gyrraedd. Oblegid dyma ddechrau ein stori ni go iawn. Dyma fyd sydd i'w weld inni heddiw yn llawn hud a lledrith, ac i'r Rhufeiniaid, fe honnant, fraw. Roedd y Derwyddon, â'u pencadlys ar Ynys Môn, yn cael eu cyhuddo o achosi cryn arswyd gyda'u harferion a'u haberth dynol i'r duwiau niferus (nawdddduwiau llwythol yn aml),[9] a fyddai maes o law yn cyfuno â ffigyrau'r byd clasurol i greu arwyr chwedlonol, fel y rhai rydych yn gyfarwydd â nhw yn y Mabinogi.[10] Yn ddigon didrafferth mae'n ymddangos y mabwysiadwyd Duw Cristnogol gan ddarostwng y duwiau blaenorol i lefel y byd dynol.[11]

Cyn hynny, y Derwyddon oedd offeiriaid y gymdeithas Geltaidd, yn yr ystyr mai nhw oedd yr awdurdod uchaf un, â'u gallu i gymodi rhwng byddinoedd rhyfelgar yn fesur o'u dylanwad. Dyma arweinwyr a oedd uwchlaw hynny o lywodraeth a fodolai – arweinwyr moesol nid annhebyg i'r Eglwys yn yr Oesoedd Canol. Nhw oedd dosbarth crefydd a dysg (gyda sefydliadau hyfforddi), ac roedd dosbarth o farnwyr yn ogystal; sonnir yn y bedwaredd ganrif am ddosbarthiad triphlyg ymysg y Brythoniaid, sef yn fras yr artistiaid â'u cerddi arwrol, y gwyddonwyr â'u hymchwiliadau i ddeddfau natur, a'r athronwyr a fyddai'n ymdrin 'â'r pynciau mwyaf, natur ac ystyr bywyd ac anfarwoldeb yr enaid.'[12] Yn debyg i'r Groegwr Pythagoras, credent fod yr enaid yn annistrywiadwy ac felly yn y syniad o fetemseicosis, sef y gred bod yr enaid yn symud o gorff i gorff gan gadw'i hunaniaeth waeth pa rywogaeth y trigai ynddi.

Daw hynny â ni at ddoethineb y Brythoniaid, pwnc y mae 'ysgolheigion cyfrifol yn dueddol o'i osgoi', meddai'r un sy'n ei ddadansoddi'n ofalus.[13] Yn gyntaf oll mae goblygiadau trawsffurfiad eneidiau a'i awgrym cysylltiedig o unoliaeth bywyd: yr hunan cyfnewidiol (yn wir, roedd newid ffurf yn thema gyson) ond annileadwy. Dyma athrawiaeth amlwg sy'n codi yn y Mabinogi, yn arbennig yn y bedwaredd gainc â Lleu, wrth gwrs, yn troi'n eryr, Blodeuwedd yn dylluan a Gwydion yn troi'n sawl anifail. Yn y gred hon mewn trawsfudo byddent, chwedl yr awdur, 'yn ymdeimlo â llifeiriant bywyd yn llifo trwy fyd natur a bywyd dyn, a'r holl ffurfiau amrywiol yn mynegi'r un wyrth annisbyddol.'[14] Yn wir, wrth wraidd pob rhaniad, boed yn ddeuol, yn driphlyg neu fwy, y mae'r 'ymwybod o unoliaeth a chydberthynas yr hollfyd yn hollbresennol' ac yn 'taflu rhyw oleuni annaearol ar ffeithiau mân a mawr.'[15] Pa bynnag ddigwyddiad, cyflwr neu fod yr ydym yn eu hystyried, anghyflawn ydynt oni bai ein bod ni'n eu hystyried yn rhan o'r cyfan – gwirionedd y symudwn ati dim ond trwy geisio deall perthnasau a gwrthwynebiadau pethau yn y byd, a natur y ddeuoliaeth sy'n nodweddu'r byd meidrol.

Thema ddigon arferol yw hon; yn y byd Celtaidd fe gyplysir yr egwyddor ddeuol â'r syniad o amser: rhaniad dydd a nos wedi'i adleisio yn rhaniad y flwyddyn yn haf a gaeaf, wedi'u dathlu gyda Chalan Mai a Chalan Gaeaf. Byddai'r cyfnodau hynny pan fyddai'r ddau dymor yn cyfarfod yn rhai cyfareddol, yn ategu thema ehangach y trothwyol – yr adegau neu ddigwyddiadau amwys sy'n britho bywyd – pan fyddai'r ymdeimlad o gyffwrdd â byd arall ar ei gryfaf, pan fyddai gofod ac amser ar eu mwyaf brau. Dyma adlewyrchiad o ddeuoliaeth bywyd sy'n gofyn gwerthfawrogi'r hapus a'r galarus, y gofidus a'r gorfoleddus, fel rhan o'r cyfan – ac efallai hefyd yr ymgodymu â'r cyflwr dynol a'r dyhead i'w herio.

Agwedd neilltuol a hollbresennol o'r ddeuoliaeth yma yw'r gred mewn allfyd sydd, yn fwy na heb, yn iwtopaidd ei natur: byd o ddedwyddwch a digonedd, harddwch ac ieuenctid. Cynrychiolir y ddelfryd hon o ryw baradwys dros y don, gyda lluniaeth ddiddarfod, yn y chwedloniaeth Gymreig yn Annwfn ac Ynys Afallon. Ond nid rhyw oleuni ysbrydol o'r tu hwnt, wedi'i gyferbynnu gan y byd materol, a geir yma, megis ym myd y Manicheiaid. Gwrthgyferbyniad y tu mewn i'r cyfan unedig sydd gennym, ac erys y baradwys o fewn unoliaeth y cyfan.

Ym motîff cyson y Tir Diffaith ac adferiad ffrwythlondeb a digonedd, mae'r ddeuoliaeth yma'n cael ei diriaethu a'i dwyn ynghyd, fel, er enghraifft, yn hanes Manawydan a'i lwyddiant wrth waredu ei wlad o newyn. Awgrymir bod y thema hon wedi gafael yn arbennig ym meddwl y Brythoniaid o ganlyniad i'w profiad o anffawd, ond eu bod wedi glynu yr un mor fwriadus at y gobaith o adferiad.[16] Trwy rinweddau megis dyfalbarhad a gwroldeb – a ffydd, efallai, yn hen nawdd-dduwiau'r llwythi – y mae'n bosib gorchfygu.

Ac yn y teithi meddwl yma a adleisiwyd mor amlwg yn ffigwr y Mab Darogan gwelir datganiad amlwg, sylfaenol am y natur ddynol, sef y 'gall doethineb dyn . . . fynd i'r afael â dirgelion natur a rhagluniaeth i sicrhau bendithion i'r ddynol ryw.'[17] Yn y pen draw, dyma gyfleu safbwynt gobeithiol ar y cyflwr dynol – trwy weithred, ewyllys, a'r crebwyll i ymgeisio'n unol â threfn pethau y mae modd gorchfygu. Yn wir, awgrymir elfen foesol gref ar waith lle mae tynged ddinistriol yn ganlyniad nid i fympwy a hap ond i draha dyn, sydd yn dwyn i gof Nemesis a Hubris y Groegiaid.[18]

Addas ydyw dychwelyd at y byd clasurol am fwy nag un rheswm. Yn gyntaf, ceir awgrym Pythagoraidd yn y diddordeb mewn rhifau a phatrymau meddyliol penodol a barhaodd gyda'r Cymry. Mae hyn i'w weld yn eich tuedd i ddosbarthu yn drioedd. Yr enghraifft amlycaf yw Trioedd Ynys Prydain.[19] Addas hefyd ydyw nodi bod y ddau ddiwylliant, sef eiddo'r Brythoniaid a'r Groegiaid, yn rhannu'r un cysyniadau gyda *nemesis* a *hubris*; mae eu gwreiddiau cyffredin yn y byd paganaidd yn ystyriaeth wrth fyfyrio pam y byddai Cristnogaeth y Brython Pelagius yn taro tant â phobloedd y Dwyrain, cr gwrthwynebiad cynifer yn yr Ymerodraeth orllewinol. A rhaid cofio bod yna apêl fawr i syniadau Pelagius ymysg haenau uwch cymdeithas Rufeinig, sydd eto'n awgrymu tebygrwydd ei werthoedd i baganiaeth waelodol y byd clasurol.[20]

Er i'r awdur ein rhybuddio rhag ystyried syniadau'r oes ar wastad athronyddol, gan mai mythig oedd meddwl y derwyddon, mae modd inni nodi rhai o nodweddion strwythurol y meddylfryd brodorol yma, a hynny, rwy'n blês iawn i ddweud, ar ffurf driphlyg:

41

— cysyniad o natur dyn fel bod sydd â'r gallu i frwydro yn erbyn ffawd ac i wella ei gyflwr, a thrwy hynny yn ymrwymo i ffurf o'r gred gyfoes a adnabyddir fel ewyllys rydd;

— unoliaeth y cyfan, sydd yn waelod i'r ddeuoliaeth rhwng y drefn dragwyddol a'r materol dros dro;

— y gred yn yr allfyd ac felly hefyd y gwaredwr i'n harwain o'r tir diffaith – a'r potensial felly ymhlith pobl i wireddu ffurf ar yr unoliaeth hon.

Cyflwynir gweddill y bregeth hon ar sail y gred i'r patrwm triphlyg yma oroesi mewn ffurfiau hanesyddol eraill yng Nghymru.

* * *

Sut y cafodd yr egwyddorion yma eu cymhwyso i Gristnogaeth gynnar y Brythoniaid? Yn ddiddorol, rhydd yr awdur agwedd ddiriaethol i'r cysylltiad aneglur â Groeg, yn yr awgrym mai Cristnogion Groeg eu hiaith a ddaeth â'r gred i'r ynysoedd yma[21] (dyma sail arall i gefnogaeth y Dwyrain i Pelagius maes o law). Parod i dderbyn y gred oedd y Brythoniaid oblegid chwalfa'r drefn Dderwyddol gan y Rhufeiniaid.

Roedd y gwaddol Celtaidd yn golygu gwrthwynebiad llwyr i ddeuoliaeth ddigymod y safbwynt Maniceaidd a oedd yn rhannu'r bydysawd rhwng y byd ysbrydol, da, a'r byd materol, drwg. Yn wir, mae'r safbwyntiau'n gyson â gwrth-Gnostigiaeth y Groegwr Irenaeus a oedd yn ffynhonnell honedig i'r Gristnogaeth a gyrhaeddodd Cymru.[22] Oblegid yr awgrym bod Maniceaeth gynnar Awstin Sant (a ddeuai o Hippo, Gogledd yr Affrig, ac a gafodd dröedigaeth Gristnogol fel oedolyn), yn pwyso'n drwm ar ei ddiwinyddiaeth yn ei farn ar ddeuoliaeth byd yr ysbryd a byd y cnawd (a adlewyrchir yn arbennig yng ngwendid y corff dynol), mae'n dilyn mai gwrth-Awstinaidd fyddai'r Gristnogaeth Frythonig. Ymgnawdoliad y traddodiad 'gwrth-ddeuolaidd'[23] oedd Pelagius.

Beth felly am y ffigwr lled chwedlonol hwn? Lled chwedlonol meddaf, oherwydd y diffyg tystiolaeth sydd gennym o'i fywyd a'i weithiau, a'i statws fel un o fwganod pennaf yr Eglwys Gristnogol. Deillia hynny oll o'r ffaith fod y Brython hwn wedi herio union-grededd yr Eglwys mewn cyfnod tyngedfennol, ac o'r herwydd, cafodd ei esgymuno a'i bardduo hyd dragwyddoldeb. Sylfaen yr heresi Pelagaidd, a arweiniodd at y ddedfryd hanesyddol ar ei hawdur, oedd ei wrthodiad o'r syniad o natur bechadurus yr unigolyn. Ond rhaid deall rhywfaint ar y cyd-destun hanes-yddol i ddeall pam y byddai'r honiad yna'n arwain at ddedfryd mor llym.

Ansefydlogrwydd yr Ymerodraeth a dyfodiad lled ddiweddar Cristnogaeth fel crefydd swyddogol y gyfundrefn honno oedd yn gyfrifol am yr ymateb chwyrn i ymdrechion Pelagius i ddylanwadu ar yr Eglwys gynnar. Ymddangosodd yn Rhufain, mae'n debyg, oddeutu 380 OC, tair blynedd cyn i ffigwr 'Cymreig' arall nodedig – Magnus Maximus, neu Macsen Wledig y Mabinogion – adael Ynys y Cedyrn er mwyn arwain yr Ymerodraeth. Mae cyfeirio at Facsen Wledig yn ddigon i esbonio sefyllfa Rhufain ar y pryd. Nid yn unig yr oedd hi'n gwegian dan straen ei hehangder ond roedd o dan bwysau gan y Goth o gyfeiriad y gogledd. Yn wir, a'r cythrwfl Pelagaidd yn ei anterth yn 410 OC, anrheithiwyd Rhufain gan y 'Barbariaid'.

Roedd y frwydr am oruchafiaeth o fewn yr Ymerodraeth yn gyd-destun ymfflamychol felly, ac anghydweld crefyddol yn fwy peryglus nag arfer – sefyllfa a oedd yn anochel bron o ystyried mai megis dechrau bwrw gwreiddiau yr oedd Cristnogaeth fel ffydd boblogaidd. Cystennin, yn 325 OC, oedd yr Ymerawdwr cyntaf i arddel Cristnogaeth, a mynnodd oddefgarwch i'w gyd-Gristnogion, ac yna, yn yr un flwyddyn ag y glaniodd Pelagius yn Rhufain, cafwyd gorchymyn Thessalonica – sef datganiad yr Ymerawdwr yn gorfodi ymlyniad wrth Gristnogaeth. Mewn cyd-destun arall mae'n bosib y byddai anghydweld Pelagius ag un o arweinwyr y sefydliad Cristnogol newydd wedi bod yn ddim mwy na mater o drafod diwinyddol, ond mewn cyfnod mor gythryblus mae'n ymddangos bod y ddadl yn un llawer mwy gwleidyddol ei naws. Ceisio sicrwydd, unffurfiaeth ac uniongrededd oedd y duedd anochel mewn sefyllfa o'r fath, ac wrth i'r ansefydlogrwydd waeth-ygu, a rhai hyd yn oed yn fodlon ymladd yn enw 'Pelagiaeth', bu ymateb llawdrwm.

Ond ym mha ystyr yr oedd syniadau Pelagius yn rhai mor radical fel y teimlai Awstin yr angen i'w gwrthwynebu? Mae'n bosib deall y tyndra a'r pryder o safbwynt ffydd, a'r amheuaeth y gallasai'r safbwynt Pelagaidd arwain at ddibrisio ac anwybyddu mawredd yr Hollalluog. Oblegid pen draw gweledigaeth y Brython oedd gwrthod yr angen am ymyrraeth Duw yn eich bywydau bob dydd. Deilliai hyn oll o'r dehongliad gwrthgyferbyniol oedd gan Awstin ac yntau o'r pechod gwreiddiol. Yn ôl dealltwriaeth Awstin, digwyddiad tyngedfennol o safbwynt dynoliaeth oedd pender-fyniad Adda i fwyta ffrwyth y pren yng Ngardd Eden – oherwydd bod pob un ohonoch wedi etifeddu'r blys yma, yn ogystal â'r euogrwydd. Dyma ddedfryd dragwyddol, felly, ar y natur ddynol, eich llesgedd a llygredigaeth yn golygu bod angen gras Duw i gydio ynoch, eich trwytho, a'ch gwarchod rhag profedigaeth.

I Pelagius roedd y dehongliad yma'n cyfleu syniad dryslyd, rhy besimistaidd o lawer, o'r natur ddynol. Iddo ef, pechod Adda oedd y ffaith iddo ddefnyddio ei ewyllys rydd i wrthod gorchymyn Duw, a thrwy hynny osod esiampl drychinebus i'w ddisgynyddion. Ond nid oedd y dewis gwirfoddol yma'n eu dedfrydu nhw hefyd; yn wir, parhau fyddai'r gallu yma i ddewis ym mhob un o'i blant. Fodd bynnag roedd hanes dynoliaeth yn brawf o'r ffaith i'r mwy-afrif llethol ddefnyddio'u hewyllys rydd i ddilyn trywydd pechad-urus a drygionus y dyn cyntaf. Yn y fersiwn yma o'r stori, nid yw Gras Duw yn rym trwythol sydd yn cydio ynoch ac yn eich arwain tuag at y goleuni; mae'r Gras yma – y goleuni mewnol, os hoffech chi – yn gorwedd ynoch eisoes, yn rhan annatod o'ch etifeddiaeth, wedi'i diriaethu yn y rhodd fwyaf ohonynt i gyd, sef yr ewyllys rydd i ddewis. Wedi'r cyfan, heb yr ewyllys hon, ym mha fodd y mae'n bosib i berson brofi ei hunan yn dduwiol ac ennill teilyngdod yn ei lygaid Ef?

O'r dehongliadau gwrthgyferbyniol yma o'r pechod gwreiddiol, a'r cysyniadau gwahanol o ras, y mae safbwyntiau neilltuol ar y natur ddynol yn dilyn. Yng ngolwg Awstin, pechaduriaid ydych, yn ddibynnol ar ras Duw i'ch cyfeirio, heb anghofio'r ddedfryd

bellach mai dim ond y dewisedig rai a fydd yn derbyn iachawd-
wriaeth ac yn sicrhau eu lle yn y nefoedd, yn 'Ninas Duw'. I'r
gwrthwyneb, yng ngolwg Pelagius mae gan bob un ohonoch y
gallu i adnabod a gweithredu'r hyn sy'n dda ac yn dduwiol, ac yn
hynny o beth gall pob un ohonoch geisio iachawdwriaeth ar sail
eich ymdrechion chi eich hunan. A dyma'r ergyd o safbwynt y
sawl sydd yn wrthwynebus i'w weledigaeth; pen draw y safbwynt
yma yw'r rhagdybiaeth bod perffeithrwydd o fewn gafael dynol-
iaeth, ac nad oes angen goleuni ac ymyrraeth Duw yn eich bywydau
meidrol. Dyma nid yn unig danseilio a bygwth statws Duw, ond
yn beryclach fyth, roi o'r neilltu Ei bwysigrwydd yn eich bywyd
beunyddiol, gan arwain at y posibilrwydd y bydd dynoliaeth yn
Ei gwestiynu neu yn Ei anghofio. Pa angen Duw sydd ar y sawl a
all ei berffeithio'i hunan? Wrth gwrs, rhaid ystyried cymhelliad
y sawl a oedd yn beirniadu Pelagius ac a oedd â'r bwriad o'i
esgymuno. Eu bwriad nhw oedd sefydlu eu diwinyddiaeth nhw
yn sail i grefydd newydd yr Ymerodraeth, ac âi rhai mor bell ag
awgrymu bod 'Pelagiaeth' yn athrawiaeth ffug a luniwyd ganddynt
er mwyn creu gwrthbwynt gwaradwyddus, a fyddai'n eu galluogi
i ddilysu eu gweledigaeth yn ei erbyn. Gor-ddweud a cham-
ddehongli syniadau Pelagius oedd y bwriad er mwyn eu brandio'n
heretig. Brwydr ideolegol ddidostur oedd hon a oedd yn llurgunio
credoau asgetig oedd ag apêl eang yn yr Eglwys Fore.[24]

Ac eto, digon diffuant yw'r sawl sydd yn dilyn Awstin, neu'r
Awstiniaeth fodern ar ffurf Calfiniaeth, yn eu barn fod annhegwch
sylfaenol yn y darlun a gynigir gan Pelagius, oherwydd yn y bôn,
yn eu golwg nhw, rhyw rith sy'n cynnig gobaith ffug yw'r syniad
Pelagaidd o ddynoliaeth. Onid annheg a didrugaredd felly yw
dweud wrth y pechaduriaid – pobl druenus, ddiobaith – mai eu
cyfrifoldeb nhw yw eu cyflwr, ac nad oes gobaith ganddynt gyr-
raedd y safonau gofynnol? Gweledigaeth dosturiol, addfwyn yw'r
weledigaeth Awstinaidd, sydd yn cydnabod ffaeleddau dyn, ac
yn cynnig gobaith bod modd i Dduw gynnig iachawdwriaeth i'r
ddynoliaeth. Ffydd, a'r parodrwydd i fod yn agored i'w Ras achubol,
yw'r hyn sy'n ofynnol, nid y gallu annhebygol i reoli eu nwydau
a'u blys di-ben-draw. Rhaid derbyn felly mai amherffaith fydd
bywyd meidrol yn 'Ninas Dyn' oherwydd, er gwaethaf eich

dyheadau cadarnhaol – yn enwedig eich gobaith am gariad a'ch atyniad naturiol at eich gilydd[25] – fe fydd y natur ddynol bob tro yn eich arwain ar gyfeiliorn. Mae deuoliaeth y bywyd meidrol a thragwyddol yn gyfan ac yn barhaol – nid oes modd ymgyrraedd o'r naill i'r llall; dim ond gras Duw all eich ysgubo o lygredd y meidrol i berffeithrwydd yr ysbrydol. Adlewyrchu eich ymffrost, a'r ysfa i ormesu eraill, y mae cymdeithas ddynol yn y pen draw, gyda thueddiad i ymwahanu trwy ieithoedd gwahanol, a'r atynfa at drais a rhyfel.

I'r gwrthwyneb, mae gan yr efengyl Belagaidd bosibiliadau dihysbydd, wrth gwrs, gyda'r awgrym mai mater o arferion drwg yw drygioni yng nghymdeithas dyn. Gellir bob amser wrthod yr hyn sy'n ddrygionus, a gweithio tuag at yr hyn sydd yn iawn, gyda'r gobaith o greu gwell cymdeithas a thangnefedd ar y ddaear.

Nid oes angen naid feddyliol o faint anghyffredin i ddychmygu sut yr oedd diwinyddiaeth Pelagius yn adlewyrchu nodweddion o'r bydolwg Celtaidd y byddai Cristnogaeth wedi bwrw yn eu herbyn wrth lanio ar diroedd y Brythoniaid. Roedd y Brythoniaid yn credu bod y ffydd neu'r gred yn yr ewyllys ddynol i weithredu yn y byd ac i frwydro yn erbyn ffawd yn sefyll yn gadarn. Nid yw'r natur ddynol yn llygredig, eithr y mae'r gallu i adnabod y da a'i ganlyn, gan ddefnyddio'r ewyllys rydd i efelychu'r Iesu, yn brawf o ras annileadwy Duw. Ymhlyg yn y weledigaeth hon o'r ddynol ryw y mae'r posibilrwydd o berffeithrwydd ac o allu ymgyrraedd at yr allfyd nefol; mae pob un yn meddu ar y gallu i fod yn waredwr o'u tir diffaith ac i geisio iachawdwriaeth. Dyma adlewyrchu'r posibilrwydd o unoliaeth y cyfan, a phontio'r ddeuoliaeth sydd yn nodweddu'r weledigaeth o'r bywyd meidrol a'r bywyd tragwyddol fel dau beth gwahanol. Ymhellach, y mae purdeb yr ewyllys a'r syniad bod gras Duw yn gynhenid ynoch chi yn awgrymu nad ydych byth mewn gwirionedd wedi'ch estroneiddio neu'ch gwahanu oddi wrth y cyfan yn eich ymgorfforiad meidrol. Dyma'r ffurf driphlyg Geltaidd wedi'i chwmpasu o fewn y meddwl Cristnogol: natur anllygredig yr unigolyn, o fewn unoliaeth y cyfan, a'r gallu dynol i ymgyrraedd at iachawdwriaeth. Mae'n werth nodi yn ogystal, yng ngoleuni'r awgrym o statws menywod yn y diwylliant Celtaidd,[26] pa mor adnabyddus oedd Pelagius am ei weithgarwch ymysg menywod Rhufain. Y mae'r ychydig destunau o'i eiddo sydd wedi goroesi yn cynnwys llythyron at ferched, ac yn awgrymu y gred (yn groes i dueddiadau'r cyfnod) bod y goleuni mewnol yn perthyn llawn gymaint i fenywod ag i ddynion.[27]

2

A beth fyddai ffawd yr athrawiaeth ddarfodedig hon yn ôl yn llygad y ffynnon, y famwlad? Adroddir hanes traddodiadol sydd yn pwysleisio'r ymdrech enfawr i waredu'r Brythoniaid rhag yr heresi, bron i'r graddau bod Pelagiaeth yn cael ei thrin fel syniadaeth estron yn hytrach nag un a dyfodd o'r tir – un frodorol.[28] Dichon fod mewnfudiad Pelagiaid o Rufain yn 421 OC,[29] a roddodd hwb i'r athrawiaeth, wedi annog y canfyddiad hwnnw, ond canlyniad pendant y mudiad yma oedd dau ymweliad gan Germanus i ddileu'r syniadau o'r tir (serch hynny rhaid peidio ag anwybyddu'r elfen wleidyddol eto wrth i'r Brythoniaid wrthod awdurdod Rhufain). Adnabyddir Germanus (Garmon y Cymry) bellach am arwain y Brythoniaid mewn buddugoliaeth yn erbyn y Sacsoniaid, ond lled llwyddiannus yn unig fu ei waith yn dileu'r Pelagiaid, gan fod y traddodiad yn parhau i'w hystyried yn fwgan mawr yn oes Dewi, a gollfarnodd yr heresi, yn ôl Buchedd Ddewi, yn yr hanes adnabyddus pan gododd tir bryniog Ceredigion o dan ei draed.

Cilio i'r cysgodion a wnaeth y bwgan Pelagaidd yn y Canol Oesoedd ond ategir gafael y bygythiad ar y dychymyg Cymreig dros fil o flynyddoedd yn ddiweddarach, yn rhagair yr Esgob Davies i'r Beibl Cymraeg newydd. Er bod yr Esgob yn sôn am urddas, parch ac anrhydedd yr hen Frythoniaid,[30] a'u Cristnogaeth bur nas llygrwyd gan y Rhufeiniaid,[31] ac er iddo gydnabod awdurdod ac enwogrwydd Pelagius, athrawiaeth ffug a heresi oedd ei waith yn ôl yr Esgob, na lwyddodd i lygru Cristnogaeth ei gydwladwyr. Arwr oedd Garmon, ac er mai Brython oedd Pelagius, nid un o'r iawn ryw mohono, a gosodwyd y traddodiad dyrchafedig Brythonaidd-Gymreig yn ei erbyn. Fe'i gwthiwyd o'r neilltu, a dim ond ategu'r ymddieithriad yma y byddai'r traddodiad Protestannaidd, Calfinaidd a fabwysiadwyd gan Gymry'r Adferiad a'r

Diwygiad Methodistaidd yn nes ymlaen. Disgrifia'r Esgob Davies y Beibl fel yr arf gorau yn erbyn ffug-ddysgeidiaeth Pelagius ynghylch gweithio allan eich iachawdwriaeth eich hunan.[32] Ar droad yr ugeinfed ganrif roedd academydd megis Hugh Williams yn ceisio gwadu Pelagiaeth ddiymwad y Brython Fastidius,[33] prawf bod ymdrech oesol y Cymry i ddileu rhan o'u hetifeddiaeth – yn wyneb collfarn y byd tu hwnt – wedi parhau ar draws y canrifoedd, i mewn i oes pan oedd agwedd arall ar eich etifeddiaeth yn wynebu'r un her.

Ond mae yna hanes arall y gellid ei adrodd, a hynny'n un o ddatblygiad, trawsgyweiriad, ond yn y pen draw, un o barhad yr ysbryd hwn ar draws yr oesoedd, a fu'n ganolog i ddatblygiad y Brythoniaid a'u hetifeddion y Cymry. Gweler y gred mewn ewyllys rydd, y gallu a'r bwriad i ymladd yn erbyn ffawd, i bontio o'r bywyd gwahanedig tuag at undod tragwyddoldeb, ynghyd â'r gred yn y gwaredwr a'r allfyd iwtopaidd sydd mor amlwg yn hanes y Cymry. Dros fileniwm cyfan, o'r bumed ganrif tan y unfed ganrif ar bymtheg, brwydrodd y Brythoniaid dros eu parhad yn wyneb gelynion lu, yr Eingl-Sacsoniaid a'r Normaniaid yn bennaf. Wrth geisio sicrhau parhad eu bodolaeth unigryw ar y ddaear hon, fe'u hunwyd yn eu dychymyg â'r drefn ddwyfol, yn un o bobloedd ddewisedig Duw, a osodwyd yn y byd i ledaenu ac amddiffyn y Gair, gan gymryd eu rhan fel dolen yng nghadwyn bod.

Dechreua'r stori yma gyda rhyddhau graddol y Brythoniaid o afael Rhufain. Yn dilyn eu gwrthsafiad yn erbyn y Sacsoniaid yn 408 oc dyma'r sawl a adnabyddir fel y 'Pendefigion Pelagaidd'[34] yn cyrraedd pen eu tennyn. Y flwyddyn ganlynol, dyma nhw'n torri'n rhydd oddi wrth y Rhufeiniaid, dinistrio'r Gwasanaeth Suful Ymerodraethol a chreu eu cyfundrefnau eu hunain. Yn lle derbyn eu ffawd fel rhan o'r Ymerodraeth, dyma'r Pelagiaid, yn y traddodiad Celtaidd gorau, yn gafael yn eu ffawd a cheisio adfer y tir cynyddol ddiffaith.

Yn y stori yma, danfonwyd Garmon i Brydain gan y Rhufeinwr Aetius yn y gobaith o gael gwared ar y Pelagiaid ac adennill teyrngarwch y Brythoniaid. Ond pasio i ddwylo eraill yr oedd grym milwrol yr ynys erbyn hyn, dwylo rhai megis Gwrtheyrn, ac wedi cyfnod o lwyddiant byr dyma'r pla, y Pictiaid a rhyfel cartref yn agor y drws i oruchafiaeth y Sacsoniaid ar diroedd breision yr hen Frythoniaid (dyma eu haeddiant ar ôl bradychu'r Ymerodraeth yn ôl Gildas). Gwnaeth y Brythoniaid ble am gymorth ac ymatebodd Aetius trwy ddanfon, nid milwyr, ond Garmon unwaith eto. Pris y cydweithrediad newydd oedd cwymp Pelagiaeth, ond er gwaethaf yr adferiad rhannol yma, roedd rhaniad 408 OC yn derfynol o ran cychwyn y broses o wahanu graddol y Brythoniaid o'r Ymerodraeth.

Wrth i ddylanwad a chryfder honno edwino dros y ganrif nesaf, dwy frwydr a ddatblygodd:[35] brwydr y Brythoniaid am *imperium* yr ynys a brwydr y Gristnogaeth Geltaidd am hawl i gydfyw â'r Gristnogaeth Rufeinig. Cymhleth ar y naw yw'r darlun o'r frwydr grefyddol: traddodiadau a dylanwadau niferus; gwrthdaro rhwng yr Abadau a'r Tywysogion yn cyniwair; ac uchelgais y Seintiau yn adleisio hen awdurdod y Derwyddon.[36] Daeth un traddodiad i'r amlwg wrth ddilyn asgetigiaeth fynachaidd Martin o Tours, traddodiad a oedd yn 'filwriaethus, yn anturus, yn fydfeddiannol'[37] ac a gysylltir â theuluoedd pwysig y Brythoniaid megis rhai Cunedda a Brychan – sbardun yr adfywiad Celtaidd.

Yn wrthbwynt i'r traddodiad hwnnw yr oedd pwyslais eraill ar yr etifeddiaeth 'Rufeinig-Brydeinig' a gysylltir â mudiad addysgol Illtud Farchog, a'i ddisgybl Gildas. Amlygir y tensiwn yn rhagfarn Gildas yn erbyn Dewi. Ond er gwaethaf y cymhlethdodau a gwrth-Belagiaeth hanesyddiaeth Gymreig, mae modd catrodi tystiolaeth o blaid parhad ffurfiau Pelagaidd yn y Gristnogaeth Geltaidd a'r meddylfryd cyn-Rufeinig a oedd yn gynsail iddo. Cyfeiria Pennar Davies at Pickman sydd yn gofyn paham, wrth symud ein golygon o Ogledd yr Affrig i Brydain, y gwelwn gyfnewidiad graddol o'r Awstinaidd i'r Pelagaidd, ac ateb amlwg yr awdur yw hen arferion y bobl.[38] Er gwaethaf y protestiadau, haws o lawer yw deall Dewi fel Pelagydd yn y bôn, gyda'i foeseg ymosodol, asgetig – tystiolaeth o'r awgrym, fel honna James Bulloch, fod yr Eglwys Frythonaidd bellach yn anymwybodol o'i Phelagiaeth.[39] O'r safbwynt hwn, dehonglir hanes Llanddewi Brefi a chollfarnu honedig y Pelagiaid fel rhan o'r ymgais i sancteiddio Dewi a sicrhau ei ddilysrwydd yng ngolwg Rhufain. Y gwirionedd amdani yw bod asgetiaeth frwd eich nawddsant, ei ymgais i efelychu'r Iesu yn ei fywyd beunyddiol, a'i ymdrechion tuag at berffeithrwydd yn llawer mwy awgrymog o'r mudiad Cristnogol cynnar a gysylltir â Pelagius. Annog chi y mae i ganolbwyntio ar bob agwedd fach o'ch bywyd beunyddiol, wedi'r cyfan.

Byrdwn dadl Pennar Davies yw i'r bydolwg Celtaidd barhau, nid yn unig yng Nghristnogaeth y Brythoniaid, ond gyda'r beirdd a llenyddiaeth gynnar y Cymry. Ffolineb ac esgeulustod, nid ffawd a diymadferthedd ewyllys, oedd wrth wraidd cyflafan y Gododdin[40] a boddi Cantre'r Gwaelod;[41] derbyniwyd gras Duw yn noniau dyn[42] a 'llawenychant yn y Creu';[43] gwrthodwyd y syniad o lygredigaeth eich natur.[44] Ym Mhedair Cainc y Mabinogi, a groniclwyd yn yr unfed ganrif ar ddeg, fe welwyd pwyslais ar hen fyd Celtaidd a'r Gristnogaeth a ddilynodd: anrhydeddu merched[45]; moesau dyrchafedig[46] a'r ymgais i wella eich hunain;[47] egni ymdrechgar a'r frwydr i greu hanes;[48] yr allfyd paradwysaidd;[49] Tir Diffaith a'r waredigaeth;[50] ac yn olaf, ymwybyddiaeth o ddirgelwch yr hollfyd ac unoliaeth bywyd.[51] Dyma'r ffurf driphlyg eto: ewyllys, unoliaeth, iwtopia. Cyfeiria yn ogystal at gyfnod Rhodri Mawr a Hywel Dda – deffroad cenedlaetholgar o'r newydd a symbylodd y beirdd i ailafael yn arwriaeth y gorffennol yn ôl rhai. Dyma ymdrechion i greu hanes Brythonig, Cymreig o'r newydd, ac er gwaethaf pragmatiaeth Hywel a phlygu glin i Wessex, gwelir ganddynt y dyhead a'r gallu i greu Cymru strwythuredig.[52]

Yn y gyfraith a wëodd y proto-Gymru yma wrth ei gilydd mae modd gweld yn ogystal olion yr ysbryd dyrchafedig. Dyma gyfraith a oedd yn seiliedig ar weledigaeth optimistaidd o'r natur ddynol a chymdeithas dyn. Oddi wrth y bobl daw'r gyfraith trwy eu harferion, nid gan ryw Ymerawdwr oedd yn gorfod gosod y drefn oblegid natur anystywallt ei ddinasyddion.[53] Bwriad y gyfraith oedd sicrhau ac ailsefydlu'r drefn a chydbwysedd naturiol cymdeithas. Cyfiawnder yn hytrach na chosb oedd wrth wraidd gweithredu'r gyfraith, a phwyslais ar iawndal i'r dioddefwr a cheisio cymodi: safbwynt a awgryma gallu'r gymdeithas a'r unigolyn i ddysgu oddi wrth eu camgymeriadau. Ceir hefyd awgrym o'r parch honedig i ferched yn y ffaith fod yna gyfraith ar wahân iddynt yn amlygu eu hawliau penodol. Llawer haws, o leiaf, yw cysylltu tueddiadau'r gyfraith hon â bydolwg Pelagaidd yn hytrach na'r un llym, Awstinaidd a fyddai'n awgrymu'r angen am gyfraith lawdrwm yr Ymerawdwr er mwyn cadw'r pechaduriaid yn eu lle. Gwerth pwysleisio mai dyma'r fframwaith a fyddai'n llywio bywydau'r Cymry tan iddo ddiflannu dan law y Normaniaid – a dyma ddeall yr ing a brofwyd wrth golli'r gyfraith honno, a phwysleisio nad llythyren farw fu'r gyfraith. Coleddu ffordd o fyw, meddylfryd unigryw, athroniaeth ar gyfer byw, hyd yn oed, a wna'r gyfraith.

Mae'n bosib hefyd ddehongli gwrthryfel Glyndŵr trwy'r lens Paganaidd-Belagaidd yma, yn arbennig y weledigaeth a gynigiodd o Gymru rydd. Dyma'r man gwyn man draw, Ynys Afallon neu Annwfn yr hen chwedloniaeth. Ac, wrth gwrs, Glyndŵr ei hun oedd ymgorfforiad y Mab Darogan, yr arwr yn arwain ei bobl o'r tir diffaith i ymwaredigaeth. Ac yn gynsail i'r gweithredoedd go iawn yma roedd yr agwedd anturus, feiddgar a fentrodd geisio creu hanes. Dyma'r ymgais amlycaf o frwydro yn erbyn ffawd a pheidio â chwympo'n ddiymadferth yn wyneb yr her, wedi'i ysbrydoli gan deithi meddwl unigryw y dychymyg Cymreig cynnar.

Mae'n ddigon posib y byddai'r bydolwg neilltuol yma wedi dod i ben gyda'r un ymdrech olaf yma gan yr hen Frythoniaid i adfer eu hannibyniaeth. Ond yr oedd yr hen ysbryd a'r hen chwedloniaeth i'w weld yn yr ymdrech i sicrhau rhyw fath o barhad cyfyngedig – ac efallai hefyd ryw agwedd ystyfnig Belagaidd i fynnu bod iachawdwriaeth yn dal yn bosib i'r Cymry yn y byd hwn. Harri'r Seithfed a fyddai'r ymgnawdoliad nesaf o'r Mab Darogan. Yn wir, i'r dyneiddwyr Cymreig a fyddai'n arweinwyr moesol yn ystod y Dadeni Dysg, efe oedd y gwir Fab Darogan a oedd yn profi bod Glyndŵr wedi camddeall y proffwydoliaethau.

Dyma nid yn unig benllanw dyhead y Cymry am waredwr, ond hefyd angen Harri am eu cefnogaeth. Yn enedigol o Gastell Penfro, ac yn ddisgynnydd i Duduriaid Môn a fu'n brwydro gyda Glyndŵr, roedd ganddo hawl i'r orsedd trwy ei fam, Margaret Beaufort. Yn ei absenoldeb yn Llydaw dan ofal ei ewythr, Jasper, dechreuodd y beirdd ganu ei glodydd, ac erbyn iddo gyrraedd glannau Aberdaugleddau yn 1485 roedd y Cymry yn barod i'w hebrwng at eu cynghreiriaid yn Lloegr. Yn y frwydr fuddugol yn Bosworth, roedd y Ddraig Goch yn cyhwfan, ac yn nes ymlaen gwireddwyd y broffwydoliaeth gyda bedyddio'i fab yn Arthur. Bu rhai enillion dros dro i'r Cymry yn llys y Brenin newydd, ac yna, trwy benderfyniad ei fab i liniaru'r anhrefn yr ochr draw i Glawdd Offa drwy'r Deddfau Uno, daeth y Cymry yn rhan o'r gyfundrefn Seisnig. Roedd yna gost, wrth gwrs, i'r gynrychiolaeth yn y Senedd a'r trefniadau cyfreithiol newydd, sef gwthio iaith yr hen Frythoniaid o'r pau cyhoeddus yn derfynol. Serch hynny, byddai'r hen ysbryd yn codi eto o dan arweinyddiaeth Elisabeth. Erbyn hynny roedd y don o Gymry blaenllaw a oedd am fentro o dan y drefn newydd wedi cyrraedd penllanw, a glaniodd nid yn unig Uchelwyr a Masnachwyr yn y brifddinas, ond cyfreithwyr, academyddion a 'gwasanaethyddion' – y pennaf yn eu plith, Blanche Parry, cyswllt personol y Frenhines â'r cylchoedd ehangach yma. Drwy'r gwybodusion yn arbennig, cymerodd y Cymry ran flaenllaw yn y gwaith o ffurfio hunaniaeth Brydeinig hollbwysig; gorchwyl arwyddocaol iawn yn eu meddyliau nhw, bid siŵr, ond yn ymarferol dyma'r wladwriaeth Seisnig yn benthyca'r fytholeg Gymreig-Brydeinig i'w dilysu a'i chryfhau ei hun.[54] Anghenraid i'r wladwriaeth Brotestannaidd newydd yma oedd gwneuthur hunaniaeth a oedd wedi'i phellhau o afael Rhufain, a defnyddio'r fytholeg Gymreig oedd yn caniatáu hynny.

Nid oedd y gred bod y Cymry wedi'u hatgyfodi fel arweinwyr y wladwriaeth newydd yn mynd i bylu eto, felly, wrth i ddosbarth blaengar o bobl fwrw ati i ffurfio'r Lloegr newydd ar wedd Gymreig. Rhaid pwysleisio yn ogystal fod yr hunaniaeth hon a grëwyd ganddynt yn un hanfodol imperialaidd wrth i'r wladwriaeth newydd ymladd am ei lle yn y byd. Y Cymro Llundeinig Dr John Dee a amlygodd yr enw 'Yr Ymerodraeth Brydeinig', wrth gwrs.[55] Eironi o'r mwyaf yw y byddai'r wladwriaeth newydd yn mabwysiadu hen enw'r Cymry, ond wrth i'r enw fwrw gwreiddiau dyfnach, gan glymu'r Cymry yng ngwneuthuriad y wladwriaeth honno, glastwreiddio a phylu fyddai hanes y diwylliant, yr iaith a hunaniaeth y bobl hynny. Wrth ymroi i'r Brydain newydd – y peth amlwg i'w wneud ar y pryd er mwyn cynnal eu parhad – byddent yn y pen draw yn creu yr amgylchiadau ar gyfer eu difodiant. Dyma fynegiant o'r ewyllys i barhau yn cael gafael ar swcwr Prydeindod dros dro, ond gwenwyn a fyddai'r moddion yn y pen draw.

Deuai egni deallusol y dyneiddwyr Cymreig, a arweiniodd at yr ymgyrch yma, o'r dadeni Ewropeaidd ehangach. Elis Gruffydd, y 'Milwr o Galais', oedd un o'r cyntaf a'r mwyaf adnabyddus ohonynt, a gwelwyd yn ei hanes ef y tyndra rhwng yr hunaniaethau Seisnig a Chymreig a oedd yn ceisio dod i delerau â'i gilydd ym mlynyddoedd Harri'r Wythfed yn arbennig. Amddiffyn y meddwl Cymreig oedd wrth wraidd ei weithgaredd deallusol, ond nid beirniadaeth lwyr o'r Saeson oedd ganddo mewn golwg.[56]

Roedd yn gwasanaethu'r 'fyddin Saesneg' yng Nghalais yn y blynyddoedd hynny, yn Gymro, yn Brydeiniwr, a hyd yn oed yn Sais, ac yn adlewyrchu tueddiadau ei gyfnod gyda'i waith trylwyr, hirfaith, a oedd yn anelu at ddelfrydau'r oes trwy flaenoriaethau pwyll, cydbwysedd a chymhlethdod (canai glodydd Syr Rhys, Dinefwr, er enghraifft, wrth gydnabod troseddau'r teulu). Dyma ymdrech i ddefnyddio rhesymeg y Dadeni yn ei gronicl hirfaith o hanes y byd, mewn gwrthgyferbyniad â nifer o groniclau Saesneg, 'Lloegr-ganolog' y cyfnod, a oedd wedi'u hysgrifennu'n unswydd i ategu a chryfhau cenedlaetholdeb y wladwriaeth newydd.

Mae ei ysgrifau'n frith o gyfeiriadau at ethnigrwydd a'r awgrym bod hunaniaeth yn effeithio ar ysgrifennu hanes – a bod y Saeson yn euog o 'soffestri' yn eu hysgrifeniadau: defnydd o ymresymu camarweiniol neu dwyllodrus a chamddefnydd o ysgolheictod mewn ymgais i ddallu'r Cymry a gwasanaethu'r wladwriaeth Seisnig. Yn y bôn, dyma beth fyddai sylwebyddion yr ugeinfed ganrif yn ei alw'n rhyfel ideolegol, lle'r oedd dilysrwydd ymateb Gruffydd yn dibynnu ar safonau gorau'r cyfnod. Dywed yn blaen mai bwriad y Saeson oedd dileu y gwahaniaeth cenedligol, sicrhau bod y Cymry yn meddwl a chredu fel y Saeson, a'u bod yn mab-wysiadu bydolwg deallusol-hanesyddol a oedd wedi'i Seisnig-eiddio'n llwyr'.[57] Dyma'r ymgais gyntaf o nifer i ddadfeilio'r meddwl Cymreig o fewn y gyfundrefn Brydeinig. Defnyddio rhesymeg ysgolheigaidd yr oes[58] er mwyn ategu'r traddodiadau Cymreig oedd bwriad Gruffudd ar y llaw arall, a chynnal felly ei hanes a'i hunaniaeth. Yn ei waith dilyswyd y proffwydoliaethau fel gwrthrychau hanesyddol oherwydd eu bod yn perthyn i'r ffordd roedd y Cymry'n deall eu hanes.[59]

Er gwaethaf soffestri'r Saeson yn oes Harri'r Wythfed, cynhaliwyd y bydolwg deallusol-hanesyddol Cymreig i'r fath raddau fel bod llys Elisabeth wedi'i throchi ynddo. Fe'i hamlygwyd yn y ffigwr hwnnw John Dee yn fwy na neb. Un o Gymry Llundain, â'i wreiddiau yn sir Faesyfed, roedd Dee wrth galon prosiect imperialaidd Prydain Elisabeth. Roedd yn fathemategydd ac astrolegydd ac roedd y bydolwg a gysylltir â'i athroniaeth hermetig yn un a gysylltir yn agos â thraddodiadau esoteraidd, cyfriniol megis neo-Blatoniaeth a fyddai'n cael eu cofleidio gan Gymro arall, Morgan Llwyd, maes o law.

Roedd yn hawlio ei fod yn ddisgynydd i Rhodri Mawr, a defnyddiodd bob math o chwedloniaeth Gymreig wrth saernïo sylfaen imperialaidd polisïau Elisabeth – gan gynnwys straeon y Tywysog Madog a 'ddarganfu' America ganrifoedd ynghynt. Mae yna ryw eironi, ysywaeth, yn y ffaith fod y bobl a drefedigaethwyd yn adfer eu hunaniaeth mewn prosiect oedd yn trefedigaethu eraill. Ond nid trwy apelio'n unig at y dyfodol yma y ceisient adfer y Cymry – roedd y dyneiddwyr yma yn eu bydolwg Ewropeaidd, ysgubol, am weld y beirdd, er enghraifft,[60] yn adfer urddas a statws Beirdd y Celtiaid cyn-Rufeinig fel gwarchodwyr y gwareiddiad Cymreig. At gyfieithu'r Beibl y cyfeiriwyd rhan helaeth o'u hegni, tra bod yr uchelwyr Cymreig – y noddwyr – yn hapusach yn ymwneud â diwylliant Cymraeg a oedd yn gyfforddus yn hytrach nag yn heriol.

Glastwreiddiwyd yr elfen ddeallusol yn y diwylliant hwnnw, felly, a'i chorlannu o fewn y Gristnogaeth newydd, a oedd yn gymaint rhan o'r wladwriaeth Duduraidd ag yr oedd Cymreictod. Ond wrth i'r ysbryd hanesyddol Brythonig gael ei mygu, a'r gobaith am waredigaeth y Brydain Gymreig bylu, daeth Protestaniaeth i gynnig trywydd newydd i'r ysbryd ymlwybro arno. Dyma lwybr a fyddai'n troi o dir yr addewid diriaethol, i'w ganlyn trwy ddilyn y Mab Darogan, tuag at yr allfyd ysbrydol, i'w wireddu trwy atgyfodiad Crist. Nid y genedl fyddai'n cynnal Cristnogaeth bellach, eithr Cristnogaeth fyddai'n cynnal y genedl.

3

Tra bo'r Tuduriaid yn dwyn ysbrydoliaeth a nerth o'u hetifeddiaeth Gymreig, trawsnewid yr etifeddiaeth fyddai canlyniad eu hymdrechion i sefydlu'r ffydd newydd – neu ffydd y Saeson fel yr adnabuwyd hi yn y cychwyn cyntaf – yn y wlad. Nid oedd y Cymry yn danbaid dros yr hen ffydd erbyn hyn, wrth gwrs, a'r Eglwys Gatholig wedi mynd yn destun difaterwch a dirmyg – fel yn achos y periglor oedd yn lleidr pen ffordd, a'r abad oedd yn creu arian ffug. Ac eto roedd angen ysgogiad i ollwng gafael arni, ac roedd yr ymgais mwyaf llwyddiannus a dylanwadol i gynnig hynny yn dibynnu ar berswadio'r Cymry mai dychwelyd at eu hen ffydd fyddai canlyniad cofleidio Protestaniaeth.

Dyma gyfnod Elisabeth eto, a'i hymlyniad hi wrth ei Chymreictod yn cael ei adlewyrchu yn ei hymdrechion crefyddol, ac roedd hi'n fodlon hyrwyddo ymdrechion y dyneiddwyr Cymreig – rhai o'r enwau mwy cyfarwydd ichi heddiw – yn yr achos hwn. Dyna ichi William Salesbury, a alwodd ar y Cymry i ddeisyf eu Beibl eu hunain, ac a gyfieithodd y Testament Newydd; William Morgan, enw cyfarwydd i bob un plentyn ysgol Cymraeg, â'i gyfieithiad ysgubol a fyddai'n gwarchod a gosod teithi'r iaith am ganrifoedd i ddod; a'r enw llai cyfarwydd ond efallai yr un pwysicaf oll o ran brwydr y dydd, sef Esgob Tyddewi, Richard Davies. Wedi cyfrannu at sicrhau deddf i sefydlu'r Beibl yn 1563, cyflwynodd ef gyfieithiad Salesbury yn 1567 trwy groesawu Protestaniaeth fel ailddyfodiad yr Eglwys Brydeinig – Cristnogaeth bur a oedd yn efelychu'r Gristnogaeth a gyrhaeddodd yr hen Brydain o flaen y Rhufeiniaid.

Dyma Davies yn atgyfodi'r stori am Joseff Arimathea[61] yn ymweld â Phrydain tair ar ddeg o flynyddoedd wedi atgyfodiad Crist, gan roi statws arbennig i'r Prydeinwyr fel y rhai a dderbyniodd y ffydd yn gynnar. Ymhellach, roedd athrawiaeth y Rhufeiniaid cynnar a fyddai'n dilyn yn un gadarn, ac yn ysbryd yr efengyl. Yn y stori hon, er bod Pelagius – a enwyd fel penadur y fynachlog fawr ym Mangor – yn fawr ei awdurdod a'i enwogrwydd, bygythiad oedd ef a'i athrawiaeth ffug a'i heresi i'r Gristnogaeth 'wreiddiol'. Canmol gwaith Awstin Sant a wna Davies, a Garmon yn ogystal, fel y rhai a wrthwynebodd 'amhurdeb'[62] athrawiaeth y Brython – amhurdeb a gysylltir yn ogystal â'r Saeson a wahoddwyd i'r ynys gan Gwrtheyrn. A dyma Awstin arall, Awstin Apostol y Sacsoniaid, yn ymuno â'r hanes. Danfonwyd ef yn 600 OC i Brydain gan Gregory, Esgob Rhufain, er mwyn 'troi' y Sacsoniaid i'r ffydd, ond dyma ffurf ar Gristnogaeth oedd o safbwynt Richard Davies, yn amhur, gyda'i defodau mawreddog – ffurf a fyddai maes o law yn goresgyn y Brythoniaid â'r cleddyf. Yn dilyn penderfyniad esgobion Prydain i wrthod goruchafiaeth Rhufain a ffydd Awstin, gorchmynnodd hwnnw fod Ethelbert ac Elfrid, Brenhinoedd Caint a Northumberland, yn lladd 1,200 o wŷr crefyddol Bangor. Ymhellach i'r pydew y suddodd y Brythoniaid wrth i'r Saeson sefydlu eu goruchafiaeth ar Ynys Prydain. Dyfnach eto yr aeth y Cymry wedyn wrth i'r Normaniaid losgi eu llyfrau, dinistr a gyflawnwyd wedi gwrthryfel Glyndŵr.

Yn yr hanes yma gan yr Esgob Davies, roedd cyflwyno'r Testament Newydd yn y Gymraeg yn gyfle nid yn unig i adfer yr hen ffydd bur, ond hefyd i'r Cymry adfer eu hurddas a'u braint. Yn wir, awgryma nad cyflwyniad, ond *adferiad* y Beibl Cymreig oedd wedi digwydd dan law Salesbury a nawdd Elisabeth, a chynigia brawf ar ôl prawf o'r 'ffaith' fod y Beibl wedi bodoli eisoes yn y Gymraeg. A chyfunir yr apêl at falchder a hefyd ddyhead y Cymry i adennill eu hunan-barch gyda datganiadau diflewyn-ar-dafod sydd yn cyplysu'r hen ffydd â Phrotestaniaeth.

Dyma ddatganiadau y mae'r Esgob yn honni a ddaw o'r ysgrythur ac sydd yn fyw yn niarhebion y Cymry: datganiadau John Calvin a'r Cristnogion newydd sy'n efelychu athrawiaeth Awstin Sant, sef mai eich ffydd, nid eich gweithredoedd a fydd yn eich cyfiawnhau gerbron Duw. Llygredig yw'r natur ddynol, amherffaith yw ei weithiau, a phrynir maddeuant Duw ichi nid oherwydd eich ymdrech ond gan Iesu Grist ar y groes. Ffug yw athrawiaeth Pelagius am burdeb eich natur a'r gallu i gyfiawnhau eich hunain trwy eich gweithredoedd. Fel yn achos Dewi Rhygyfarch, esgymunwyd Pelagius, a gysylltodd y ffydd Gristnogol gyda'r hyn a wyddom am y diwylliant Celtaidd. Ac eto, byddai'r nodweddion hynny – grym yr ewyllys ddynol, y gred yn y gwaredwr a'r allfyd a'r posibilrwydd o unoliaeth – fel petaent yn ymddangos eto er mwyn dylanwadu ar yr Awstiniaeth newydd yma, mewn modd a fyddai'n ei dro'n dra 'Phelagaidd' ac yn rhoi ysbryd crefyddol Cymreig neilltuol i Galfiniaeth.

Cyn y Diwygiad Methodistaidd, ond ar ôl cyfnod y Brydain Fawr ôl-Duduraidd dan arweinyddiaeth y Stiwartiaid – a yrrodd hunaniaeth y Cymry ymhellach i'r ymylon – byddai'r hen dueddiadau yn codi eu pen mewn Protestaniaeth o'r math mwyaf radical. Dyma Biwritaniaeth, a gododd yn yr unfed ganrif ar bymtheg mewn ymateb i Brotestaniaeth, a diffygion yr ymdrechion i ledaenu'r neges yn ddigonol. Bychan oedd nifer y Piwritaniaid yma yng Nghymru, mewn gwirionedd, hyd yn oed ar ôl i arweinydd y Rhyfel Cartref, Oliver Cromwell (a oedd yn hanu o'r Williamsiaid, un o hen deuluoedd Cymreig y gyfundrefn Duduraidd), ddeddfu i ledaenu'r Gair yma. Ac eto, gosodwyd seiliau Methodistiaeth y ddeunawfed ganrif ac Anghydffurfiaeth y bedwaredd ganrif ar bymtheg gan y bobl yma, ac yn hynny o beth mae hunaniaeth yr oes fodern, ddiwydiannol i'w gweld yn cyniwair yn y cyfnod hwnnw. Yn yr un modd, nid oedd ysgrifau y disgleiriaf o'r dynion yma – Morgan Llwyd – wedi mowldio meddwl ei genedl yn ystod ei oes, ond roedd ei ddylanwad gymaint maes o law, nes i o leiaf un awdur honni mai ar yr athroniaeth hon y'ch codwyd chi ac y'ch magwyd chi fel cenedl.[63] Dyma athroniaeth a fyddai'n pwysleisio gallu cudd yr ysbryd dynol, unoliaeth y cyfan, a'r daith tuag at iachawdwriaeth.

* * *

Fel y rhai a oedd yn honni eu bod yn arddel Protestaniaeth o'r iawn ryw, byddai'n ddisgwyliedig i'r Piwritaniaid wneud Calfiniaeth yn ganolog i'w hathrawiaeth. Ac eto cyfyd nifer o gwestiynau ynghylch priodoldeb gosod Morgan Llwyd yn y categori yma, yn benodol i ba raddau yr oedd yn cadw at bum pwynt Calfiniaeth, megis llwyr lygriad Awstin a rhagarfaeth. Os Calfiniaeth, yna Calfiniaeth Gymreig nad oes modd ei deall heb ystyriaeth o'r patrymau meddyliol hanesyddol. Yn wir, pe byddem am gymryd ambell efrydydd o'i waith ar eu gair, haws o lawer yw olrhain agweddau ar ei ddiwinyddiaeth i Pelagius[64] nag i Awstin (er bod y trywydd hwnnw'n droellog braidd). Pwysleisiai eraill wedyn y ddibyniaeth ar gyfriniaeth yr athronydd Jakob Boehme. Yr hyn sydd angen gochel rhagddi â phob ymgais i adnabod y dylanwadau ar Morgan Llwyd yw anghofio gwreiddioldeb a gwychder ei feddwl; awgrymaf yn garedig mai gwell fyddai ei adnabod fel meddyliwr unigryw, Cymreig, a gafodd ysbrydoliaeth a dylanwad gan eraill mewn modd a ganiataodd iddo greu ei ddarlun neilltuol, cofiadwy o'r cyflwr dynol.

Yn ganolog i'w weledigaeth yw'r gred yn y goleuni mewnol: bod Crist yn llechu ym mhob un, a bod hyn yn cynnig ffordd yn ôl at waredigaeth. Dyma'r gred yn y 'stafell ddirgel', a oedd yn ei gysylltu â Chrynwyr y cyfnod. Mae'r potensial am iachawdwriaeth eisoes yn gorwedd gyda chi, felly, yn hytrach na bod angen ymyrraeth drwythol gras Duw. Yn wir, yn unol â syniadau Pelagius, gyda'r goleuni mewnol hwn mae gras Duw yn bodoli ym mhob un yn barod.

Ymhlyg yn narlun Llwyd yn ogystal y mae'r cysyniad o berffeithrwydd, lle nad oes angen cyfiawnhad na sancteiddiad, na chwaith ymyrraeth gras, oherwydd bod dichonoldeb cynnydd a gwelliant ym mhob un yn barod. Beth yw ystyr y pechod gwreiddiol o safbwynt y weledigaeth hon, felly, a beth oedd canlyniadau'r Cwymp, yng ngoleuni'r gred nad oes gofyn ichi gael eich adfer gan ymyrraeth gras trwythol Duw? Cyflwr o ddryswch a thyndra yw'r hyn sy'n amgylchynu'r sawl sy'n gwympedig; mae'r unigolyn wedi ymgolli ynddo'i hun. Yr adferiad sydd ei angen yw'r hyn a ddisgrifir fel trawsffurfiad o'r *henddyn* i'r *dyn newydd*, trwy Grist.

Nid agosáu at Dduw trwy weithio tuag at y goleuni y mae'r unigolyn yn y broses hon, yn gymaint ag *ymwrthod â'r hunan*. Nid yr ewyllys weithredol sydd ar waith yn y syniad yma, yn gymaint â'r syniad o'r person yn ildio i'r Duw sydd eisoes wedi'i osod ei hunan ynddo. Mae Crist wedi gosod y goleuni mewnol ynoch, a mater o'i ddilyn ydyw.[65] Trwy ymroi, neu 'suddo' i'r ymwybyddiaeth honno y mae modd adnabod pechod a'i ddileu. Ys dywed un awdur, dyma drwytho'r goddefol â grym rhagweithiol.[66] Rhaid dilyn esiampl Crist, a chaniatáu'r gair i siarad â chi a thrwyddoch chi: 'meithrin hunanymwadiad a throi'r ewyllys rhydd ar ôl ei oleuni mewnol', meddai un sydd am honni mai Calfinydd ydoedd Morgan Llwyd.[67] Awgryma'r syniadau yma mai dryswch, felly, yw'r gred mewn rhagarfaeth.[68] Sut mae modd dadlau bod gan Dduw ei ddewisedig rai, pan mae'r goleuni yn gorwedd ymhob un ohonoch? Gwrth-Galfinaidd yn ogystal yw'r tueddiad i gwestiynu'r ymrwymiad angenrheidiol i'r Beibl, a'r pwyslais yn lle hynny ar y berthynas uniongyrchol, gyfriniol â Duw.[69] At ei gilydd, dyma weledigaeth sydd yn gwadu diymadferthedd dynoliaeth, conglfaen y gred Awstinaidd-Galfinaidd, gan awgrymu bod gan bob unigolyn y gallu i esgyn i ddinas Dduw. Mae'r ewyllys rydd wrth galon y ddrama o iachawdwriaeth, meddai'r awdur.[70] Pa ffordd bynnag y mae rhywun am ddehongli'r manylion, nid afresymol neu anodd yw adnabod yr hen batrymau fan hyn: natur ddynol uwch, a all esgyn trwy weithredu uchelgeisiol, moesol, tuag at dangnefedd.

* * *

Amlygwyd yn barod, mae'n siŵr, gyfoeth meddwl Llwyd, ac mae gofyn gosod yr elfennau penodol yma o fewn ei weledigaeth ehangach er mwyn ceisio'i werthfawrogi'n llawn. Un o'ch dehonglwyr diweddarach chi sydd wedi arwain wrth gyfannu ei waith ac amlygu hynny o 'gyfundrefn' sy'n bodoli yn yr ysgrifau, gan gwmpasu'r natur ddynol o fewn y gyfundrefn ddwyfol ac mewn cysylltiad uniongyrchol â'r Duwdod. Yn ôl Llwyd, meddai ef, mae'r ewyllys yn bodoli yn yr enaid, sef 'cyfanswm nodweddion bywyd ... ei ddeall a'i ddyheadau moesol' a 'gwaelod gwreiddyn personoliaeth dyn'.[71] Ymwybyddiaeth fuasai rhywun yn ei ddweud heddiw, o bosib. Ond yn ddyfnach ynddoch chi, tu hwnt i rinweddau bob dydd, yr hyn sydd yn greiddiol yw'r ysbryd, 'y grym creadigol grasol' yng ngwaelod y galon, lle mae'r Gair yn gorwedd. Dyma'r grym a all ysgogi'r ewyllys i droi at Dduw.

Yng nghyfoeth y dehongliad yma o'r natur ddynol ceir hefyd yr awgrym o 'aruchedd meddwl dyn'[72] a all drosgynnu mympwy'r corff, safbwynt sy'n gysylltiedig â'r hen feddwl Platonaidd (daw'r rheswm am hynny i'r amlwg maes o law). Y mae'r henddyn bob amser yn gaeth i'w 'naturiaeth' ond yn gallu dianc rhagddo. Ym myd Llwyd mae natur ymgorfforedig dynoliaeth yn cael ei dehongli yn ôl y pedair elfen, ac un ohonynt, sef tân, yn rhwym o reoli'r pen.[73] Dyma amlygu ei gred mewn astroleg a chosmoleg a oedd yn prysur golli eu gafael ar fyd deallusol y cyfnod, ac un agwedd ar ei feddwl nad oedd ar flaen y gad.

Parhau ym mydysawd Empedocles a wna Llwyd, lle'r oedd y planedau yn dylanwadu ar y corff dynol a'r ddau wedi'u creu o'r un elfennau: tân, dŵr, awyr a daear. Mae cyneddfau'r enaid, deall a rheswm, er yn alluog i arwain dyn at y goleuni, hefyd felly mewn cyflwr peryglus, yn arbennig heb oleuni'r cydwybod (cysyniad arall dylanwadol yng nghyfundrefn feddyliol Llwyd, ond sydd â lle llai amlwg). Cawn argraff ohonynt mewn strach parhaol gan Llwyd, a'r angen parhaol i geisio'u cadw'n bur. Rhy hawdd ydyw 'ymgaru â swynion y cnawd, megis clod a chanmoliaeth, blys y galon a chwant y llygad . . . O'i rwydo felly, caled ydyw iddo roddi ei holl fryd ar wybodaeth bur, ddielw byd yr ysbryd.'[74] Mae eich tynged ynghlwm â'r gallu i ymlynu wrth yr ysbryd, a'r ewyllys yn ganolog – rhaid rhoi hwnnw yng ngoleuni rheswm a'r cydwybod. Rhaid trechu synnwyr y cnawd – *Vernunft*, ys dywed yr Almaenwr – gyda'r deall – *Verstand*, ys dywed yr Almaenwr eto.[75]

Yn y dyn newydd y mae'r meddwl yn drech ac yn cadw'r cyneddfau'n gytbwys. Y mae'r sant felly yn alluog i ddeall y byd heb ddryswch yn yr enaid, ac yn gymwys i ganfod meddyliau 'dyfnion cuddiedig pwrpasol dewisedig annwyl (fel aur yn y meddwl)'.[76] I'r sawl sy'n lled gyfarwydd ag athroniaeth Platon, mae'r cyffelybiaethau â syniadau'r Groegwr am gydbwysedd yn elfennau'r enaid, goruchafiaeth y rheswm, a'r ymdrech i dreiddio y tu hwnt i gysgodion y byd hwn tuag at wirionedd cyflawn yn amlwg. Yng ngweledigaeth Llwyd mae'r cyferbyniad rhwng yr hyn sy'n wirioneddol (yr ysbrydol) a'r hyn sydd yn faterol yn fwy sylweddol fyth, ond erys y posibilrwydd amlwg i bob un ohonoch (nid yn unig frenin-athronwyr Platon) oresgyn y ddeuoliaeth a chael mynediad at y gwirionedd cyflawn hwnnw.

Yn wir, disgrifir yr hyn sydd yn faterol yn 'ddiddim', ond er mwyn deall ergyd y cysyniad rhaid rhodio ymhellach i fychanfyd Llwyd. Oblegid nid oes mewn gwirionedd synnwyr i'r disgrifiad yma, heb inni ddeall sylwedd y 'Dim'. Dyma ffynhonnell a gwreiddyn popeth a'r hyn mae pob dim materol yn deisyf dychwelyd iddo. Ar wahân iddo nid oes sylwedd arall: 'pan chwenycho, geilw hwynt yn ôl iddo'i hun, a hwy a ddarfyddant. Y pryd hwnnw derfydd amser, fel pe llyncid afon ym môr tragwyddoldeb'.⁷⁷ Yn wahanol i fodau meidrol, materol eraill, mae'r Dim yn gorwedd yn enaid Dyn, 'hedyn yn naear naturiaeth', sydd mewn perthynas â lledrith y creadigaethau gweledig. Mae'r hyn sy'n faterol, felly, yn 'ddiddim' yn yr ystyr nad ydy'r 'Dim' ynddynt.

Mynegir y Dim yn y Gair – dyma le mae'r Dim yn ei ddiriaethu ei hun. A thrwy'r Gair y daw y Dim i fod yn rhan o ddynoliaeth: mae ysbryd a chydwybod Dyn yn fynegiant uniongyrchol o'r Gair, yr hyn sydd yn golygu bod enaid dyn – yn wahanol i'r anifeiliaid – yn 'dyfod allan o'r anfarwoldeb'.⁷⁸ Y mae rheswm hefyd yn agwedd ar yr enaid, a dyma'r agwedd yn benodol sy'n gorfod ymgodymu â naturiaeth, cartref y pedair elfen a'r agwedd ymgorfforedig, materol o ddynoliaeth sydd mewn gwrthgyferbyniad â'r ysbrydol.

Y Dim, wrth gwrs, yw Duw – ac yng Nghristnogaeth Morgan Llwyd ei natur anghyraeddadwy, gyfrin sydd mor drawiadol i chi sydd yn byw mewn oes pan mae ei gymeriadu fel y 'Bod Mawr' yn gyfarwydd. 'Nid hyn nac arall ydyw, eithr saif ymhell tu hwnt i bob disgrifiad ohono, ac yn gwbl wahanol i wybodaeth dyn amdano'⁷⁹ (sydd yn awgrymu'r modd ichi ei achub unwaith eto yn eich oes empeiraidd sy'n mynnu tystiolaeth weledol o bob dim). Y mae'r Dim tu hwnt i derfynau gofod ac amser – yr hyn sydd tu allan, na ellir mo'i weled. Nid yw'n 'ddrwg' eithr nid tirwedd mohono y gellid ei gymharu ag unrhyw beth. Mae eich Duw chi, y Duw personol Iddewig, yn cael ei fynegi, ond megis datguddiad o'r Dim, y Duwdod sydd yn gefn ac yn waelod iddo. Trwy ddeall Duw fel 'meddwl gweithgar y Duwdod yn ei fynegi ei hun' cawn gyfuniad o 'hanfod pur-digyfnewid athroniaeth Groeg a'r syniad Iddewig am Dduw personol.'[80]

Yn olaf, mae stori'r 'creu' yng ngweledigaeth Morgan Llwyd yn bwysig nid yn unig o safbwynt deall natur y Duwdod, ond hefyd wrth geisio deall natur y themâu hynny oedd yn ganolog i'r hen fydolwg Brythoneg: undod a deuoliaeth. Pan ddisgrifia'r awdur y dechreuad, byddai modd eich esgusodi pe byddech chi'n deall taw disgrifiad sydd yma o'r hyn a elwir heddiw gan eich ffisegwyr yn 'Glec Fawr': 'Allan o'r dyfnder llonydd daw'r hyn a elwir y "cynhyrfiad tragwyddol", sef "ewyllys weithgar", a honno yn bwrw drych fel enfys o'r tu allan iddi.' Fe'i disgrifir fel dyhead y Dim am hunanwybyddiaeth, gan greu'r byd 'i weled ei gysgod ef ynddo',[81] mynegiant o 'Chwant yr ewyllys dragwyddol am ddifyrrwch a chwaraeyddiaeth.'[82] Mater yw pen draw a phen eithaf y broses hon, a'r creadwriaethau yma yn rhai sydd wedi 'mynd allan o'u gwreiddyn, ac o'r herwydd aethant yn ddeunydd caled, tywyll, gweladwy'.[83] Mae dyn yn ddelw arbennig oherwydd ynddo ef yn unig y mae ysbryd yn yr enaid. Dyma natur dragwyddol y ddynoliaeth sy'n ei eithrio o'r creadigaethau eraill sydd yn adlewyrchu natur dros dro mater. 'Gweithdy Duw dros gyfnod yr edfryd',[84] tan iddo gael ei lyncu mewn goleuni diddarfod. Nid Duw yw pob dim, megis mewn Pantheistiaeth, ond mae Llwyd yn fwy o Roegwr nag Iddew yn y gred bod presenoldeb Duw ymhob peth.[85]

* * *

Wrth grynhoi bychanfyd Morgan Llwyd, nid anodd mo canfod awgrym amlwg o ffurf benodol yr hen berthynas driphlyg: grym dynol, undod y cyfan a'r posibilrwydd o'i wireddu. Gyda Llwyd, cawn y stori o olau mewnol yr ysbryd dynol yn dychwelyd at y Dim trwy weithred yr ewyllys a rheswm dyn, gan drosgynnu'r meidrol – troi o'r henddyn i'r dyn newydd. Y mae'r thema o natur ddyrchafedig dynoliaeth ynghlwm wrth syniad y goleuni mewnol, unoliaeth y cyfan wedi'i gymeriadu yn y Dim, a'r posibilrwydd o ymgyrraedd ato ac uno'r unigolyn a'r cyfanrwydd ynghyd yng ngweithredoedd yr ewyllys. Ac mae'r posibilrwydd yma o gyrraedd pen y daith nefol yn un i'r unigolyn, ond fel y clywn yn y man, mae'n un sy'n agored i ddynol ryw yn ei gyfanrwydd.

O olrhain dylanwadau Llwyd, mae'n bosib cyd-destunoli ac ategu'r awgrym bod ei weledigaeth yn un sydd yn dilyn y patrwm triphlyg, ac, yn wir, ôl traed Pelagius. Rwyf eisoes wedi crybwyll y cyffelybiaethau â meddwl Platon, ac nid cyd-ddigwyddiad mo hynny. Âi'r hanes troellog heibio'r Almaen ac yn ôl i'r Aifft. Yn gyntaf, wrth geisio cynnig esboniad llawnach o feddwl unigryw Morgan Llwyd, yn amlach na pheidio fe fydd sôn am ddylanwad enfawr yr Almaenwr a'r crydd o Gorlitz, Jakob Boehme a fu fyw rhwng 1575 ac 1624. Daeth y gwerinwr yma'n enwog am ei gyfriniaeth a bu ei ysgrifau'n ddylanwadol ymysg rhai o'r Piwritaniaid. Saif y prawf o'i ddylanwad yn y ffaith i Llwyd gyfieithu dau o'i brif weithiau i'r Gymraeg. Tebyg iddo ddod i gysylltiad â'r rhain yn y blynyddoedd 1644–7 wrth fyw gyda Giles Calvert, llyfrwerthwr a chyhoeddwr a gŵr defosiynol a oedd wedi cyhoeddi'r cyfieithiadau Saesneg a gyfieithwyd i'r Gymraeg gan Llwyd yn ei dro. Awgrymir bod gweledigaeth Boehme wedi ei drwytho gan syniadau dylanwadol Almaenig yr Oesoedd Canol, megis Eckhart yn y drydedd a'r bedwaredd ganrif ar ddeg – a oedd wedi adnewyddu cyfriniaeth gan droi at ffigyrau cynnar yr Eglwys Gristnogol megis Dionysius. A phwy oedd y prif ddylanwad ar y Cristnogion yma? Gwisgo dysgeidiaeth Plotinus, athronydd Platonaidd o'r Aifft o'r drydedd ganrif, yn nillad Cristnogaeth, a wna'r Cristnogion yma.

Dyma lwybr troellog, ond yn y pen draw un ffrwythlon. Meddai un o'ch doethion, 'drwy'r sianel hon, llifodd meddyliau'r athronydd cyfrin Plotinus i mewn i feddwl ac i galon y genedl Gymreig . . . ar yr athroniaeth hon y'n codwyd ac y'n magwyd ni fel cenedl yn ystod y tair canrif ddiwethaf. Lle bynnag yr oedd tywyllwch – yn enwedig ynghylch pynciau byd a bod – daliwyd ar esboniad yr athroniaeth neo-Blatonaidd a ddysgwyd gan Morgan Llwyd, er goleuo'r tywyllwch. O ddigwydd i Gymro geisio athronyddu yn y pulpud neu yn yr Ysgol Sabothol, neu eto mewn ymgom ar aelwyd glyd, ni fydd y meddyliau hynny a geir am y tro cyntaf fel cyfangorff yn athroniaeth Plotinus yn llwyr absennol'. Dyma'r un athrawiaeth sy'n trwytho'r *Storm*, gan Islwyn, y bardd-athronydd amlycaf yn eich hanes.[86]

Beth yn gryno sy'n nodweddu'r athroniaeth hon? Gorwedd hanfod gweledigaeth Morgan Llwyd yn neall Plotinus: un tarddiad i bob bodolaeth sydd, sef Duw, a hwn yn unig sydd yn dragwyddol. Duw yw pob bodolaeth ond 'nid fel mae pethau'n arwynebol ar wahân, ond fel maent mewn gwirionedd'.[87] Bu gwahanu ohono gan greu dau fyd, yr ysbrydol a'r 'hanner-sylweddol'. 'Mater yw'r lefel iselaf o fodolaeth', yn gysgod, a 'rhyw ddyhead am fod'.[88] Ond trwy barhad y dwyfol ynddo, cymerai mater ffurf uwch oddi mewn i ddyn: ffurf rheswm sydd fwyaf naturiol iddo, a thrwy hynny daw i feddu ar wybodaeth sy'n mynd â chi i'r gwirionedd. Meddwl ar ei orau sydd fwyaf tebyg i natur y Gwir Sylwedd. Y mae dyn yn y byd materol hwn, ond y mae'r goleuni ynddo am gyfnod byr wedi'i gyplysu â'r cnawd a'r materol. Yn wir, y mae'r goleuni yma sydd yn yr enaid yn ei dywys yn ôl i'r byd nefol.[89]

Perthynas hanfodol sydd fan hyn o safbwynt yr atyniad rhwng y goleuni a'r Dim: 'Sylwn fod popeth a wahanwyd yn ceisio'r hyn y gwahanwyd ef oddiwrtho . . . Ymhob llai perffaith plannwyd dyhead nefol am y mwy perffaith.' Bydd dyn yn troi 'ohono'i hun er ceisio'r Enaid mwy'. Er mwyn cerdded at Dduw, rhaid gadael y cnawdol, puro'r hunan, 'troi i mewn i'w enaid ei hun yn ei natur uchaf'; geiriau byddai modd eu priodoli i Morgan Llwyd a Pelagius ill dau. Felly, 'os myn dyn ei wir fodolaeth, rhaid troi o'r materol i mewn i'r enaid. Yn ei hanfod, adeiladu athroniaeth gyfriniol ar y syniad 'os am wybod natur y peth mwyaf sylweddol sy'n bod, y realiti, pennaf, rhaid troi o'r materol a'r gweledig i mewn i fyd y meddwl.'[90] Ond nid digon meddyliau'r enaid, rhaid ceisio'r profiad uchaf, sef uno'r hunan mewn cariad â'r dwyfol. Dyma geisio'r lefel uchaf un, gan waredu hualau rheswm a chyrraedd at lefel yr ysbrydiaeth – yn agosach at y sylwedd. Nid y meddwl yw pen y daith, felly; rhaid ceisio uno'r hunan ynddo, rhaid wrth gariad er mwyn 'gwir adnabyddiaeth ohono, a thrwy hynny o bob sylwedd'.[91]

Trawiadol yw'r gymhariaeth rhwng diwinyddiaeth Morgan Llwyd ac eiddo Plotinus. Yn gryno, meddai'r awdur, 'Yr un yw eu syniadau am natur Duw, am y Gwir Sylwedd, am y gwahanu oddi wrtho, am natur dyn, am ei bechod, am wahanol lefelau bod, am y ffordd gyfrin at y Tad.'[92] Daw'r dylanwad neo-Blatonaidd yma trwy gyswllt arall ym mywyd Llwyd yn ogystal. Roedd yna griw o athronwyr sydd erbyn hyn wedi colli eu lle mewn hanes deallusol, ond a oedd ar y pryd mor adnabyddus ag enwau sydd nawr yn ganolog i'r canon Gorllewinol. Dyma neo-Blatonwyr Caergrawnt, a oedd yn wrthwynebus y tu hwnt i'r fateroliaeth yr oedd yr enwog Thomas Hobbes yn ei arddel – a oedd yn honni nad yw'r hyn sy'n ddisylwedd yn rhan o'r bydysawd o gwbl. Er eu bod yn rhannu'r elfen Gristnogol gyda John Locke, byddai yntau yn anghydweld oherwydd ei empeiriaeth a'i wrthwynebiad i'r syniad o wybodaeth wedi'i seilio ar sythwelediad. Teg dweud yn y pen draw y collwyd eu brwydr â'r edefyn empeiraidd, materolaidd yn y traddodiad Seisnig – traddodiad na feddiannodd, y mae'n hynod bwysig pwysleisio, y meddwl Cymreig.

Roeddent yn arbennig eisiau rhoi gwedd athronyddol, ddeallus ar grefydd fel na fyddai'n cwympo tu ôl i oes gwyddoniaeth. Byddai Morgan Llwyd, yn ei waith mwyaf aeddfed, *Cyfarwyddyd i'r Cymry*, yn dilyn ei arfer yn y cyswllt yma o ddechrau â natur hanfodol dyn yn hytrach na Duw, fel sylfaen gwybodaeth ym myd crefydd.[93] Yn y cyswllt yma byddai diddordebau crefydd yn rhai seicolegol yn ogystal – a chrefydd a 'ymledai allan o natur dyn ei hunan yn ennill llawer iawn mewn "rhesymoldeb".'[94] Yn naturiol ddigon, roedd y neo-Blatoniaid yn credu bod modd i'r rheswm amgyffred gwirioneddau ysbrydol; roedd hyn yn groes i'r Calfiniaid a oedd yn meddwl bod y rheswm yn llygredig, ag angen gras arno i'w oleuo. Tuedda i'r neo-Blatoniaid, felly, i gredu mewn ewyllys rydd, ac roedd eu hagweddau Arminaidd yn rhai y mae modd eu cymharu'n ddigon amlwg ag agweddau Llwyd.

Wedi dweud hynny, roedd yr un yn eu plith a fuodd mewn cyswllt agosaf â Morgan Llwyd o farn ychydig yn fwy anacronistaidd.[95] Dyma ei gyfaill a'i gyd-deithiwr Peter Sterry, myfyriwr sylfaenydd y mudiad Piwritanaidd, Benjamin Whichcote. Yn gymaint â dangos ôl y dylanwadau ar Llwyd, mae'r cysylltiadau yma'n dyst i'w statws fel meddyliwr – yn yr ystyr ei fod yn cyfeillachu â, ac yn cyfrannu at, ddatblygiad rhai o feddyliau mwyaf disglair y ganrif – ac yn dangos, er yr agweddau llai cyfoes a goleddai am y byd corfforol, fod ei feddwl crefyddol gyda'r mwyaf blaengar.

* * *

Mae yna un agwedd arall ar safbwyntiau Llwyd sydd angen eu hystyried yng nghyswllt ein diddordebau ninnau ac sydd yn un o'r pontydd i'r oesoedd a'r syniadau a ganlyn. Dyma bwynt sydd yn uniongyrchol berthnasol i'r ail ran o'r berthynas driphlyg, sef y pontio rhwng yr unigolyn a'r cyfanrwydd. Rydym eisoes wedi gweld yn achos Llwyd mai profiad cyfriniol, grymus, unigol yw'r broses o newid o'r henddyn i'r newydd, a'r angen i droi'r ewyllys tuag at y goleuni mewnol. Fodd bynnag, mae yna agwedd arall ar ei athrawiaeth sydd yn ein tywys ni at yr elfen gymdeithasol, efengylaidd gref. Hynny yw, nid mater o geisio achub eneidiau unigol ar gyfer y bywyd tragwyddol mewn rhyw allfyd pell oedd diwedd y gân. Yn wir, nid anghywir fyddai disgrifio nefoedd ac uffern yng ngweledigaeth Llwyd mewn modd cwbl alegorïaidd – sef cyflwr yr enaid mewn bywyd beunyddiol. Roedd y 'pen draw' yn rhywbeth llawer mwy sylweddol, ac o fewn gafael yn y bywyd hwn.

Ymhellach, roedd yr achubiaeth yma o fewn gafael y ddynoliaeth gyfan, ac ynghlwm wrth drawsnewidiad y byd materol. Dyma'r gred mewn milflwyddiaeth. Mewn termau syml, dyma'r gred yn y syniad o fileniwm o oes sanctaidd, naill ai wedi'i ysgogi gan, neu'n arwain at, ailddyfodiad yr Iesu. Roedd yr athrawiaeth yn ganolog i fydolwg y Piwritaniaid, a oedd wedi'i ddehongli mewn modd alegorïaidd ers canrifoedd, ond ers y Diwygiad wedi'i ddeall mewn modd mwy llythrennol, er gwaethaf condemniad John Calfin. Roedd yna dair ysgol o feddwl amlwg gyda'u dehongliadau gwahanol o union ystyr y milflwyddiant.

Roedd y syniad yn hollbwysig i'r Pumed Frenhinwyr – y grŵp mwyaf eithafol o Biwritaniaid, ac yn eu plith gyfaill Llwyd, Vavasor Powell. Deallent eu hunain fel seintiau arfaethedig y mileniwm, ac y byddai Crist yn ymddangos yn ei Berson i reoli yn yr iwtopia dros fil o flynyddoedd. Jerwsalem fyddai pencadlys y deyrnas fyd-eang – y theocratiaeth – a byddai Crist yno ar gyfer Dydd y Farn. Grŵp arall oedd yr ôl-filflwyddwyr – dan ddylanwad Awstinaidd, ond hynny mewn modd amodol. Yn sicr ni chredent yn y

dehongliad alegorïaidd. Yn hytrach, yn eu barn nhw roedd mil-
eniwm wedi digwydd rhwng 300 ac 1300 pan ryddhawyd Satan,
ac felly disgwylient ymlaen at ymddangosiad Crist – nid er mwyn
sefydlu iwtopia, ond er mwyn ymddangos ar gyfer Dydd y Farn.
Ar y llaw arall, mi oedd y cyn-filfwyddwyr yn credu mewn
milflwyddiant llythrennol mewn termau ysbrydol, ac y byddai
Crist yn ei sefydlu, ond nid yn teyrnasu drosti. Dyma, yn ôl pob
tebyg, y grŵp y byddai Llwyd yn troi yn ôl ato ar ôl diwedd ei
gyfeillgarwch â Vavasor Powell. Yn *Cyfarwyddyd i'r Cymry* y mae
thema'r milflwyddiant a'i gred ynddi'n amlwg:

mae'r swyddog mawr, sef mab Duw, wrth y drws. A phen ddêl i
mewn, ag ymddangos yn y byd yma, fe orchymyn gasglu yr holl
ddefaid ynghyd ar y naill law iddo, ar holl eifr ar y llaw arall. Ag
yno y terfynir yr holl ymraniadau neillduol ag ai llyngcir yn yr vn
didoliad yma. Tyred Arglwydd Iesu. Tyred chwippyn. Amen.[96]

Er gwaethaf amlygrwydd milflwyddiaeth yn y cyfnod, mae yna
resymau da dros fyfyrio ar ei apêl anghyffredin i Llwyd a'i gyd-
Gymry. Gweler y cyswllt â deuoliaeth a thema'r adferiad yn yr
athrawiaeth neo-Blatonaidd. O safbwynt y meddwl milflwyddol,
roedd efengyl Plotinus am natur 'hanner-sylweddol' y byd hwn
a goruchafiaeth yr ysbrydol yn gwneud synnwyr perffaith: 'y byd
gweledig presennol yn myned heibio' a 'terfysgoedd y ddaear ond
cysgodion gwan o'r diddymu'n agosáu.'[97] Mae'n bosib gweld
gwrthodiad Morgan Llwyd o'r nefoedd ac uffern fel lleoedd o'r
persbectif yma, gyda dim ond y syniad o ddychwelyd at yr Un yn
fyw yn ei feddwl ef.
    Yn wir, onid oes rhaid ystyried y traddodiad cyn Cristnogol yn
y cyswllt yma, yn arbennig ddycnwch y traddodiad proffwydol?[98]
Gwelwn yr un patrymau o feddwl: y colli, y disgwyl, ac yna rhyw
fath o ddychwel at oes aur. O'r braidd bod angen nodi rôl y Mab
Darogan yn hyn oll. Dyma gysylltiadau â'r hen grefydd Geltaidd
a'r gwareiddiad y'i seiliwyd arni: un oedd mor fyw a chanolog
gwta ganrif ynghynt yn achos Llwyd, yn oes y Tuduriaid, ond a
oedd i bob pwrpas yn draddodiad marw, un y mae M. Wynn
Thomas yn awgrymu i Morgan Llwyd ei atgyfodi yn ei weithiau.

Dyma eich awdur sy'n cyfleu Llwyd ar ei orau, a'i osod o fewn y traddodiad Cymreig yn ogystal; o ganlyniad gofynna ai cymhellion Cymreig sydd tu ôl i'w milflwyddiaeth: 'ai dyhead un o bobl yr ymylon a barodd iddo ddal i obeithio cyhyd y câi weld newid mawr ar fyd cyn iddo ymadael â'r byd hwn?'[99] Rhagwelir nid yn unig y diwygiad mewnol ond hefyd un cymdeithasol, hirddisgwyliedig, a fyddai'n llechu yn y meddwl Cymreig – 'oni ellir ystyried Morgan Llwyd, disgwyliwr y mil blynyddoedd, fel hen broffwyd Cymraeg ar ei newydd wedd?'[100]

Dyma drawsgyweiriad yr hen ysbryd o'r achos 'cenedlaethol' i'r achos 'crefyddol', a oedd yn talu teyrnged i'r hen drefn ac yn ei chwalu ar yr un pryd. 'Diwylliant oedd hen ddiwylliant y Cymry a roddai bwyslais cyson ar barchu'r gorffennol a chydymffurfio ag ef', ac eto, mae 'modd parhau'r tadau ac eto dderbyn golau newydd a ddrylliai'r hen arferion'.[101] Ac fel ymdrechion yr Anghydffurfwyr yn yr oes Fictoraidd i sefydlu'r Cymry fel y bobl fwyaf moesol a dysgedig, mae'n bosib bod gwrth-Gymreictod ymysg y Piwritaniaid Seisnig wedi cryfhau'r ewyllys yn y mater yma.

Yn wir, nid trawsgyweiriad trwyadl fyddai hyn o'r cenedlaetholgar i'r crefyddol. Gwell, efallai, fyddai ichi ddeall y datblygiad yma fel un dilechdidol, gyda'r gosodiad ac yna'r gwrthosodiad yn sicrhau bod y cyfosodiad newydd yn un a gynhwysai elfennau o'r ddau. Yn sicr, byddai cymhelliad amlwg dros amlygu agweddau gwladgarol wrth ymgymryd â'r her a'r gwaith caled o ennill y Cymry oddi wrth yr Anglicaniaid[102] – yn arbennig oherwydd y ffaith eu bod wedi ymgartrefu yn yr iaith Gymraeg ar sail chwedl Richard Davies mai dyma oedd atgyfodiad yr hen Eglwys Fore ym Mhrydain. Roedd y frwydr o ennill yr iaith felly yn bwysig wrth ennill eu heneidiau. I'r awdur, roedd ei waith 'yn darogan cenedlaetholdeb crefyddol, anwleidyddol, arallfydol – a hwyrach aneffeithiol – y Cymry'.[103] Ganrif a hanner cyn ei amser, dyma oedd 'Sylfaenwr cenedl Anghydffurfiol, ddemocrataidd werinol'.[104] Asiwyd y cenedlaetholgar a'r crefyddol mewn gwedd newydd ar yr adroddiant triphlyg, gan ddwyn i gof yr hen falchder yn y syniad o'r Cymry fel pobl Dduw. Nid oedd angen arnynt bellach wladwriaeth i'w hunain – roedd amcanion daearol llawer pwysicach wrth law. Deellir yr iaith, y diwylliant a'r hunaniaeth megis rhoddion i'w cymell i droi o'r henddyn, i arfer eu hewyllys, ac yn gerbydau i'w hebrwng yn ôl i'r *Dim*, a chanfod iachawdwriaeth ar y ddaear yn ffigwr y dyn newydd a dyfodiad y mileniwm.

Casgliad

Yn ei gyfanrwydd, ymgais oedd bywyd a llenyddiaeth Llwyd i alw ar y Duw sydd eisoes yn gorwedd yn yr ysbryd, arwain pobl wrth yr hunan, a thuag at y goleuni. Yn ôl y broses hon, felly, adferiad yw iachawdwriaeth. Dyma gysyniad sydd yn dwyn i gof gymeriadu Pelagius o'r dyn drwg, sydd wedi dilyn esiampl ddrygionus Adda, a'i angen a'i allu i ewyllysio bod fel arall, trwy ddilyn y Gair. Y mae'r gallu iachawdwrol felly'n gynhenid i bob person ac yn deillio o'r hyn sydd yn waelodol i'w natur. Fel yr iachawdwr seciwlar Robert Owen, ganrif a hanner yn ddiweddarach, rhyddhau'r natur dda, resymegol hon yw byrdwn ei efengylu. Gosodir y 'ddrama o iachawdwriaeth' oddi mewn i gyfundrefn o feddwl sydd yn Blatonaidd ei natur, wedi'i dylanwadu'n arbennig gan syniad Plotinus o'r 'Un' – yr unoliaeth gyfan y tu hwnt i ddeuoliaeth y byd 'hanner-sylweddol' a'r gwir sylwedd. Yn ôl strwythurau'r gyfundrefn hon, y mae'r syniad o iachawdwriaeth megis dychwel at y cyfan. Daw gwaredigaeth trwy i'r enaid unigol newid o'r henddyn i'r dyn newydd, ond fe ddaw hefyd yn y byd, trwy ddychweliad y Mab a chychwyn y mileniwm. Grym eich natur, felly, a all eich arwain at oleuni'r unoliaeth trwy'r tir diffaith, er mwyn gorffwys mewn tangnefedd daearol.

Dyma yn ei hanfod yw'r ysbryd Pelagaidd-Blatonaidd cyfansawdd, un a fyddai'n trwytho'r meddwl modern Cymreig, yn arbennig yn ei ffurfiau gwleidyddol. Ond pennod arall yw honno. Gadewch imi orffen trwy awgrymu'r hyn a fyddai i ddod i'r Cymry, a'ch cyfeirio chi at athroniaeth Richard Price, efallai'r mynegiant mwyaf cywrain o'r ysbryd hwn; y mae modd dehongli corff ei waith megis yr ysbryd hwnnw yn ei ffurf fodern, oleuedig, ac un y gellid adnabod ynddi fotiffau niferus y ffurfiau o feddwl a esblygodd maes o law yn y meddwl Cymreig. Yn wir, yn yr un modd ag yr ystyrir Llwyd yn rhagflaenydd i'r Cymry Anghydffurfiol, mae Price yn rhagflaenu meddwl y Cymry Prydeinig, rhyddfrydol-gymdeithasol, a ddaeth i'w llawn dwf ar droad yr ugeinfed ganrif.

Mab i un o hen deuluoedd Piwritanaidd Morgannwg oedd Richard Price, brodor o Langeinwyr, a'i dad-cu yn un o'r rhai a roddodd noddfa i'r adnabyddus Samuel Jones, Brynllywarch. Ganwyd Price gwta chwarter canrif wedi marwolaeth Jones, yn 1723, a chafodd fywyd hir a llewyrchus tan 1791. Yn hynny o beth roedd ei einioes yn pontio yn ôl i'r Rhyfel Cartref, gan gydredeg â thwf y Brydain newydd a ddaeth i fod gydag uno'r Alban yn 1707, a welodd hefyd Ryfel Annibyniaeth America, ac yna wawr moderniaeth wrth dorri'r Chwyldro Ffrengig. Cyfrannodd at y datblygiadau hyn mewn amryw ffyrdd, yn ogystal â rhai yng Nghymru – er iddo symud i Lundain yn ei ugeiniau cynnar wedi chwalfa ei deulu. Yn cydredeg â'r datblygiadau yma yn ei famwlad, wrth gwrs, yr oedd twf y mudiad mwyaf pwerus i gydio yn y wlad ers Rhyfel Glyndŵr, sef y Diwygiad Methodistaidd, dan arweiniad Howell Harris, Williams Pantycelyn a Daniel Rowland.

Calfiniaeth oedd y sail athrawiaethol i'r diwygiad hwnnw, sustem oedd eisoes yn ddylanwadol ymysg yr Ymneilltuwyr – yr Annibynwyr a'r Bedyddwyr – a'r Eglwys, fel ei gilydd. Yn draddodiadol roedd Calfiniaeth yn cwmpasu'r pum pwnc, sydd yn efelychu mewn amryw ffyrdd ddiwinyddiaeth Awstin: llwyr lygriad y natur ddynol; natur ddiamod dewis Duw, heb ofyn teilyngdod gan yr etholedig; bod Iesu wedi gwneud yn iawn am bechodau'r etholedig, nid y lliaws; gras llethol Duw nad oes modd ei wrthwynebu; parhad iachawdwriaeth, yn yr ystyr nad oes modd ei cholli. At ei gilydd, dyma athrawiaeth ddiwinyddol sydd ar un olwg yn gyfyng ei hapêl. Achos digalonni yw'r weledigaeth o'r natur ddynol, mae'n rhaid, heb obaith am hunanwellhad, a dim ond y lleiafrif sydd yn etholedig, gyda'r gobaith am iachawdwriaeth. Ac eto, gweler yn yr un neges lygedyn o obaith: nad eich cyfrifoldeb chi yw eich natur bechadurus, nad yw Duw yn gofyn teilyngdod, bod cil y drws yn agored ichi yn y gobaith eich bod chi'n un o'r etholedig, ac nad oes modd colli eich iachawdwriaeth.

Ffydd sydd ei hangen yn fwy na dim arall, a'r parodrwydd i agor eich hunain i ras trwythol, llethol Duw, ac nid yw natur eich bywyd, eich cyraeddiadau yn y byd hwn, yn llinyn mesur o'r hyn a ddaw yn y byd tu hwnt.

Wrth ystyried yr athrawiaeth hon o safbwynt y werin Gymreig, nid yw'r apêl iddyn nhw yn dywyll inni. Gall yr athrawiaeth Belagaidd (a ymdebygai i Arminiaeth, ac yn fwy penodol Sosiniaeth y cyfnod), sydd yn pwysleisio'r ewyllys rydd, eich gallu a chyfrifoldeb dros eich bywyd a'ch ymddygiad moesol, a'r posibilrwydd o waredu eich hunain a'ch bywydau o bechod, ymddangos ar un olwg yn heriol a didostur, gan ddisgwyl gormod o lawer gan y cymeriad arferol. Yn y cyswllt hwn nid yw'n syndod bod y gred Galfinaidd wedi bod yn sail i'r neges efengylaidd, gan ei bod, ar un wedd, yn athrawiaeth radical ac egalitaraidd trwy bwysleisio ffydd yn hytrach na gweithredoedd da – wedi'i rwymo, wrth gwrs, wrth werthoedd ehangach Protestaniaeth a oedd yn pwysleisio perthynas unigol y credadun gyda Duw. Lle'r oedd yr athrawiaeth gyda'r potensial i fod yn geidwadol ac yn awdurdodaidd pan gâi ei derbyn yn swyddogol gan y wladwriaeth, yn achos lleiafrif ymylol neu erlidiedig roedd ganddi botensial radicalaidd a allasai 'ymdebygu i Ailfedyddiaeth'.[105] Mae'n bosib adnabod y patrymau yma yn achos y Cymry, yn ymestyn yn ôl i John Penry a Vavasor Powell, ac 'efengyleiddiwch cynnes a theimladus' Walter Cradoc.[106] Yn wir, yn debyg i eraill y mae'r awdur yn honni bod modd ystyried Llwyd ei hun yn arddel Calfiniaeth o fath a drodd yn gyfriniaeth dan ddylanwad Boehme.[107] O'i ddyddiau cynnar mae'n bosib adnabod Calfiniaeth nodweddiadol oedd ar led yng Nghymru – un a fyddai'n datblygu ffurf efengylaidd, radicalaidd a gwrthdystiol yn ei llawn dwf yn y Diwygiad, ac yna'n trawsffurfio trwy anghydffurfiaeth oes Fictoria, gan ymlwybro mor bell o'r craidd athrawiaethol nes ymdebygi i ddiwinyddiaeth o fath arall. Ni chyfyngir y Galfiniaeth 'gymhedrol' gynnar honno i'r Methodistiaid, na chwaith yr Ymneilltuwyr, ac yn wir mae modd ei adnabod yn Nuwioldeb yr Eglwys Ddiwygiedig.[108] Y mae yna awgrym o'r Arminiaeth a ddatblygodd yn yr Eglwys Seisnig yn yr ail ganrif ar bymtheg, yn yr ystyr ei bod yn gwrthod hualau Uchel-Galfiniaeth, megis y syniad o ragarfaeth ddwbl, wrth ochel rhag antinomiaeth.

Ac eto, Calfiniaeth nerthol, os anuniongred, oedd yn sail i ymdrechion Gruffudd Jones Llanddowror, athrawiaeth yr Ymneilltuwyr a'r Methodistiaid cynnar: ceir pwyslais canolog ar lwyr lygriad, a chyfiawnhad trwy ffydd yn unig, tröedigaeth ac adfywiad. Ar yr un pryd cyflwynir y syniad o ffydd fel mynegiant o'r ewyllys, ac ymdrech yr unigolyn i ymateb i alwad yr efengyl; rhydd sylw arbennig i'r gred bod y ffydd honno'n cael ei mynegi trwy ufudd-dod a gwaith da; yn athrawiaeth Jones yn arbennig ceir trafodaeth o'r broses o dröedigaeth sydd ag atsain gref o fotiffau Morgan Llwyd, gan bwysleisio'r dyn, a chalon ac ysbryd newydd, sydd i'w adfywio trwy gysylltu â'r ysbryd glân a'r Crist 'mewnol', gan drawsnewid yr unigolyn fel bod rheswm a duwioldeb yn drech.[109]

Dichon fod y meddylfryd milflwyddol yn ddylanwad cefndirol hollbwysig ar ffurfiant y Galfiniaeth hon. Yn wir, byddai modd clywed atsain y cynhyrfiad yma trwy hanes y mudiad hyd at ei ffurf fwy 'seciwlar' yn yr efengyl gymdeithasol a fyddai'n cario'r ffydd i mewn i'r ugeinfed ganrif. Dyma'r ysgogiad i Gristnogion ymdrechu hyd eu heithaf i baratoi at ailddyfodiad yr Iesu trwy geisio efelychu'r nefoedd ar y ddaear. Unwaith eto, yn y cyswllt yma y mae'n anochel bod sefyllfa ymylol Cymru a natur ei phoblogaeth yn ffactor yn apêl hirhoedlog y gred: daw grym milflwyddiaeth yn aml o boblogaethau ar y cyrion – gwerinoedd gwledig heb dir, neu heb dir digonol, yn byw'n barhaol dan fygythiad tlodi, a heb chwaith eu priod le o fewn y gymdeithas ehangach. Dyma'r Cymry fel yr 'arall' i'r sefydliad ym Mhrydain – a oedd yn prysur ffurfio yn wladwriaeth fodern. 'Arall' a oedd heb y gefnogaeth, y strwythurau na'r sefydliadau er mwyn rhoi llais i'w hanghenion na'u hamcanion. Deisyf proffwydi a wna pobl o'r fath, i'w rhwymo'n grŵp eu hunain.

Yng Nghymru peidied neb chwaith ag anghofio'r modd y bu i Gruffudd Jones, gyda'i ysgolion teithiol, fraenaru'r tir ar gyfer y Diwygiad trwy greu gwlad oedd gyda'r mwyaf llythrennog yn y cyfnod. Er ei fod yn gwrthod Arminiaeth gynyddol ei Eglwys – yn wahanol i'r rheiny yn entrychion yr Uchel Eglwys megis Theophilus Evans[110] – fe'i hysbrydolwyd gan y Galfiniaeth gymhedrol, efengylaidd, dosturiol a oedd yn ymestyn maddeuant Iesu i bob un, a deisyfa roi cyfle iddynt dderbyn gras Duw. Rhaid peidio â diystyru chwaith y modd yr oedd y Diwygiad hwnnw yn ymchwydd o fudiad a oedd yn rhan o ddatblygiadau traws-Iwerydd, sydd yn amlygu'r modd yr oedd Cymru fach wedi'i chysylltu â rhannau eraill o'r byd yn agosach nag y mae hi heddiw, ar un wedd. Yn wir, er bod yna arwahanrwydd yn nodweddu Cymru o ran ei pherthynas â'r hyn oedd yn digwydd yn Lloegr, roedd yna gysylltiadau uniongyrchol yn y ddeunawfed ganrif â ffigyrau megis Jonathan Edwards a oedd yn arwain diwygiadau tebyg yn yr Unol Daleithiau. A rhaid pwysleisio, wrth gwrs, mai Diwygiad 'Methodistaidd' oedd hi yn anad dim, yn seiliedig ar arferion newydd, egnïol, yn mynd â chrefydd yn llythrennol i'r awyr agored, a'r grefydd 'boeth' yma'n anelu'n uniongyrchol at emosiynau a theimladau'r bobl. Er gwaethaf addewid ymddangosiadol cyfyng Uchel-Galfiniaeth, trwy arddull y Methodistiaid a dylanwad y meddwl a'r dychymyg Cymreig ar yr athrawiaeth, fe ffurfiwyd crefydd ymdrechgar, ymosodol bron, a fyddai'n paratoi'r llwybr tuag at unoliaeth y cyfan ac iachawdwriaeth yr etholedig i deyrnas Dduw. Nid oes modd deall esblygiad neilltuol Protestaniaeth brif ffrwd, Calfinaidd chi'r Cymry, felly, heb ar yr un llaw gydnabod eich amodau materol penodol, ac ar y llaw arall eich etifeddiaeth syniadaethol neilltuol a oedd yn ailymddangos mewn patrymau newydd o feddwl. Yn wir, fe aeth Brenhines eich Llên mor bell ag awgrymu mai addurn cymdeithasol oedd y diwylliant crefyddol hwn, i bobl a oedd wedi parhau'n baganiaid erioed.[111]

Bu i'r Galfiniaeth anuniongred gael ei haddasu dros amser yn wyneb heriau diwinyddol a newidiadau cymdeithasol. Roedd y ddeunawfed ganrif, wedi'r cwbl, yn gyfnod bywiog, cythryblus hyd yn oed, yn hanes Cristnogaeth y Gorllewin. Ac er bod Calfiniaeth yn drwm ei dylanwad nid yn unig ar y Methodistiaid, ond hefyd ar yr hen enwadau a gysylltai gyda'r Piwritaniaid cynnar, roedd yna draddodiadau eraill yn cyfrannu at y pair o gredoau a syniadau, dan ddylanwad o'r tu mewn a'r tu hwnt. Byddai'r Methodistiaid Wesleaidd a'u credoau Arminaidd yn derbyn rhywfaint o groeso yng Nghymru, a byddai'r Undodiaid maes o law, gyda'u hagweddau rhesymegol, beiddgar, yn sefydlu eu hunain mewn ardaloedd megis yr enwog Smotyn Du. Roedd Academi

Caerfyrddin yn un o'r sefydliadau oedd yn arddel 'heresïau' Arminaidd ac Ariaidd; yn wir byddai tad Richard Price, a oedd yn Uchel-Galfinydd, yn tynnu ei fab o'r sefydliad hwnnw a'i anfon i Academi Talgarth i gadw cwmni i William Williams ymysg eraill, oherwydd ei gonsyrn am y dylanwad ar ei fab. Byddai'n rhy hwyr o lawer, wrth gwrs.

Ac yn wir, erbyn diwedd y ddeunawfed ganrif, y cyfnod rhyferthwyol hwnnw o newid dirfawr, byddai'r Methodistiaid (a fyddai'n parhau'n swyddogol yn rhan o Eglwys Lloegr tan 1811) a'r Ymneilltuwyr fel ei gilydd yn dechrau datblygu ideoleg Gymreig Genedlaethol o dymer radical.

Yn ddiwinyddol fe ddaeth y sefyllfa i'r pen gyda throi at 'Galfiniaeth Gymedrol' a 'Sustem Newydd' Edward Williams.[112] Dyma ymdrech, yn sgil sefydlu Cynulliad gan y Wesleaid yng Nghymru yn 1800, i ffurfioli ffordd ganol rhwng athrawiaeth oedd yn dysgu am ras cyfyng Duw ac aberth Iesu i'r ychydig, a mudiad crefyddolgymdeithasol a oedd yn gweithredu ar sail efengylu a chenhadaeth yn ceisio iachawdwriaeth i'r lliaws. Byddai Thomas Jones Dinbych yn mynnu dehongliad 'cyfanfydol' yn ogystal â 'phenodol' yng nghyswllt aberth yr Iesu, a'r syniad iddo wneud yn iawn am bechodau pob un ohonom – ond mai dim ond yr ychydig etholedig a fyddai'n alluog i ymateb i'r efengyl. Byddai sustem Williams yn cynnig bod Iesu wedi marw ar y groes gan gynnig maddeuant am bechodau pob un, a bod dyn yn gyfrifol am ei bechodau trwy ymarfer ei ewyllys rydd. Roedd yr efengyl felly'n agored i bob un, a'r cyfrifoldeb i ymateb iddo yn gorwedd gyda'r unigolion – ond erys elfennau creiddiol o Galfiniaeth yn y syniad mai dim ond yr etholedig rai a fyddai'n alluog i ymateb a bod angen gras Duw, felly, er mwyn sicrhau iachawdwriaeth.

Mae'r tensiynau yn y fframwaith Calfinaidd yn amlwg fan hyn wrth geisio, mewn geiriau amgen, creu modd o'i gysoni gyda'r hen ffurf driphlyg – ond yn bwysicach na rhesymeg a chryfder y dadleuon, oedd y cyfiawnhad dros y genhadaeth Anghydffurfiol. Erbyn canol y bedwaredd ganrif ar bymtheg roedd y mudiad yn ei hanterth ac yn ganolog i ddiwygio cymdeithasol a gwleidyddol yr oes. Yn y cyfnod hwn roedd arferion y mudiad hwnnw wedi ymlwybro ymhellach eto o rigolau Uchel-Galfiniaeth awdurdodaidd a cheidwadol. Mor bell, yn wir, nes bod modd dehongli trawsgyweiriad yr athrawiaeth Galfinaidd – a oedd erbyn hyn yn ymarferol ymdebygu i safbwyntiau Arminaidd, rhesymegol – fel amlygiad anochel y meddwl Cymreig hanesyddol.

Ymddengys mai datblygiadau materolaidd a chymdeithasol oedd yn gyfrifol yn fwy na dim, gyda phosibiliadau dihysbydd oes technoleg a gwyddoniaeth yn rhoddi ffydd yn y syniad o gynnydd diderfyn. Yn ogystal â hynny, roedd cysyniadau athronyddol yn deillio o'r Ymoleuad – yn arbennig y cysyniad o berffeithrwydd posib y natur ddynol – wedi treiddio'r mudiad, yn gyntaf ymysg yr Undodiaid, yr oedd eu diwinyddiaeth yn agored i'r math yma o gred, ond yn nes ymlaen yr enwadau eraill ymysg unigolion dylanwadol. Roedd modd i'r Radicaliaid yma drawsgyweirio'r optimistiaeth i'w dehongliad a'u dealltwriaeth o grefydd a'r Beibl yn ogystal, gan olrhain ymyrraeth Duw yn hanes dynoliaeth drwy gyfeirio at adnodau addas, er mwyn dadlau'r achos bod y meddylfryd yma'n gydnaws â'r ffydd.[113] Yn y pen draw, gan dderbyn bod tynged personau i'w benderfynu mewn byd arall, nid oedd rheswm i beidio â cheisio gwella cyflwr dynoliaeth yn y byd hwn, lleddfu cymaint â phosib ar ddioddefaint bywyd, a chreu'r amgylchiadau gorau posib i'r lliaws ymdrechu i ymateb i'r efengyl. Roedd pob rheswm i gredu bod modd i'r cadwedig yn y gymdeithas ei thrawsnewid er budd pawb. Meddylfryd o'r fath fyddai'n sail i'r efengyl gymdeithasol a ddatblygodd i mewn i'r ugeinfed ganrif dan ddylanwad athroniaeth Hegel a Kant, diwinyddiaeth Schleiermacher, a'r hyn a elwir yn 'Ddiwinyddiaeth Newydd'. Yng ngoleuni'r traddodiad Cymreig, nid syndod yw'r ffaith i'r ddiwinyddiaeth 'ryddfrydol' hon fwrw gwreiddiau yng Nghymru wedi diwygiad Evan Roberts, ac ar un wedd dyma gyflawni'r traddodiad Platonaidd-Belagaidd mewn mudiad crefyddol-gymdeithasol.[114] Roedd ymlyniad wrth filflwyddiaeth yn ei ffurf wreiddiol wedi pylu erbyn hyn, efallai, ond wrth geisio 'Teyrnas Duw' dyma'r gred bod iwtopia ar y ddaear o fewn gafael yn parhau.

Darllenwch bregeth Richard Price dros ganrif ynghynt, ar dorri'r Chwyldro Ffrengig, ac fe welwch chi ôl patrymau'r meddylfryd yma. Mae'n annerch ei gyd-ddinasyddion Prydeinig, yn gofyn iddynt ddehongli'r chwyldro hwnnw fel cam tyngedfennol ymlaen tuag at sefydlu teyrnas Duw ar y ddaear. Cythruddwyd elfennau o'r sefydliad Prydeinig gan ddadleuon Price, gan ennyn ymateb enwog gan y Tori Edmund Burke, yn ei *Reflections on the Revolution in France*. Esgorwyd ar ryfel bamffledi a oedd wrth galon y bwrlwm gwleidyddol yn y cyfnod yma, yn cynnwys enwau radical adnabyddus megis Thomas Paine a Mary Wollstonecraft – a sefydlodd y teithi meddwl ac ideolegol ar gyfer gwleidyddiaeth fodern. Yng ngwaith Price a'i gyfoedion, crisialwyd gwerthoedd cymdeithasol a gwleidyddol yr Ymoleuad, gyda phwyslais ar ryddid, gwybodaeth a hawliau.

Yn gynsail i syniadau Price yr oedd athroniaeth sydd yn peri ychydig o ddryswch o safbwynt hanes y maes ym Mhrydain. Hynny yw, nodweddwyd y traddodiad Eingl-Brydeinig a ddaeth i'r amlwg gyda meddylwyr megis John Locke, Frances Hutcheson a David Hume gan empeiriaeth. Yn fras, dyma oedd y gred bod eich holl wybodaeth a'ch dealltwriaeth o'r byd yn deillio o'ch synhwyrau. Roedd hyn yn groes i draddodiad cyfandirol Descartes, Leibniz a Spinoza. Roedd y 'rhesymolwyr' yma'n credu bod gwybodaeth wironeddol yn deillio yn y lle cyntaf o'r meddwl a'i gysyniadau. Iddynt hwy, nid oes modd amau'r deall yn yr un ffordd â'r wybodaeth a ddaw o'r tu allan. Yn achos Price, yr hyn oedd yn ei nodweddu oedd ei wrthodiad o empeiriaeth oedd yn ei osod ar yr ochr 'cyfandirol'.

Ni dderbyniai Price fod modd cynnig sylfaen gadarn ar gyfer moeseg o'r safbwynt empeiraidd; mympwyol ar y gorau yw unrhyw syniadau moesol – fel rhai Hutcheson a Hume – sydd yn hawlio bod safbwynt ar y da a'r drwg yn deillio o'ch ymatebion greddfol, emosiynol. Nid oedd yn fodlon â'r esboniad mai galw gweithred yn ddrwg y mae rhywun oherwydd bod y weithred honno yn ei aflonyddu, ac nad yw'r drwg yn perthyn i'r weithred ynddo'i hunan. Ym marn Price, rhaid wrth gydnabyddiaeth bod yna drefn foesol annibynnol, wrthrychol, a bod gweithred megis llofruddiaeth yn ddrwg ynddo'i hun, ac nid oherwydd bod y weithred honno yn achosi teimladau annifyr. Ym marn Price y mae'r drefn foesol hon yn hysbys i bobl oherwydd eich natur foesol; mae gennych synnwyr moesol, sef y gallu sythweledol i adnabod y da a'r drwg yn y byd. Y synnwyr yma sydd yn gynsail wedyn i'r emosiynau cadarnhaol neu negyddol sydd yn dilyn.

Disgrifir athroniaeth Price – gyda'i foeseg wrthrychol a'r syniad o gyfundrefn foesol annibynnol, a'r pwyslais megis athronwyr y cyfandir ar y deall fel sylfaen gwybodaeth – fel athroniaeth 'Blatonaidd'.[115] Anodd, efallai, yw deall arwahanrwydd Price oddi wrth brif ffrwd y drafodaeth athronyddol ym Mhrydain; ac eto, o'i ystyried fel Cymro a gafodd ei addysg greiddiol yn yr academïau diwinyddol Cymreig, ac fel un a drwythwyd yn y meddwl Anghyd-ffurfiol cynnar Cymreig, mae ei safbwynt yn gwbl ddealladwy. Ni ddaeth yn rhan o'r drafodaeth brif ffrwd athronyddol tan yn ddiweddarach, ac yn hynny o beth, wrth ystyried seiliau neo-Blatonaidd y meddwl Cymreig mae'n bosib deall pam fod ei athroniaeth yn agosach at y traddodiad cyfandirol. Yn wir, fel sy'n cael ei nodi gan fwy nag un sydd wedi dadansoddi ei syniadau, mae yna nodweddion sydd yn agos iawn at athronydd mwyaf yr oes, y Prwsiad a'r idealydd, Immanuel Kant.[116] Yn sicr, mae'r gymhariaeth hon yn un sydd yn addas nid yn unig ar gyfer athroniaeth foesol y ddau, ond hefyd o safbwynt eu syniadau ym myd gwleidyddiaeth.

Yn y cyswllt yma, gwelir yng nghyfraniadau Price i'r byd gwleidyddol (ei bregeth am y Chwyldro a'i ysgrif o 1776 yn cefnogi'r Americanwyr yn eu rhyfel dros annibyniaeth)[117] syniadau a gwerthoedd sydd yn gynsail i'r traddodiad democrataidd rhyddfrydol. O safbwynt Price, fel creaduriaid cynhenid foesol sydd yn gallu adnabod yr hyn sydd yn dda ac yn gyfiawn, ac yn meddu ar y gallu a'r ewyllys rydd i'w weithredu, mae dyletswydd i ymgeisio am y moesol yn y byd gwleidyddol. Uchelgais gwleidyddiaeth yw creu cyfundrefn sydd yn galluogi pobl i ymgyrraedd â rhinwedd moesol, ac yn ganolog i hynny y mae rhyddid; dyma sydd yn caniatáu pobl i weithredu eu hewyllys rydd. Yr agwedd arall angenrheidiol ar y drefn wleidyddol yw gwybodaeth – oherwydd dim ond trwy wybodaeth y gall pobl ddeall a gwybod pa benderfyniadau fydd yn rhai rhinweddol neu beidio. Wrth osod y gwerthoedd yma wrth galon gwleidyddiaeth mae'r agweddau democrataidd yn dilyn: mae gwybodaeth yn gofyn rhyddid y wasg a thryloywedd mewn cymdeithas; mae rhyddid yn gofyn hawliau ar ran yr unigolyn; mae cynnal cyfundrefn sydd yn cefnogi rhinwedd yn gofyn bod arweinwyr y wladwriaeth yn atebol a bod modd eu disodli.

Y mae yna dueddiadau gweriniaethol cryf yng ngwleidyddiaeth Price, felly, sydd eto'n ei osod ochr yn ochr â'i gyfoeswr Kant – ac yn wir mae'r pwyslais mae'n ei osod ar ddyletswyddau'r dinesydd arferol cyffredin a'r angen i fod yn rhagweithiol yn ei gysylltu â gweriniaethwyr hanesyddol, yn benodol yn y traddodiad Rhufeinig a ffigyrau megis Vico. Nid mater o ddewis yw gwleidydda yn gymaint â rhan hanfodol o fod yn wladgarwr, ac yn Gristion da. Ymhellach, y mae Kant a Price yn cyd-fynd o ran eu gweledigaeth o wleidyddiaeth ar y gwastad rhyngwladol, yn eu cred yn yr angen am, a chynnydd tuag at, ffederasiwn byd-eang. Maen nhw ill dau yn credu bod yna obaith gwirioneddol o heddwch parhaol, ond bydd hynny'n seiliedig ar ledaenu gwerthoedd gwleidyddol sylfaenol ymysg gwladwriaethau'r byd a'r tebygrwydd dilynol y byddant yn dewis eu trefnu eu hunain mewn modd rhesymegol. Y mae Price yn pwysleisio, er yr angen am wladgarwch ac am roi blaenoriaeth i gyd-ddinasyddion, y mae'n rhaid i wleidyddiaeth weithredu o fewn cyfyngiadau'r egwyddor uchaf un, sef y da cyffredinol. Ni all cariad at wlad fod ar draul gwledydd eraill; cydweithrediad ac nid cystadleuaeth sydd ei angen, gan ochel rhag hawlio goruchafiaeth dros eraill.

Gwahaniaeth sylfaenol rhwng y ddau athronydd, fodd bynnag, yw natur Cristnogaeth Price, a'r pwyslais y mae'n ei roi ar grefydd, fel pregethwr Undodaidd. Amlygir hyn yn y ffaith ei fod, yn wahanol i Kant, yn arddel ffurf ar filflwyddiaeth wleidyddol. Hynny yw, y mae'r ddau ohonynt yn awgrymu sut y mae rhagluniaeth yn chwarae rhan yn natblygiad cymdeithas dyn, ac y mae yna densiwn yn codi i'r ddau o ran rôl dynoliaeth yn y cynnydd yma, oherwydd y pwyslais y mae'r ddau yn ei roi ar ewyllys rydd a dylanwad dyn wrth benderfynu ei ffawd. Ond tra bo amwysedd ynghylch y rhyngberthynas rhwng ewyllys dyn a Duw yn achos y ddau, y mae Price yn wahanol yn yr ystyr bod y nod iwtopaidd o sicrhau ffederasiwn heddychlon byd-eang yn rhagarweiniad ar gyfer teyrnasiad Duw ar y ddaear. Y mae unoliaeth y cyfan yn yr ystyr daearol o sicrhau cymdeithas fyd-eang cwbl unedig yn sicrhau ar yr un pryd unoliaeth yn yr ystyr bod y ddeufyd – y materol a'r dwyfol – yn dod at ei gilydd yn y cyflwr yma.

A dyma osod Price yn ddigwestiwn o fewn y traddodiad Cymreig a chynnig ei weledigaeth fel mynegiant o'r ysbryd Pelagaidd-Blatonaidd yn ei lawn dwf. Natur foesol, resymegol sydd gan ddynoliaeth yn ôl Price – natur y mae modd ei ddatblygu trwy'r addysg addas. Fe ddisgrifir ei safbwynt yn un Arminaidd nad yw'n gwadu'r pechod gwreiddiol ond sydd yn pwysleisio gallu dyn i oresgyn ei natur bechadurus. Yn sicr, yng ngweledigaeth Price gwelwn bwyslais ar botensial pellgyrhaeddol y natur resymegol a'r awgrym bod y dwyfol yn eistedd ymhob un, trwy'r rhodd o reswm a synnwyr moesol. Gyda'r weledigaeth o heddwch parhaol a dyfodiad y mileniwm y mae'r thema o unoliaeth y cyfan yn dychwelyd ar wedd wleidyddol ac ysbrydol, a'r awgrym bod modd cyrchu'r iwtopia yma trwy ymdrech yr ewyllys ond hefyd trwy ragluniaeth a'r syniad o'r materol yn dychwelyd at y dwyfol, gan orchfygu rhwygiadau'r byd dynol.

Yn ogystal â dehongli athroniaeth Price o fewn rhigolau gosodedig y meddwl Cymreig, rhaid hefyd ei ystyried yn fwy na dolen gyswllt ddeallusol rhwng yr hen draddodiad Cymreig a'r ffurfiau newydd gwleidyddol a fyddai'n ymddangos dros y ganrif a hanner nesaf. Er ei fod, gan amlaf, yn cael ei ystyried fel ffigwr Prydeinig, a bod ei stori'n cael ei hadrodd o safbwynt datblygiadau ehangach y wladwriaeth honno, mae yna fodd hefyd ei ystyried o safbwynt y stori Gymreig, a'i weld yn rhan o fudiad ehangach a oedd ei hun yn rhagflaenydd i'r ysbryd Cymreig newydd a fyddai'n ymledu yn y bedwaredd ganrif ar bymtheg. Yn y stori hon y mae Price yn un o'r Cymry Llundeinig a saernïodd ymwybyddiaeth newydd o'r genedl neilltuol Gymreig; cymdeithasau ac unigolion megis Edward Lhuyd a oedd yn trin Cymru a'r Cymry fel gwrthrychau i'w hastudio o ddifri; athrylith Iolo Morganwg a gynigodd greadigaethau a fyddai'n troi'n wirioneddau; ffigyrau deinameg a radical megis William Owen a Gwallter Mechain oedd, yn eu cefnogaeth i'r Unol Daleithiau, ar yr un pryd yn cyfrannu at greu Cymru o fath newydd; a'r perthnasau traws-Iwerydd dwys a dylanwadol yma, ac ymddangosiad rhyw frid o Jacobiniaid Cymreig megis Jac Glan-y-gors a David Williams. Byddai'r gwahanol symudiadau hyn yn creu cynsail ar gyfer yr Ymneilltuaeth radical Gymreig a fyddai'n dod i nodweddu'r genedl wrth i'w phobl frwydro am gyfiawnder, a phrofi atgyfodiad fel endid gwleidyddol yn ail hanner y bedwaredd ganrif ar bymtheg.

* * *

'Wel, dyna beth oedd pregeth.'

Gwthiodd y Fwyalchen ei phen i'w phlu rhyw ychydig wrth glywed yr ymateb.

'Ceisiais fy ngorau', meddai, 'ond roedd gen i dipyn o dir i hedfan ar ei draws.'
'O, na, peidiwch â chamddeall. Roedd y bregeth yn, wel, yn ysgubol – ond lot imi dreulio, dyna gyd.'
Cododd yr aderyn ei phen rhyw ychydig, gyda mymryn o falchder yn dychwelyd.

'Digon teg. Ond dywed, beth yn gryno a gymeraist ti o'r peth?'

Oedodd Ceridwen am eiliad, cyn mentro.

'Y neges imi oedd bod yna, ymysg y Cymry, ryw ffordd neilltuol o feddwl neu fodd o weld y byd. Bod yna syniadau a phatrymau sydd wedi cydio yn ein dychymyg ac wedi dylanwadu ar y modd y mae'n cyndeidiau a'n cyn-neiniau wedi mynd i'r afael â'r byd.'
'Yn union.' Bron i'r Fwyalchen ganu ei hymateb llon.
'A bod y syniadau a'r patrymau hynny ar eu mwyaf amlwg a disglair yn achos ambell un sydd wedi gadael ei ôl. Yr ysbryd Pelagaidd-Blatonaidd roeddech chi'n cyfeirio ato.'
'Dyna ni.' Chwyddodd brest yr aderyn.
'Llond ceg cofia', nododd Ceridwen, a dadchwyddodd y Fwyalchen.
'Mae gen i syniad. Pam na ddywedwn ni Ysbryd Morgan?'
'Ysbryd Morgan?', ailadroddodd yr aderyn.
'Ie, pam lai? Chi ddywedodd mai Morgan oedd yr enw Cymraeg ar Pelagius, ac mae Morgan Llwyd yn Blatonydd, traddodiad sydd

yn ganolog i'r stori. Felly byddai Ysbryd Morgan yn dweud y cyfan, dyweden i.'

Oedodd y Fwyalchen am ryw ychydig. Crafodd y baw islaw a'i chrafangau bach. Ac yna ildiodd.

'Ydw, rwy'n hoffi hwnna, Ceridwen. Ysbryd Morgan.' Gwenodd Ceridwen. Roedd hi am fentro ymhellach.

'Rwy'n amau a gaf fi'r cyfle eto, felly gaf fi ofyn, a wnei di ganu cân gyda fi, fwyalchen?'

Edrychodd yr aderyn arni yn amheus.

'Pa gân fyddai honno?'
'Wel pa gân arall?' Chwarddodd Ceridwen, a dechrau'r dôn gron,

> *Dacw ti yn eistedd Aderyn Du*
> *Brenin y goedwig fawr wyt ti*
> *Cân, deryn deryn,*
> *Cân, deryn deryn,*
> *Dyna un hardd wyt ti.*

Er ei gwaethaf, dechreuodd y Fwyalchen siglo yn ôl ac ymlaen wrth i'r ferch ganu. Cymrodd hi saib am eiliad, gan ddweud:

'Wyddoch chi, Fwyalchen, rwyf wastad wedi gofyn imi fy hun sut y gall aderyn mor fach fod yn frenin ar y goedwig? Ond rwy'n deall nawr.'
'A pham hynny, felly?', gofynnodd yr aderyn, yn cael gwaith cuddio ei chwilfrydedd.
'Wel, peidiwch â dweud wrth y Dylluan, ond mae'n amlwg mai chi yw'r brenin, oherwydd chi yw'r doethaf a'r mwyaf gwybodus ohonyn nhw i gyd.'
Trydarodd yr aderyn mewn llawenydd, cyn dechrau ar y canu.
Dacw ti yn eistedd Aderyn Du, Brenin y goedwig fawr wyt ti . . .

3

Hanesion

Nid peth hawdd yw ateb y cwestiwn beth yw hi i fod yn Gymraes? Mae gan bobl eu hatebion, onid oes, a pharhau mae'r awgrym bod yna ryw ffurf Blatonaidd, berffaith, dragwyddol i Gymreictod. Ni all hyd yn oed y mwyafrif gydymffurfio â hwnnw. Ac eto, rhaid wrth rai nodweddion, rhag ein bod ni'n diweddu â syniad cwbl wag, nad oes unrhyw sylwedd, gwerth neu rinwedd iddo. Iawn, mae'n ddigon i nodi ein bod ni'n byw ar y tir a adnabyddir fel 'Cymru' – ond beth sydd y tu ôl i'r syniad yna yn y lle cyntaf? Oherwydd os yw hwnnw'n gwbl wag, waeth inni roi'r gorau i'r syniad yn gyfan gwbl.

Mae'r Gymraeg yn un o'r nodweddion hynny, mae'n siŵr, ac yn hynny o beth mae'n gofyn parch ati a chefnogaeth iddi gan y sawl sydd wedi etifeddu'r tir. Ond mae'n fy nharo i fod agweddau eraill o'n hanes yn cynnig sylwedd inni hefyd. Yn wir, os taw'r her sy'n ein hwynebu ni heddiw yw cydio mewn fframwaith o ystyr, yna ein hetifeddiaeth – y ffurfiau a'r patrymau o feddwl – a all ein rhoi ni ar ben ffordd. A pheth llesol, peth grymus, mae'n rhaid, yw ystyried ein hunain fel y rhai sydd wedi ewyllysio ac ymdrechu, a hynny â dyhead am undod, y tu hwnt i raniadau bregus bywyd, a'n bod ni'n gredinwyr, yn yr ystyr ein bod ni wedi bod yn barod i ddychmygu ffurfiau ar fodolaeth amgen ac i ymdrechu tuag atynt.

Rwy'n hoff iawn o'r syniad o chwilio y tu hwnt i'r rhaniadau pob dydd. Rwy'n dechrau siarad fel y llyfrau yma rwyf wedi bod yn byw ynddynt erbyn hyn. Bydd Dad yn falch iawn ohona' i. Rwy'n colli ei lais mawr a'i straeon mwy; ie tipyn o storïwr yw Dad. Ac mae angen straeon arnom ni heddiw, yn fwy nag erioed. Nid llyfrau hirion ond chwedlau llawr gwlad. Adroddiannau sydd yn rhoi ystyr i bethau ac yn ein cysylltu ni â'r gorffennol a'r dyfodol. Chwedlau newydd sydd yn rhoi cyfle inni fyfyrio arnom ni'n hunain a'n sefyllfa a cheisio deall ein hunain fel un rhan bitw fach o brosiect dipyn helaethach. Ac nid dim ond pobl fel Dad sydd angen adrodd y straeon yma, ond pawb.

Rwy'n gweld ei eisiau, cofiwch; tybed pryd ddaw e nôl? Ddaw Gransha, ar y llaw arall, ddim yn ôl. Mae wedi rhoi'r gorau iddi erbyn hyn, ac mae'n torri 'nghalon i'w weld.

Ni ddylai pethau fod wedi gorffen fel hyn iddo. Dyn chwerw mewn byd o ddynion chwerw. Ni ddaw daioni o gadw ar y trywydd hwnnw, waeth beth y mae'r goreuon wedi ceisio'i wneud drosom.

* * *

Y Gwylanod

Yr wylan deg ar lanw dioer,
Unlliw ag eiry neu wenlloer,
Dilwch yw dy degwch di,
Darn fal haul, dyrnfol heli.[1]

Cecru a chrawcian aflafar. Pedwar aderyn swnllyd yn swnian yn gras. Un ohonynt yn fawr a phendant ac yn ymestyn ei adenydd i boenydio un o'r lleill, un hŷn ei olwg. Pigo, pigo. Ambell i frathiad hyd yn oed. Un arall wedyn yn ifancach ac yn fwy eiddil, ar yr ymylon, fel pe bai'n cadw llygad ar y lleill. Ac un arall bach tew, ymlaciedig ei olwg, fel petai'n edrych i lawr ei big ar yr olygfa o'i flaen. Ambell i grawc o brotest, fel tad yn cwyno am sŵn y plant.

A dyma fe'n troi ei olygon at Ceridwen.

'A, o'r diwedd. Wedi bod yn disgwyl amdanat ti.'
'Do fe nawr, a pwy ŷch chi?'
'Ti'n fwy twp na be ti'n edrych. Y Gwylanod ŷn ni.'
'Ti ddim yn dweud? Ond hen adar bach cyffredin ŷch chi. Y rhai olaf roeddwn i'n disgwyl eu gweld, a dweud y gwir. Beth sydd gan adar mor gras a chomon i'w ddweud wrtha' i?'

Yn amlwg nid oedd y creadur wedi disgwyl ymateb chwareus, pigog y ferch. Pe bai modd i wylan ymddangos fel petai wedi ei sarhau, fel yr wylan fach dew yma byddai'n edrych.

'Rwyt ti'r un fath â phawb arall, felly. Roeddwn i'n disgwyl gwell, a dweud y gwir.'

Tro Ceridwen oedd hi i edrych ychydig yn siomedig.

'Wyddost ti, y ferch fach anwybodus, mai adar ag urddas oeddem ni ers talwm? Fe'n hedmygid am wynder ein plu, ein prydferthwch, rhyddid ein ehediad; ni oedd dewis llatai Dafydd ap Gwilym, neb llai. Siawns dy fod ti'n gyfarwydd â'r enw yna, Ceridwen?'

Roedd ei phen yn ei phlu erbyn hyn.

'A nawr? Wel, mae hi wedi mynd yn waeth arnom ni nag ers dechrau'r oes fodern, pan oedd y Saeson yn dechrau'n pardduo ni.[2] Ein cysylltu ni â thwpdra a thrythyllwch – yn galw "*gull*" ar yr hurtyn o'r wlad oedd yn troi lan yn y dre. Ond felly y mae'r Cymry yn ein gweld y dyddiau yma hefyd. Dim parch tuag atom ni. Dim gwerthfawrogiad o'r hyn yr ydym yn ei gynrychioli. Dim meddwl am y gorffennol na gweld ein gwerth yn y presennol. Tipyn o embaras ydym ni, fel rhyw albatros o gwmpas eich gyddfau.'
'Wn i ddim am hynny . . . diffyg gwerthfawrogiad yn hytrach? Nad yw pobl yn gwerthfawrogi'r hyn rydych chi'n ei gynrychioli na'ch cyfraniad i gydbwysedd natur. Mae pobl yn sôn am eich saethu er

eich bod chi'n gwanychu ac yn lleihau mewn niferoedd yn arw.'
'Wel, waeth i chi'n saethu ni ta beth, o ystyried cyn lleied o barch
ac urddas y mae pobl yn dangos inni.' Saib, ac yna'n llai cas y tro
hwn:
'Ac a bod yn gwbl onest, falle nad ydym yn gwneud y gorau
drosom ni'n hunan, yn bodoli a diogi ar sail rhyw hen atgof, heb
wneud ymdrech i gydio ym meddwl neu galonnau pobl.'
'Hen atgof? Pa atgof?'
'Wel, mae mwy nag un, ond mae'r pedwar ohonom yn rhan o'r
etifeddiaeth yna sydd â'i bresenoldeb ymhobman, yn crawcian a
sgrechain yn y cefndir, ond heb neb mewn gwirionedd yn gwrando.
Dim ond rhyw sŵn bach sy'n cael ei glywed nawr ac yn y man,
yn torri trwy'r cleber wast a ddaw o bob cyfeiriad.'

Dyma'r wylan yn cymryd saib arall, ond aeth ati'n fwy pendant
y tro hwn:

'Ac os caf i ddweud, yfi yw'r gwir etifedd, yn yr ystyr mai fy stori
i sydd yn ein cysylltu yn y modd amlycaf ac uniongyrchol gydag
amlygiad yr ysbryd dros y canrifoedd.'
'Ysbryd, pa ysbryd?' Roedd y gair wedi cydio yn chwilfrydedd
Ceridwen.
'Wel, nid ysbryd yn yr ystyr crefyddol yn unig; ysbryd yw'r byd
sydd yn gorwedd yn y meddwl, crud yr ymwybyddiaeth, ac
ynddo y mae syniadau a chredoau wedi'u distyllu. Ac y mae'r
ysbryd hwn ar ffurfiau gwahanol ymhobman, ond mae'n bosib
adnabod un yn y cyd-destun Cymreig – a'n stori ni yw'r cymal
diweddaraf, pwysicaf yn stori'r ysbryd hwnnw.'
'Dyma fuodd y fwyalchen yn sôn amdano', atebodd Ceridwen.
'Yn sôn am y Brythoniaid, y Tywysogion, Morgan Llwyd . . .
Do, bu'n sôn llawer am hwnnw. Felly, "Ysbryd Morgan" yr
enwais i ef – yn atgof ohono, ac yn adlais hefyd o enw Cymraeg
Pelagius.'
'Rwy'n siarad â rhywun sydd yn deall y pethau yma, felly', meddai'r
wylan â rhywfaint o fodlondeb.
'Dechrau deall, ydw. Ond mae'r meddwl yn gwegian dan y straen
ar brydiau!'

'Gwegian fydd dy feddwl eto fyth wedi'r sgwrs hon, mae arnaf ofn. Nawr, nôl â ni i'r rhyddfrydiaeth y trodd Anghydffurfwyr Cymru yn naturiol tuag ati, wrth i'r ysbryd hwnnw ei amlygu ei hunan o'r newydd ar ffurf wleidyddol. Y Blaid Ryddfrydol honno oedd yn gartref naturiol i'r weledigaeth a grynhowyd i raddau helaeth ym meddyliau'r athrylith Price, ac a ddaeth i fod yn realiti i drwch yr Ymneilltuwyr erbyn diwedd y bedwaredd ganrif ar bymtheg. Iawn, iawn, lleiafrif a drodd at gred yr Undodiaid a gwrthod sancteiddrwydd cyflawn Crist a'r Drindod. Ac eto, mewn ysbryd – y gred mewn rheswm, yr ewyllys rydd, y gallu am welliant drwy addysg, posibilrwydd sefydlu cyfundrefn wleidyddol gyfiawn a heddwch ar y gwastad rhyngwladol, y gobaith am wella amodau yn y byd hwn a gweithio tuag at iachawdwriaeth y lliaws, a nesáu at ryw undod rhwng y byd hwn a'r byd tragwyddol – mae'r cyfan oll ynghlwm yn y weledigaeth ryddfrydol.'

'Ond beth am y grym yna, y weledigaeth, o bontio'r byd sydd ohoni a'r byd oedd i ddod? Lle'r aeth y filflwyddiaeth? Mae hynny'n syniad mor grefyddol, ynghlwm wrth atgyfodiad Crist, does bosib bod hynny'n dal yn rhan ohoni? Heb addewid ei ailddyfodiad, sut oedd modd ynganu'r posibilrwydd o'r byd fel y mae, i'r gwynfyd, yr iwtopia bell?'

'Rwyt ti'n iawn i gredu nad oedd y syniad hwnnw mor fyw ag y buodd e ym meddwl y bobl, ond roedd ei gysgod ymhobman, er efallai fod ei darddiad wedi mynd yn angof. Byddai rhai am honni bod olion y syniad yn hanes y Chwigiaid, a'u cred bod hanes dynol yn symud tuag at ymoleuad cyflawn trwy ddatblygiad a defnyddio rheswm. Ond mae'n bosib troi at un o'n goreuon i weld nad oedd yr elfen ysbrydol, grefyddol yna wir wedi'i gwthio i'r neilltu, hyd yn oed ar droad yr ugeinfed ganrif. Rho dithau sylw i fyfyrdodau'r 'Crydd-Athronydd' o Langernyw, Syr Henry Jones, a darllena di ei syniadau ef ynghylch dyfodiad byd gwell yn y bywyd hwn, ac fe glywi glychau milflwyddiaeth yn seinio'n glir yn ei waith.'[3]

'Syr Henry Jones? Mae hwnnw'n swnio fel rhywun sydd yn bwysicach na dy academydd arferol.'

'Wel, mi oedd yn un o'r Cymry Mawr yn y cyfnod hwnnw ar ddiwedd y bedwaredd ganrif ar bymtheg pan oedd y wlad unwaith eto'n magu hyder a hunaniaeth. Bu ynghlwm yn arbennig wrth achos addysg a'r prifysgolion, er iddo dreulio'r rhan fwyaf o'i yrfa yng Nglasgow – roedd tipyn mwy o fynd ar y byd deallusol yno ar y pryd a dyna'r lle y derbyniodd ef ei ysbrydoliaeth athronyddol wrth draed Edward Caird. Ond er iddo fod yn "Athro Alltud", roedd yn cyfrannu at achosion y dydd, ac yn gyfaill i Lloyd George. Yn wir, nid annheg fyddai awgrymu bod rhai o werthoedd pennaf hwnnw wedi'u mynegi yn athroniaeth Henry Jones.'4

'Athronydd, nid Cristion neu bregethwr oedd Jones, felly?'

'Wel, roedd y rhaniad yna rhwng crefydd ag athroniaeth eto i'w sefydlu ei hun yn drwyadl, ac yn debyg i Richard Price, roedd ei athroniaeth a'i grefydd ynghlwm wrth ei gilydd, ond wedi'u mynegi mewn termau gwahanol. Oherwydd dilyn athroniaeth yr Almaenwr Georg Wilhelm Friedrich Hegel5 a wnâi Jones, ac yn hynny o beth fe berthynai i grŵp o'r enw'r "Idealwyr Prydeinig" oedd yn cynnwys ei athro Caird, ac ymysg eraill yr enwog T. H. Green. Hanfod y safbwynt yma, fel mae'r enw'n ei awgrymu, yw blaenoriaeth y meddwl dros yr hyn sy'n faterol; hynny yw, bod profiad dynol, a pherthynas dynoliaeth â'i amgylchfyd, yn un sydd wedi'i drwytho a'i adeiladu trwy'r meddwl. Dyma syniad sy'n groes, dyweder, i'r traddodiad o fateroliaeth sydd yn gweld taw ymwneud person â'i amgylchfyd, a'r profiad "materol" hynny, sydd yn cyflyru'r meddwl yn gyntaf. Eich bod chi'n gynnyrch eich amgylchiadau, fel petai.

Mae'r syniad am flaenoriaeth i'r meddwl yn un sydd yn gyfarwydd, fel y gwyddost ti, yn y traddodiad Cymreig, ac yn wir nid anarferol yw'r cymariaethau rhwng athroniaeth Hegel a'r neo-Blatonwyr megis Plotinus. Ymhellach, mae Hegel ei hun yn cydnabod dylanwad trwm Jakob Boehme arno ("yr athronydd", yn ei eiriau ef). O wybod y cysylltiadau yma, nid syndod, efallai, fod athroniaeth Hegel wedi gafael gymaint yn nychymyg y Cymro Henry Jones, ac yn fwy penodol o safbwynt dy gwestiwn gwreiddiol ti, mae rhywun yn gallu adnabod yn hawdd y tueddiadau milflwyddol.

Cawn weld yn ei fydolwg y syniad canolog o'r bydysawd fel diriaeth i'r Dim, neu mewn ieithwedd Hegelaidd, dyma'r Absoliwt yn ei fynegi ei hun; i Jones roedd yr absoliwt athronyddol yma'n unfath â Duw crefydd. Treigl hanes yw esblygiad yr hyn a elwir yn *geist*, yn symud ar y daith tuag at hunanddealltwriaeth gyflawn a gwybodaeth absoliwt. Yn yr ymwybod dynol a'r gymdeithas ddynol y mae'r *geist* yn gorwedd, yn llestr i hunanymwybyddiaeth yr Absoliwt – nodwedd sydd yn eistedd yn ymwybod pob un ohonom. Yn wir, modd o gyfieithu'r gair Almaeneg *geist* yn ôl y sawl sydd yn deall y pethau yma fyddai "meddwl" – cysyniad sy'n un cyfansawdd ac sy'n ddibynnol ar gyfraniad yr unigolyn, megis y cysyniad *esprit de corps*. I ddisgrifio'r syniadau yma mewn iaith Gristnogol sydd yn agosach at ddarlun Morgan Llwyd o'r byd, mae Duw yn eistedd ynom.

Mae'r absoliwt, felly, yn y byd, ac felly mae'r ddeuoliaeth rhwng yr ysbrydol a'r materol bob amser yn fregus ac yn awgrymu posibilrwydd trosgyniad. I Jones, hanes esblygiad yr ysbryd yn y meddwl dynol yw hanes esblygiad yr Absoliwt, a phan ddaw hwnnw i'w lawn dwf trwy hunanymwybyddiaeth gyflawn, fe fydd gwybodaeth absoliwt wedi'i sefydlu, bydd undod y cyfan wedi'i sylweddoli. Yn ieithwedd Cristnogaeth, dyma fydd sylweddoliad y mileniwm, pan fydd y posibilrwydd o deyrnasiad Crist ar y ddaear yn cael ei wireddu.

Ond, wrth gwrs, mae rhyngberthynas yr ysbrydol a'r materol a thaith yr ysbryd yn gofyn yr amodau materol priodol er mwyn ymgyrraedd at gyflawniad yr absoliwt, ac yn y weledigaeth Hegel-aidd yr ydym ni'n gweld pwysigrwydd y gwleidyddol, oherwydd dim ond y wladwriaeth fodern sydd yn cynnig y posibilrwydd i'r ysbryd o fod yn llwyr "gartrefol" yn y byd. Yn syml, amodau cymdeithasol sydd yn gwireddu'r rhyddid mwyaf posib ar gyfer y nifer fwyaf posib a fydd yn caniatáu'r ymgyrraedd yma at yr absoliwt. Ac nid rhyddid haniaethol mo hwn ond y rhyddid cadarnhaol sydd yn sicrhau iechyd, addysg a gwir gyfleoedd i unigolion cymdeithas a gynigir trwy wladwriaeth sydd yn barod i ymyrryd a chymryd cyfrifoldeb dros yr unigolyn o'r "crud i'r bedd".[6]

Yng ngolwg Jones, felly, mae'r wladwriaeth yn sanctaidd. Fel Hegel, gwêl Jones y wladwriaeth fel sefydliad sydd yn cynnig y posibilrwydd o gwblhau taith yr ysbryd. Dyma gynsail, felly, i raglen wleidyddol helaeth sydd yn sicrhau lles dinasyddion – syniadaeth a roddwyd ar waith, wrth gwrs, gan ei gyfaill Lloyd

George yn ei orchestion gwleidyddol, gan ddofi Tŷ'r Arglwyddi yn ei ymgais i sicrhau "Cyllideb y Bobl", a chyflwyno yswiriant cenedlaethol a dechreuad y wladwriaeth les.'

Roedd yn amlwg bod yr wylan fawr gerllaw wedi clywed a sylwi ar y frawddeg olaf, a pheri iddi hanner hercian, hanner hedfan draw.

'Y wladwriaeth les, pwy sy'n trafod y wladwriaeth les? Campwaith y Blaid Lafur, wrth gwrs, a buddugoliaeth sosialaeth i'r bobl. A goronwyd gan neb llai nag Aneurin Bevan a'i ymdrechion i sefydlu'r gwasanaeth iechyd. Paid â gadael i'r hen baldaruwr yma dy swyno di â'r holl hud a lledrith yma am "ysbryd" a'r "absoliwt" ac "uniad y cyfan".'
'Uniad y cyfan?', gofynnodd Ceridwen.

Edrychodd yr hen wylan arni'n wybodus gan ddweud,

'Paid â phoeni, cawn ni amser i drafod hynny maes o law. Gwrandawa di ar beth sydd gan y mwlsyn yma i'w ddweud yn gyntaf. Gwneith les iti glywed am y syniadau sychlyd, dienaid sydd ganddo gyntaf, er mwyn iti werthfawrogi llawnder yr olwg ar y byd yr ydym ni wedi bod yn ei drafod.'

Doedd Ceridwen erioed wedi gweld gwylan yn rholio ei llygaid bach crwn o'r blaen, ond dyna lwyddodd yr wylan fawr i'w wneud wrth wrando ar yr wylan fach dew, cyn troi at Ceridwen a dweud,

'Cyfriniaeth a chwedlau sydd ddim yn ffit i'r byd sydd ohoni, mae arna' i ofn. Gad imi rannu â thi weledigaeth am wir waredigaeth yn y byd hwn. Mae'n dechrau gyda chydnabyddiaeth mai'r byd materol, yn y pen draw, sydd drechaf, o safbwynt ffurfiant profiad a bywyd dynol. Ydy, mae'n berffaith wir fod posibiliadau'r meddwl dynol yn ddi-ben-draw, ond mae ei ddatblygiad yn hollddibynnol ar yr amgylchiadau o'i gwmpas. Os yw'r meddwl hwnnw a'r ysbryd dynol i ffynnu ymysg y mwyafrif, rhaid canolbwyntio pob dim ar yr ymdrech i wella cyflwr materol bywyd. Dyma oedd man cychwyn un o'r goreuon yn eich plith, sef y sosialydd Robert Owen a ddaeth yn fyd-enwog ym mlynyddoedd cyntaf y bedwaredd ganrif ar bymtheg. Dyn o flaen ei oes; yn wir, blynyddoedd o flaen Henry Jones ac eraill yn ei gydnabyddiaeth o ddibyniaeth dyn ar ei amgylchfyd a phosibiliadau di-ben-draw'r gymdeithas ddynol. Dyn busnes oedd hwn yn y lle cyntaf, un a adawodd y Drenewydd yn ddeg oed i weithio yn Llundain ac yna Manceinion, lle daeth yn llwyddiannus y tu hwnt, cyn prynu melinau gwlân New Lanark oddi wrth ei dad-yng-nghyfraith, David Dale. A dyma roi ei weledigaeth filflwyddol ar waith, trwy ddangos yr hyn a oedd yn bosib drwy gymuned gydweithredol, lle'r oedd y trigolion yn derbyn addysg, yn gweithio oriau rhesymol, yn byw mewn tai glân ac yn rhannu ym mudd y busnes. Roedd Owen o'r gred bod modd i'r wlad gyfan, yn wir, y byd cyfan, gael eu trawsnewid a symud tuag at sustem lle'r oedd gwaredigaeth yn bosib yn y byd hwn. Newidiwch amodau materol pobl ac mi fydd eu hymoleuad ysbrydol yn dilyn.'

'Oedd y gŵr yma'n credu yn yr ysbryd, felly?'

'Wel, mae'n wir i ddweud ei fod yn gwrthod pob crefydd sefydliadol – roedd yn elyn i'r Eglwys yn gymaint â'r Capeli – ond doedd hynny ddim yn meddwl ei fod yn faterolydd pur a oedd yn credu mai dim ond swp o gig ac esgyrn ydych. Soniai am y "wir grefydd" a'r posibilrwydd o symud tuag at iachawdwriaeth ar y ddaear trwy ddefnyddio rheswm a chydnabod gwir gyflwr dynoliaeth. Roedd ei iaith wastad yn lled grefyddol ac yn sicr yn filflwyddol, ac wrth iddo heneiddio fe ddaeth ei gredoau ysbrydol llawer mwy i'r amlwg. Gallwch ddweud, mewn gwirionedd, fod yna elfen weddol gryf o gyfriniaeth wedi gafael yn ei ddychymyg erbyn ei flynyddoedd olaf.

Ond yn ei hanfod, fel y sosialwyr cynnar eraill, nid ceisio beirniadaeth o gyfalafiaeth oedd ei fwriad, ond yn hytrach greu gweledigaeth seciwlar o Gristnogaeth a oedd yn driw i'r Bregeth ar y Mynydd. Roeddynt wedi diosg y Dwyfol, a'r syniad o'r goruchaf, ond wedi cadw'r gred yn unigrywedd dynoliaeth, eich medrau rhesymegol a'ch gallu i wella cyflwr eich bywydau – ac felly wedi troi i ffwrdd o weledigaethau ysbrydol oedd yn gofyn undod gyda'r Duwdod neu baratoi ar gyfer y bywyd tragwyddol. Yn hytrach roedd yr holl egni yn ymwneud â'r posibilrwydd o greu "Harmoni Newydd" ar y ddaear, a bod pobl yn byw bywyd o ddigonedd a heddwch. Yn yr ystyr hwn, clywn atseinio meddwl Morgan Llwyd yn ei weledigaeth, a'r syniad o drawsnewidiad yr ysbryd dynol. Mae'r chwyldro o'r henddyn i'r dyn newydd yn bosib, nid trwy ymsuddo ewyllys yr unigolyn yn y goleuni mewnol, ond trwy fuddugoliaeth eich rheswm mewnol ar y gwastad cymdeithasol. Drwy chwyldroi amodau materol y bobl, y mae'n bosib o fewn ychydig genedlaethau droi'r lliaws o fod yn bechaduriaid a thlodion truenus i fod yn unigolion moesol a bodlon. Y mileniwm ar ddyfod, felly, eithr nid trwy atgyfodiad yr Iesu oddi mewn ac oddi allan, ond yn hytrach drwy lawn dwf rheswm a doniau'r ddynoliaeth.'

'Arhosodd y neges honno'n gyson?'

'Cwestiwn da', atebodd yr wylan fawr. 'Mae'n deg dweud bod yr ieithwedd a'r cof milflwyddol wedi pylu dros amser, ond yr un mewn gwirionedd yw'r reddf. Roedd yn naturiol i Robert Owen ddefnyddio iaith felly â'r byd yn parhau'n un crefyddol, ac eraill megis Richard Price o'i flaen wedi esbonio'i holl weledigaeth yn nhermau'r mil blynyddoedd. Yn wir, erbyn ei ganol oed roedd Owen wedi dychwelyd gydag awch at y filflwyddiaeth grefyddol wrth iddo ddatgan posibilrwydd Trefn Fyd-eang Newydd.

Gwelir yn y sosialaeth a ddychmygwyd gan Marx fersiwn arall, mwy seciwlar, a ddatblygodd mewn gwirionedd o safbwynt Hegel ar hanes. Ond i Marx, natur y perthnasau economaidd oedd yn hollbwysig. Credai Marx y byddai oes euraidd yn bosib unwaith y byddai tensiynau a chroesddywediadau cyfalafiaeth yn eu dadwneud eu hunain. Miniogi neges Owen a wnaeth, mewn gwirionedd, gan ddangos sut y byddai symudiad at sustem lle'r oedd y gweithwyr wedi meistroli'r broses gynhyrchu – yn hytrach na bod y broses honno yn eu gormesu nhw – yn arwain at drefnu cymdeithas mewn modd a fyddai'n rhyddhau medrau a natur greadigol dynoliaeth, a'u troi tuag at wasanaethu eich bywyd yn ei gyflawnrwydd.

Yr un yw'r neges yn Owen, Marx a'ch proffwyd mwy diweddar, Aneurin Bevan, sef bod gormes gwaith yn crebachu, neu'n dieithrio, neu'n cadw'r ysbryd dynol mewn cyflwr o ofn, a'r unig fodd o'i ryddhau yw trwy ail-greu'r sustem gynhyrchu. Nid creu'r amodau i ddychwelyd yr ysbryd hwnnw at Dduw, felly, ond yn hytrach sustem a fydd yn eich galluogi chi i ddatblygu i'ch llawn dwf a gallu creadigol er mwyn creu bywyd iwtopaidd. I Owen, dyma ddyletswydd arweinwyr cymdeithas; i Marx, y gweithwyr a fyddai'n gwneud hynny trwy chwyldro a thrwy ddadwneud y sustem; ym meddwl Aneurin Bevan roedd democratiaeth a'r bleidlais i'r bobl yn rhoi yn eu dwylo'r gallu i ddiwygio'r wladwriaeth a'i rheoli er mwyn gwaredu pobl o ofn a sicrhau iddynt fywyd llawn posibilrwydd. Dyna oedd sylfaen y wladwriaeth les.'

Ar y pwynt yma dyma drydydd aderyn, yr wylan hŷn yn gwthio'i hunan i mewn i'r sgwrs, heb dderbyn rhyw lawer o groeso gan yr wylan fawr.

'Beth wyt ti'n mo'yn y Philistiad brwnt? Ni'n ceisio cael sgwrs synhwyrol, ddeallusol fan hyn. Does dim croeso i dy fath di fan hyn.'

'Gaf i benderfynu ar hynny diolch yn fawr iti', meddai Ceridwen yn ddigon bwriadol.

'Siwtia ti dy hun, bach, ond paid â disgwyl clywed unrhyw beth gwerthfawr gan y cyffylog bach unllygeidiog yma.'

Roedd yr hen wylan yn amlwg wedi'i chythruddo ond anwybyddodd y sarhad.

'Pe byddech chi'n fodlon gwrando ar yr hyn sydd gen i i'w ddweud, Ceridwen, rwy'n sicr na fyddech chi mor gibddall â'n cyfaill ni fan hyn nac yn diystyru'r hyn sydd gen i i'w ddweud. Mewn gwirionedd, fel rwyf wedi ceisio pwysleisio iddo fil o weithiau, nid ydym mor bell o'n gilydd â'r hyn mae'n dymuno credu, dim ond bod y pwyslais sydd gennym ychydig yn wahanol. Wedi'r cyfan, nid gwahanol yw fy nghasgliad innau fod y filflwyddiaeth i'w gwireddu trwy'r gymuned. Nid ydych fel pobl yn ddim heb y bobl o'ch cwmpas, y rhai sy'n caniatáu ichi fyw eich bywydau ac sydd yn rhoi gwerth a synnwyr iddo. Ond yr hyn mae'r materolwr yn anghofio, yn ei ddyhead am ledaeniad ei weledigaeth, yw natur unigryw pob cymuned. Mae'n colli golwg ar bwysigrwydd cymeriad pob un cymuned yn y broses o wireddu gweledigaeth sosialaidd fyd-eang.

Anghofir bod y gymuned yn fwy na'r adnoddau materol y mae eu hangen i gynnal bywyd corfforol dynoliaeth; ffynnon ydyw pob ymwybod, pob dealltwriaeth, pob mynegiant o'ch bywyd fel bodau ysbrydol. Pa werth, felly, neu pa beth yw cymuned sydd yn cynnig bara i'r bola ond sy'n newynu'r ysbryd? Ac unwaith inni roi sylw i union natur y gymuned honno sy'n trwytho meddwl a bydolwg yr unigolyn, sylweddolwn ei fod yn ficrocosm – yn fychanfyd o'r cwbl. Distyllwyd pob dim sydd ei angen er mwyn cynnal bywyd dynol mewn un diwylliant sydd yn ddrych i'r enaid ac sydd yn cynnig cyflawniad yr hunan. Dyma'r neges oedd wrth galon gweithiau'r Cymro mawr hwnnw, J. R. Jones, a gynigiodd y sylfeini athronyddol i fudiad yr iaith yn chwedegau'r ganrif ddiwethaf. Mae yna sôn iddo ddechrau ar y prosiect hwn wedi ymweliad â'r Unol Daleithiau, a sylweddoli mai pen y daith yn y byd cyfalafol oedd pobl heb ysbryd wedi'u dadwreiddio o hanes cyfunol sylweddol. Gwelai ddirywiad yr iaith Gymraeg yn achos o golli, fesul tipyn, yr ysbryd cenedligol Cymreig yn wyneb materoliaeth, prynwriaeth a baseidd-dra y gymdeithas Eingl-Americanaidd gyfalafol. Yn atgyfnerthu ei weledigaeth yr oedd nid yn unig ei ymwybyddiaeth o'r ysbryd neilltuol Cymreig hwnnw, ond hefyd athroniaeth y Ffrances Simone Weil, a gyhoeddodd lyfr ar yr union bwnc, 'Yr angen am wreiddiau'. Dyma drafodaeth o golled y Ffrancwyr a'r berthynas hanfodol ysbrydol rhwng y genedl a bodolaeth ddynol gyflawn.

Ac nid oedd egwyddorion J. R. Jones yn gwbl unigryw. Byddai Henry Jones ei hun yn fwy na hapus i gydnabod hanfod ffurfiannol y teulu, y gymuned a'r genedl, a bod y profiadau datblygol yma'n gosod fframweithiau'r meddwl yn eu lle – ac yn eu dodrefnu â syniadau sydd yn rhoi mynediad i'r ysbryd i mewn i'r bywyd cymdeithasol ehangach. A pha gasgliadau sy'n deillio o'r credoau yma? Ni ddaw'r filflwyddiaeth i'r lliaws tan fod eu bychanfydoedd yn derbyn eu priod le o fewn y gymuned o gymunedau sydd yn ymgorfforiad o fywyd yr hil ddynol. Rhaid brwydro, felly, am barhad ac adferiad i ddiwylliannau ac ieithoedd y byd, a pharch cyffredinol i'r bychanfydoedd niferus a grëwyd gan yr ysbryd dynol yn ei ffurf feidrol. Pan ddaw dydd y rhai bychain, dyna pan fydd Crist wedi dychwelyd yn wir, a chyfiawnder a heddwch yn teyrnasu.'

Roedd yr wylan fawr wedi hen droi ei chefn erbyn hyn, ond gwrandawai'r wylan dew gan nodio'i ben o bryd i'w gilydd. Ac eto, nid ymatebodd i'r bregeth fer yn syth. Roedd Ceridwen wrthi'n treulio'r dadleuon a chyn iddi gael cyfle i agor ei cheg, dyma'r cyfaill bach crwn yn dweud,

'Geiriau gwresog iawn, wrth gwrs, a nifer ohonynt wedi'u dwyn oddi wrth Hegel a'i gyfeillion, ond yr hyn y mae'r corrach bach yn anwybyddu yw'r ffaith fod y fath feddylfryd yn gweld yr un peth penodol ac yn anwybyddu'r cyfan cyffredinol. Nid digon yw perthynas sydd yn seiliedig ar hil, etifeddiaeth a chysylltiadau teuluol ehangach fel y gweli yn y genedl. Er mwyn i'r ysbryd dynol esgyn i'r uchelfannau rhaid meithrin perthynas â'r sawl sydd yn wahanol, a gosod eich hunain mewn perthynas foesol, wleidyddol gyda'ch gilydd a datblygu ymrwymiadau a safbwyntiau o'r byd sy'n mynd â ni y tu hwnt i'r plwyfol. Dyna ogoniant y Deyrnas Gyfunol, wrth gwrs.'

'Paid â gwrando arno, Ceridwen', ymatebodd yr hen wylan. 'Dyna'r hen *ganard* bod y pwyslais ar y gymuned genedlaethol o anghenraid yn eich gwahanu. Fel yr adroddodd Richard Price ei hun, does dim heblaw balchder a rhagfarn sydd yn sefyll yn ffordd y genedl, o safbwynt cyfrannu at gymuned fyd-eang. Ond yr hyn rwy'n pwysleisio yw'r angen i fod yn uned gydradd o fewn y berthynas honno, a heb y sylw priodol ni ddaw'r waredigaeth honno. Ac nid mewn hil na gwaed y mae'r gymuned honno yn cario'i hysbryd, ond yn y bychanfyd hwnnw a ymgorfforwyd yn yr iaith sydd yn gostrel i'r hanes a'r cof cyfunol. Fel y dywedodd un arall a ddylanwadodd yn fawr ar J. R. Jones – Ludwig Wittgenstein – yr iaith sydd yn cwmpasu terfynau eich ymwybod.'

'A da chi, peidiwch ag anghofio'r weledigaeth fyd-eang honno', meddai llais main o'r entrychion. Wrth edrych i fyny fe welsant y bedwaredd wylan yn gwibio heibio. Yr un fach ifanc oedd hon, a laniodd ynghanol y cylch oedd wedi ymffurfio.

'A phwy wyt ti, fy nghyfaill bach?', gofynnodd Ceridwen yn garedig.

'Yr un sydd yma i siarad ar ran y byd yn ei gyfanrwydd, ac i atgoffa'n cyfeillion fan hyn fod y breuddwydion y maent yn eu coleddu yn ddibynnol yn y pen draw ar y posibilrwydd o heddwch yn y byd; oherwydd ofer yw pob prosiect, darfodedig yw pob cymuned neu fychanfyd, pan mae difodiant yn bosibilrwydd parhaol. Os am sicrhau gwaredigaeth, os am wireddu'r mil blynyddoedd ym mha ffurf bynnag, rhaid sicrhau heddwch ar y ddaear.

Rhaid peidio â dechrau edrych ar fywyd o'r gwaelod i fyny, o safbwynt y mwydyn, neu'r llygoden, neu fel mwydod a llygod bach truenus y byddwch chi'n byw, yn ysglyfaeth bob amser i'r adar, i'r hebogiaid. Rhaid dechrau o'r entrychion, a gweld eich hunan megis un gymdeithas y mae'n rhaid ichi ei threfnu yn ôl rhyw ddelfryd gyraeddadwy, a fydd yn caniatáu i'r bychanfydoedd yma fodoli heb fygythiad i'w heinioes. Y mae gwahanol ffyrdd o ddychmygu'r iwtopia yma, bid siŵr, ond oni bai eich bod chi'n cychwyn â'r egwyddor yma, yr egwyddor yr oedd Richard Price yn ei gosod uwchlaw pob un arall, sef y da cyffredinol, ni fydd gobaith mwydyn, llygoden na chaneri am waredigaeth.

Pa gymuned wleidyddol bynnag yr ydym yn sôn amdani, rhaid iddi blygu i gyfundrefn ryngwladol os ydych eisiau cyrraedd y mil blynyddoedd. Immanuel Kant a fynegodd y pwynt orau: nid oes modd sicrhau hawliau'r unigolyn mewn byd lle mae rhyfel yn bod, oherwydd y mae rhyddid wastad yn fregus ac o dan fygythiad pan mae heddwch yn ansicr. Ffederasiwn byd-eang gydag awdurdod diamheuol, a chyfraith gadarn, yw'r unig lwybr gwirioneddol at iachawdwriaeth. A dyma mae rhai o'r Cymry gorau wedi sylweddoli. Pwy yw'r Apostol Heddwch? Neb llai na Chymro o Dregaron, Henry Richard. Pwy gododd Deml Heddwch, ac a oedd yn arweinydd y mudiad heddwch wedi'r Rhyfel Mawr? David Davies o deulu Llandinam. Dyma ddau a godwyd yn y ffydd, a sylweddolodd faint yr her, ond a oedd yn barod i frwydro yn erbyn pob "synnwyr cyffredin" gyda'u gobaith di-ben-draw yng ngallu dynoliaeth i ddelifro iachawdwriaeth.'

Roedd y tair gwylan arall fel petaent yn ceisio anwybyddu'r bregeth, gan edrych ar ei gilydd ac o gwmpas y lle. Nid oedd yr wylan ifanc am gael ei hanwybyddu.

'Ti'n gweld, Ceridwen fach, dydyn nhw ddim am drafod y peth oherwydd maen nhw'n gwybod mai fi sy'n iawn. Mae pob un ohonynt am dalu teyrnged i'r syniad trwy hawlio bod heddwch a chydweithrediad yn rhan annatod o'u safbwynt ar y byd, ond does yr un ohonynt yn fodlon cydnabod beth mae hynny'n ei ofyn yn ymarferol.'

'Gad dy lap', meddai'r wylan dew, a oedd wedi clywed digon. 'Mae'n amlwg i unrhyw un, ar sail yr enwau rwyt ti wedi adrodd, mai rhyddfrydiaeth yw cynsail y syniadau rwyt ti'n sôn amdanynt.'

Roedd ymateb parod gan yr wylan eiddil:

'Mae'n wir i ddweud bod Henry Richard a David Davies ill dau yn rhyddfrydwyr, ond nid yw'r ymrwymiad yna'n arwain yn anochel at eu gweledigaethau gogoneddus – beth am dy Henry Jones di, er enghraifft? Ymlediad yr Ymerodraeth Brydeinig oedd yn ganolog i'w safbwynt ef ar y byd.'

Ystyriodd yr wylan dew'r her am eiliad, cyn ymateb yn ddigon swta,
'Wel, nid oedd Henry Jones yn gwbl anfeirniadol o'r ymerodraeth ychwaith. Ei obaith ef oedd y byddai hi, wedi'i chyfeirio'n gywir, yn gallu sicrhau ymlediad a datblygiad yr ysbryd i bedwar ban byd. Breuddwyd gwrach, efallai, ond fel mater o ffaith, roedd dy ddau arwr di yn gweld y byd o safbwyntiau gwahanol i'w gilydd – a dydw i ddim yn gweld bod gymaint o awch i danseilio gor-uchafiaeth y Gorllewin ganddynt chwaith.'
'Ai felly roedd hi?', gofynnodd Ceridwen i'r wylan ifanc. Roedd hi'n mwynhau'r nôl-ac-ymlaen, ond yn ofni braidd beth fyddai pen draw'r cecru gelyniaethus.
'Oedd a nac oedd. Roedd y ddau yn gweld yr angen am ffederasiwn byd-eang, cyfraith ryngwladol gref, tribiwnlys a chyflafareddiad.'
'Cyflafabeth?'

'Cyflafareddiad. Yr arfer o drafod a cheisio cymodi mewn sefyllfa o wrthdaro – yn hytrach nag estyn yn syth am y gwn. Felly, roedd yna yn sicr gysondeb yng ngweledigaethau Davies a Richard. Ond mae'n wir i ddweud bod eu safbwyntiau'n wahanol mewn un ystyr canolog a hollbwysig, sef eu dealltwriaeth o'r natur ddynol. Ceir ymhlyg yng nghred Henry Richard syniadau Arminaidd amdanoch, yn nhraddodiad Richard Price. Roedd Richard Price yn cydnabod yr un dylanwadau yn ffigwr Joseph Butler.[7] Dyma safbwynt Cristnogol yr Ymoleuad, yn pwysleisio rhesymeg yr unigolyn uwchlaw pob dim, a'ch gallu, er gwaethaf y pechod gwreiddiol, i droi i ffwrdd o'ch natur bechadurus a dilyn yr hyn sy'n ddwyfol – ac felly'n foesol a rhesymegol. Mae Duw wedi sicrhau bod gennych y gallu i ddofi eich chwantau a chaniatáu teyrnasiad eich rheswm a chydwybod. Mae Richard yn credu bod y gallu yma'n caniatáu ichi adnabod y gyfraith ddwyfol – a phen draw'r gyfraith hon yw heddwch ar y ddaear.

Gellir deall, felly, pam ei fod yn argyhoeddedig yn y gred mai diarfogi yw'r nod yn y tymor hir, a pham iddo felly dreulio cymaint o amser yn pwysleisio'r angen am newid agwedd a diwylliant mewn perthynas â rhyfel. Y pen draw iddo ef yw buddugoliaeth rheswm dros afreswm – cydnabyddiaeth o'r gyfraith ddwyfol a gwrthodiad o drais. Daw dynoliaeth yn y pen draw i sylweddoli mai gwaredu'r byd o arfau a sefydlu heddwch yw'r hyn sy'n rhesymol ac yn unol ag ewyllys Duw. Rhaid nodi yn ogystal bod ei gred mewn gwrthod trais, beth bynnag yr amgylchiadau – hyd yn oed pan mae eich bywyd yn y fantol – yn deillio o'i ffydd yn yr enaid tragwyddol, a phwysigrwydd ei burdeb mewn paratoad ar gyfer y bywyd arall. Yn wleidyddol, nid canolbwyntio ar gyfiawnhau trais sy'n ofynnol, ond gweithredu bob amser tuag at sefydliadau fel na fydd byth gofyn aberthu bywydau mewn rhyfel. Eto, trawsnewid ymddygiad dyn yw'r bwriad – o afreswm yr hen drefn i'r drefn newydd.

Safbwynt tra gwahanol oedd gan David Davies ar y llaw arall. Deuai o hen deulu o Fethodistiaid Calfinaidd traddodiadol, a'i dad-cu yn ddiwydiannwr a oedd yn nodedig am ei gredoau ac arferion syber. Pe bai unrhyw amheuon ganddo ynghylch natur bechadurus dynoliaeth, mi fyddai'r rheiny wedi cael eu hysgubo o'r neilltu yn llwyr, wrth gwrs, gan brofiad y Rhyfel Byd cyntaf, pan dreuliodd amser yn y ffosydd – yn ogystal ag amser sylweddol yng Nghabinet Rhyfel Lloyd George. Gwelodd fileindra'r dioddef yn ogystal â thrachwant dyn. Y gwastraff bywyd a welodd yn ei waith yn y llywodraeth a sbardunodd ei ddyhead i drawsnewid y gyfundrefn ryngwladol.

Ond yn wahanol iawn i Henry Richard, gwelai Davies ôl y pechod gwreiddiol, llesgedd dynoliaeth a'i anallu i reoli ei natur ddinistriol, ddominyddol ymhobman. Pa obaith, felly, i gyfundrefn o heddwch? Wel, er gwaethaf y gred mewn llwyr lygredigaeth ac anallu dyn i sicrhau ei iachawdwriaeth, erys yn syniadau Davies y gred yng ngallu dyn i drawsnewid ei sefyllfa, ac i ddofi ei hun, gan gynnal y gobaith am waredigaeth rhag trais marwol. Trwy gynllunio bwriadus gan gyfundrefn ryngwladol gref, gyda heddlu a gynrychiolai'r "grym eithaf", byddai modd rheoli tueddiadau gwaethaf eich hil. Dyma'r athrawiaeth Gymreig a'i gwreiddiau mewn proffwydoliaeth, milflwyddiaeth a'r ysbryd o gynnydd a ffurfiodd y Galfiniaeth egnïol, a'i hymroddiad i'r efengyl gymdeithasol, yn cael ei mynegiant llawn ar y gwastad gwleidyddol rhyngwladol. Nid yw iachawdwriaeth yn bodoli yn y byd hwn, ond gallwn wneud ein gorau i'w hefelychu, gan liniaru gymaint â phosib ar ddioddefaint y byd hwn a chreu llwybr eang tuag at dragwyddoldeb.'

'Felly, un ffordd o'i gweld hi,' awgrymodd Ceridwen, 'yw, hyd yn oed yn ystod oriau tywyllaf yr hil ddynol, roedd gŵr a welodd y byd o safbwynt Calfinaidd yn gweithredu ar sail y gred bod heddwch tragwyddol yn bosib – a bod y Cymry yn mynd i fod ar flaen y gad dros yr achos hwn. Fel byddai dad yn ei ddweud, mae'n anodd peidio â theimlo bod yna rywbeth yn y dŵr.'

'Paid â gochel rhag dychwelyd at y traddodiad hwnnw y ffurfiwyd syniadau gwleidyddol y Barwn Davies ynddi, Ceridwen,' plymiodd yr wylan dew yn ôl mewn i'r sgwrs. 'Cofia ei fod yn dilyn yn ôl traed Lloyd George a chredoau'r rhyddfrydwyr modern, cymdeithasol yr oedd Henry Jones yn eu cynrychioli, ac a fu am yr hanner canrif cynt yn denu'r gymdeithas i'r syniad bod byd arall yn bosib i'r lliaws. Efelychu cyraeddiadau'r wladwriaeth ryddfrydol yr oedd yn gobeithio'i wneud, gan drawsblannu ffurfiau'r strwythur hwnnw i'r gwastad rhyngwladol, er mwyn sicrhau'r un canlyniadau trawsnewidiol. Yn hynny o beth, ac yn wahanol i Henry Richard, gwrthodai ddehongli'r Bregeth ar y Mynydd a'r gorchymyn i droi'r foch arall fel neges a oedd yn gymwys i'r byd gwleidyddol. Ond mewn gwirionedd, efallai nad oedd ei syniadau am y natur ddynol yn gwbl gyson â'i uchelgais, oherwydd roedd yr uchelgais hwnnw wedi'i seilio ar syniadau oedd wedi llechu yn y meddwl Cymreig ers canrifoedd – ond a gafodd fywyd newydd yng ngwaith Henry Jones.'

'Aros di eiliad.' Dyma'r wylan fawr yn gwthio ei phig i mewn. 'Dyma ni . . .' Ochneidiodd yr wylan ifanc, gan gynnig chwinciad bach i Ceridwen.

'Os yw pobl am siarad am syniadau mawr, chewch chi ddim syniad mwy na'r un a gyflwynodd Robert Owen i'ch mysg.'

'A pha syniad oedd hwnnw?' gofynnodd Ceridwen, a hithau wrth gwrs â gwir ddiddordeb – yn wahanol i'r wylan fach dew oedd yn honcian i ffwrdd gan fyngial wrthi'i hun.

'Wel, dyma'r syniad pwysicaf un, y gwirionedd eithaf, yr egwyddor sydd yn fwy canolog na'r un arall er mwyn deall gwir natur dynoliaeth a'r modd y dylech fyw eich bywydau. Dyma'r egwyddor nad oes yr un ohonoch sydd yn creu ei gymeriad ei hunan; mewn ffaith mae eich cymeriad, eich personoliaeth, eich medrau oll wedi'u creu ichi gan eich amgylchiadau: y rhieni a'r gymuned sydd yn eich magu a'r amgylchiadau materol o'ch cwmpas.'

'Beth, does gen i'r un rheolaeth dros y person ydwy? Ond mae hynny'n frawychus. Onid wyf yn penderfynu'r hyn rwyf eisiau gwneud, y cwmni rwy'n ei gadw, a'r pethau yna sydd yn llywio fy natblygiad fel person? Onid oes lle i'm hewyllys i fy hun yn fy mywyd i fy hun?'

'A siarad yn blaen, nac oes!', oedd ymateb di-flewyn-ar-dafod yr wylan fawr. 'Neu o leia' nid yn y modd rwyt ti'n deall dy ewyllys. Meddylia di yn y lle cyntaf, a oeddet ti wedi ewyllysio dy gread-igaeth, ai ti a oedd wedi dewis a dethol yr hedyn a'r wy a'th greodd? Ai ti ddewisodd dy rieni, y gymuned a drigasant ynddi, a'r moesau a'r syniadau y trwythwyd ti ynddynt cyn iti ddod i'th lawn ymwybyddiaeth, heb sôn am dy lawn dwf meddyliol? Nid oedd rôl gen ti yn yr un o'r ffactorau yma a oedd wedi dy greu a dy fowldio. Ac felly hefyd unrhyw syniadau, penderfyniadau, medrau yr wyt ti wedi'u defnyddio fel plentyn bach, neu oedolyn ifanc, maent oll yn gynysgaeddiad o'r hyn sydd y tu hwnt iti – ac felly mae dy agwedd at y byd, y modd yr wyt ti'n llywio dy fywyd bob dydd, yn fynegiant yn y bôn o'r hyn a grëwyd gan ffactorau tu hwnt i dy reolaeth.

Roedd yr hen *liberal* yna, John Stuart Mill, mor awyddus i ddadlau mai'r unigolyn sydd yn ymyrryd yn ei fywyd ac yn ei ail-greu ei hunan, trwy ei benderfyniadau ynghylch y cwmni mae'n ei gadw, ond yr ateb i hynny eto yw mai'r rhagfarnau a thueddiadau dyfnaf sydd yn ei arwain at y penderfyniadau hynny.

Ond peidied neb â meddwl bod hyn rywsut yn israddio bywyd dynol nac yn newid ei natur sylfaenol. Mae bywyd yn dal i fod yn gyfrin, nid oes map neu gledrau penodol wedi'u gosod allan ar gyfer eich bywydau. Mae yna hap a siawns a phob math o amodau a digwyddiadau a all fynd â'ch bywyd ar wahanol drywyddau – dirgelwch i'w ddarganfod yw eich bywydau, ac mae'r ffaith fod eich penderfyniadau bob dydd a'r hyn rydych yn ewyllysio'i wneud yn digwydd ar sail adeiladwaith na saernïwyd gennych yn mennu dim ar bwysigrwydd a mawredd bywyd dynol. Mae'r posibiliadau yn parhau yn ddihysbydd. Yr hyn, wrth gwrs, sy'n dilyn, yw'r cyfrifoldeb anferth sydd arnoch nid fel unigolion ond fel cymuned. Sut all rhywun farnu bod unigolyn yn foesol gyfrifol am weithredoedd sydd yn ganlyniad i bersonoliaeth na ffurfiwyd ganddo? Wrth gwrs, rhaid i ddihirod dalu'r pris am droseddu, cael eu neilltuo o'r gymdeithas i'w gwarchod, ac er mwyn edifarhau, cydnabod eu bai, a gweithio er mwyn ceisio'u diwygio eu hunain gyda chymorth y gymdeithas. Ond yn y pen draw, y mae'r cyfrifoldeb yn gorwedd gyda chymuned sydd yn hunanymwybodol ac yn deall posibiliadau'r grym trawsnewidiol sydd yn ei gafael.'

'Felly, beth sydd wedi digwydd i'r ewyllys rydd?', gofynnodd Ceridwen. 'I'r hyn sydd wedi bod mor bwysig yng nghyswllt y sawl sydd yn ceisio brwydro yn erbyn ffawd, sydd am geisio bod yn bobl dda ac ymgyrraedd at ryw ddelfryd yn y byd hwn neu yn y byd arall? Rwyf wedi clywed am Pelagius, rwyf wedi clywed am hanes y Cymry a'u hymdrechion tuag at hunanbenderfyniad. A yw'r ymgeisio a'r gobeithio yna y maent yn eu coleddu yn ofer, felly?'

'Gallaf i ddeall y canfyddiad bod y cysyniad o hunanbenderfyniad yn cael ei golli o gydnabod y modd mae'r unigolyn wedi'i gyflyru'n drwyadl, ond rhaid peidio â digalonni oherwydd y sylweddoliad eich bod chi'n greadigaeth pobl eraill. Fel y dywedais, mae'r posibiliadau'n parhau yn ddihysbydd, a dim ond trwy ymdrechu a cheisio eich gorau y byddwch yn darganfod y medrau, y gweithgareddau, y posibiliadau sydd i'ch bywydau. Ond yn fwy na hynny, yr hyn a ddaw i'r amlwg yw'r posibiliadau sydd gennych o safbwynt eich bodolaeth fel cymuned. Hynny yw, mae gennych y gallu rhyngoch i ail-greu a diwygio cymdeithas yn gyfan gwbl. Gyda'r sylweddoliad o natur hydrin, hyblyg y natur ddynol, a'r syniad bod yr amgylchfyd yn ei mowldio, daw'r potensial di-bendraw a'r ddealltwriaeth y bydd eich natur yn dilyn unrhyw newidiadau sydd yn cael eu gweithredu gan y gymdeithas. Mae modd ichi felly ail-greu eich cymunedau lleol, cenedlaethol a rhyngwladol o fewn cenhedlaeth.

Dyma a wnaethpwyd gan Robert Owen yn ei gymunedau ef; sefydlodd esiamplau o waith dyngarol, creodd sefydliadau addysg i'r gweithwyr, adeiladodd gartrefi clyd a glân. A dyma ragoriaeth yr archegwyddor, y syniad pwysicaf oll; trwy gydnabod bod cymeriad yn cael eich ffurfio drosoch, gallech ddechrau ar y gwaith o ddiwygio'r amgylchedd dynol yn ôl yr egwyddorion gorau, gan weithredu yn y ffydd y daw iachawdwriaeth i'r lliaws, a hynny ar y ddaear hon. Dyma Ysbryd Morgan, felly, wedi esgyn o enaid yr unigolyn i wastad y meddwl cymunedol; cydnabod yr egwyddor a adnabuwyd gan Belagius, sef eich bod chi'n bechaduriaid oherwydd ichi ddilyn esiampl ddrwg Adda a mynd i'r rhigol o atgynhyrchu drygioni trwy eich arferion bob dydd, ond yn hytrach na dadlau mai'r ewyllys rydd unigol – yr elfen ddwyfol fewnol – all sicrhau gwaredigaeth, yr ewyllys rydd dorfol, y gallu cymunedol o ailffurfio'ch hunan sydd yn cynnig y llwybr i iachawdwriaeth.'

Ar y pwynt yma dyma'r wylan dew yn ailymddangos, yn honcian yn ôl, yn awyddus i gael ailymuno â'r sgwrs.

'Lle ydyn ni arni, Ceridwen – a yw'r bregeth wedi gorffen eto . . .?'

'Bron â bod, rwy'n credu . . . Beth ddywedwch chi, ffrind . . .?',
gofynnodd hithau wrth edrych i gyfeiriad yr wylan fawr.
'Ydw, dwi wedi dweud digon, rwy'n credu, dim ond i'th atgoffa
mai'r un patrwm o feddwl sy'n nodweddu pob sosialaeth o'r
iawn ryw. Pan roedd Marx yn sôn am ymddieithrio'r gweithiwr,
chwyldro'r proletariat ac ailstrwythuro cynhyrchu a llafur trwy
gyfundrefn newydd, yn y bôn, cynnig syniad yr oedd am ail-greu'r
natur ddynol a rhyddfreinio'i agweddau creadigol trwy ail-greu
y sustem. Pan roedd Bevan yn sôn am waredu ofn trwy obaith,
dealltwriaeth faterol o'r natur ddynol oedd ganddo yn y bôn,
yn datgan eto mai dim ond sicrwydd a thegwch yn ffurfiau cyn-
hyrchu'r gymdeithas a fyddai'n gallu cynnig y gobaith hynny. A
hyd yn oed Raymond Williams, a drodd gymaint o'i sylw at yr
elfennau "difater" diwylliannol yna yn eich bywydau beunyddiol
– wel, yn y bôn, dadlau oedd ef fod y diwylliant sydd yn eich
trwytho yr un mor ddiriaethol yn ei ddylanwad ar eich meddyliau
a'ch ffordd o fyw. Mae angen mynd i'r afael â gormes, felly, ar
sawl ffrynt, yn eich cyfryngau, eich celfyddydau, eich arferion bob
dydd – ac nid yn unig yn y gweithle.'
'Geiriau nobl yn wir', gorffennodd yr wylan dew ei meddyliau ar
ei rhan. 'Ond mae'n werth nodi nad Robert Owen oedd yr un a
feddyliodd am y syniadau yma am y tro cyntaf. Does ond eisiau
darllen ysgrifau Mary Wollstonecraft i wybod o ble y byddai ef
wedi dwyn ei ysbrydoliaeth – a hithau'n dangos sut yr oedd y
gymdeithas wedi'i strwythuro er mwyn creu cymeriad merched
yn ôl rhyw syniad chwerthinllyd, anfoesol ac annheg. Wedi dweud
hynny, mae'n bosib mai fe a'r sosialwyr iwtopaidd cynnar oedd
y rhai a aeth â'r egwyddor i'w eithaf, a fe Robert Owen yn grediniol
y byddai modd gwaredu'r ddaear gyfan o drais, rhyfel ac anghyf-
iawnder. Roedd ychydig o'r "enthiwsiast" yn ei syniadau, rhaid
dweud, ac mae angen inni droi yn ôl at ein cyfaill Henry Jones, mi
gredaf, er mwyn cael gafael ar safbwynt ychydig yn fwy trylwyr
a chymedrol.'
'O dyma ni', rhybuddiodd yr wylan fawr. 'Yn ôl i fyd y cyfrin â
ni, byd yr ysbryd a'r dychymyg.'
'Paid â gwrando arno, Ceridwen. Yr hyn nad yw'n deall nac yn
cyfaddef yw bod yna elfen ysbrydol ddofn i weledigaeth Henry

Jones, ond nad ydy'r cymhlethdod mewnol na chymhlethdod y cyfan – na'r cyswllt rhyngddynt – yn cael y sylw mae'n ei haeddu gan y sosialwyr. Oherwydd eu hobsesiwn â'r materol a'r allanol, maent yn raddol golli golwg ar yr ysbrydol ac yn ei gymryd yn ganiataol – nes iddo grebachu a diflannu yn y diwedd. Gymaint oedd grym gweledigaeth cymeriadau fel Owen, Marx a Bevan, a'u rhagdybiaeth am fawredd y natur ddynol, fel eu bod fel petai yn anwybyddu'r angen i'w esbonio a thynnu sylw ato. Ond nid felly ein cyfaill Syr Henry.

Mewn gwirionedd, os wyt ti eisoes yn hyddysg yn syniadau Morgan Llwyd, mi glywi di, mae'n siŵr, adlais cryf ohono yn rhai o'r syniadau sydd gan Henry Jones am y natur ddynol. Dywed fod dyn yn ddyn oherwydd bod Duw yn "ymbreswylio" ynddo. Ceir hyd yn oed yr un syniad o'r unigolyn yn ildio ei hunan – yn llythrennol yn marw yng ngeiriau Jones – gan roi lan "*the temporal interests and narrow ends of the exclusive self and lives an ever-expanding life in the life of others.*" [18] Edrychai'r wylan yn falch iawn o'i hunan yn adrodd y fath Saesneg coeth.

'Eto, fe allech chi awgrymu bod y ddealltwriaeth hon o "*redemption*" yn adlais o gred Morgan Llwyd yn y trawsffurfiad o'r henddyn i'r dyn newydd. Yn y bôn, yr hyn sydd gennych, yn debyg i Llwyd a Pelagius, yw'r potensial am iachawdwriaeth yn gorwedd yn yr unigolyn, a gwadu llesgedd dynoliaeth a gormes y corff ar y meddwl. Roedd Jones, fel Pelagius, yn gwadu bodolaeth drygioni fel endid – nid oedd y syniad o'r absoliwt perffaith a oedd yn aros am ddatguddiad yn caniatáu'r cysyniad Awstinaidd o raniad rhwng y da ysbrydol a'r drwg corfforol. Llurguniad o'r da oedd drygioni – neu rwystr yn ei erbyn. Ond, allweddol hefyd yw'r syniad bod drygioni yn amod sydd yn gwneud y da yn bosib. Dyma'r "*resistance*" y mae'n rhaid i fodau dynol weithredu yn ei erbyn er mwyn bod yn dda. Heb fodolaeth y drwg, ni fyddai'r syniad o ddewis, a dewis y peth iawn, yn bosibl.

Yr hyn sy'n ddiddorol yw'r modd y mae Jones yn plethu'r syniadau dwyfol yma â syniadau'r dydd am addysg ac esblygiad. Roedd esblygiad yn gysyniad roedd modd ei addasu y tu hwnt i'r byd naturiol, ac yn wir, dehonglwyd y cysyniad gan Jones fel modd o ddisgrifio datblygiad y cymeriad dynol fel esblygiad ysbrydol

– un sydd yn mynd â chi tuag at ryddid ehangach. Ar yr un pryd, mae ei agweddau at addysg yn adlewyrchu'r syniadau rwyt ti eisoes wedi eu clywed, sef pwysigrwydd y gymuned wrth ffurfio'r cymeriad dynol. Mae eich iaith, eich crefydd, eich ffyrdd o feddwl a'ch arferion cymdeithasol beunyddiol yn ganlyniad o'ch amgylchedd cymdeithasol ac mae eich cynhaliaeth ysbrydol yn deillio o'r gymdeithas.

Dyma eto'r themâu Pelagaidd yn eu hamlygu eu hunain, oherwydd ymdrechai Jones i wrthwynebu rhai o ddamcaniaethau'r dydd ynghylch etifeddiaeth, gan wadu'n benodol y syniad eich bod chi'n gallu etifeddu eich cymeriad moesol: nid nodwedd "naturiol" yw pechod ond rhywbeth sy'n cael ei ddysgu. Gwrthwynebwyd yn llwyr, felly, y cysyniad o lygredigaeth. Ymhellach, rydym eisoes wedi gweld bod y cysyniad o foesoldeb yn nhyb Jones yn rhagdybio hunanymwybyddiaeth resymegol sy'n gallu dewis – ac felly mae rhyddid yn ganolog i hyn. Ond nid yw'n rhinwedd diofyn yn y cymeriad dynol. Rydych yn cynyddu yn eich gallu i fod yn rhydd wrth fagu perthnasau a phrofiad. Wrth i'r ymwybyddiaeth ymyrryd, mae'n trin yr hyn sydd yn allanol ac yn ei droi'n weithredu sydd yn eiddo i'r hunan. Yn yr ystyr yma, dehonglir rhyddid gan Jones fel gallu digymell, ond un sy'n cael ei esblygu yn yr unigolyn, megis mynegiant o gynnydd yr ysbryd. Dyma gyfuno, felly, benderfyniaeth Owen gydag ewyllys rydd y traddodiad Pelagaidd.

Ond nid llwybr didramgwydd mo'r llwybr tuag at y rhyddid hwn. Yn fras, dehongla Jones y daith hon fel un sydd â thri chymal – y cyntaf ohonynt yw'r goddefol lle mae'r meddwl ddim ond yn derbyn ac yn cael ei drwytho yn syniadau, arferion a thraddodiadau'r gymdeithas. Ond trwy dderbyn hyn mae'r meddwl yn datblygu ei resymeg ac felly ymhlyg yn y broses mae datblygiad y medrau beirniadol yna a fydd yn adlewyrchu'r cymal nesaf, sef anufudd-dod, sydd yn datblygu trwy fynnu bod angen i ddyn ddihysbyddu a'i waredu ei hun o holl rwystrau cymdeithas er mwyn ei fynegi ei hun. Ond yna daw'r adferiad, lle mae'r ysbryd yn dod i weld ei ryddid unwaith eto fel rhywbeth sydd yn ddibynnol ar y cyfanrwydd.

Yn y wladwriaeth fodern mae'r ewyllys unigol a'r ewyllys gymdeithasol mewn cynghanedd berffaith, felly, a'r unigolyn yn sylweddoli bod ei ryddid yn cael ei wireddu nid trwy ddianc rhag y cymdeithasol ond trwy gyrraedd ei lawn botensial trwy'r strwythur cymdeithasol. Ac yn y cyswllt yma mae'n deg dweud nad oedd Henry Jones gymaint yn llai o iwtopiad a breuddwydiwr na'r dyn o'r Drenewydd. Hynny yw, roedd ganddo ffydd ddi-bendraw yng ngallu'r wladwriaeth i ddatblygu'r cymeriad dynol, gan ystyried amgylchiadau cymdeithasol, economaidd ac addysgiadol yn faterion canolog iddi. Ac roedd ganddo ffydd yn ogystal ym mhotensial yr addysg honno i fod yn drech nag unrhyw ddylanwadau genetig – wrth gydnabod y byddai medrau a grymoedd pob plentyn yn wahanol, roedd o'r farn bod addysg rinweddol, effeithiol, yn bosib iddynt – a bod pob un plentyn yn dechrau o'r dechrau, a'u talentau yn aros am wireddiad trwy ymwneud â'r amgylchedd o'u cwmpas. Yn y bôn, gwybodaeth sydd yn rhyddfreinio pobl ac sydd yn rhoi'r potensial ichi goncro'r byd materol ac ysbrydol. A dyma addysg fel nod ynddo ei hunan, sef datblygiad moesol yr unigolyn, ac un a oedd yn agored i bawb o bob dosbarth, gan gynnwys y dyn sy'n gweithio.'

'Ga' i gyfrannu rhyw ychydig at y drafodaeth, Ceridwen?' Dyma'r hen wylan fach yn ymddangos wrth ei hochr, fel petai o unman, a chlosio lan ati.

'Wel, cei siŵr, beth oedd gen ti mewn golwg?'

'Wel, mae'r cyfeillion yma wedi mynd â chi ar ambell drywydd diddorol wrth drafod y natur ddynol, ond teimlo oeddwn i eu bod wedi esgeuluso un agwedd y mae angen ei thrafod.'

Dyma'r wylan dew yn torri ar ei thraws.

'Ha, chewch chi ddim rhyw lawer o oleuni gan hon – does dim rhyw lawer o ddiddordeb ganddi yng ngwir natur pobl, eu strwythurau mewnol, eu datblygiad na'u medrau. Golwg unllygeidiog iawn sy' ganddi mae arna' i ofn.'

'Ga' i benderfynu hynny, oni chaf, ar sail fy medrau beirniadol a rhesymeg?' Ymatebodd Ceridwen braidd yn biwis.

'Diolch, fy mechan i', nodiodd yr hen wylan yn werthfawrogol. 'Rwy'n hen gyfarwydd â'r fath gleber erbyn hyn. Ac i'r gwrthwyneb, buaswn i am awgrymu mai ymwneud â rhai o'r cwestiynau mwyaf sylfaenol a chreiddiol rwyf am wneud, sef perthynas yr hunan dynol â'r byd o'i gwmpas. Os ca' i ddweud, syniadau digon cyffredinol a haniaethol gewch chi gyda fy nghyfeillion fan hyn, sydd yn anwybyddu, mewn gwirionedd, yr hyn sydd yn neilltuo ac yn nodweddu bywydau dynol. Oblegid y penodol ac nid y cyffredinol sydd yn rhoi ffurf ar fywyd pobl. Rhaid diriaethu'r ysbryd a'i gynefin, yn lle siarad am y syniad haniaethol o fod yn "rhydd" neu'n gartrefol gyda chi'ch hun o fewn y wladwriaeth fodern.'

'Wel, rwy'n gwrando . . .', meddai hi.

'Mae'n wir i ddweud bod yna sawl un sydd wedi ymddiddori yn, a phoeni am, y cwestiwn yma o hunaniaeth, a dangos pwysigrwydd ffyniant y genedl Gymreig i'r hunaniaeth honno. Ond nid oes yr un sydd wedi dod yn agos at J. R. Jones o safbwynt esbonio cymhlethdod y pwnc yma. Perthyn yr hunaniaeth hon ag elfennau mwyaf gwaelodol y bersonoliaeth ddynol. Dechreua J.R. trwy ddisgrifio'r cyflwr dynol, sydd yn aflonydd ac anodd. Gofynna'r cwestiwn: beth sydd ei angen ar berson yn y byd? Mae'r ateb yn un amlwg yn y lle cyntaf: mae arno angen "am fyd". Hynny yw, nid yn unig y mae angen maeth ar berson i oroesi, mae arno angen lle corfforol, daearyddol, yn y byd. Ond nid digon yw hyn ychwaith, oherwydd nid bod corfforol yn unig yw person – y mae'n fod "ysbrydol" yn ogystal, ac felly mae'r lle hwnnw yn y byd yn fwy na dim ond talp o dir; dyma theatr ei fywyd lle mae gofyn iddo fod yn feunyddiol.

Yn ei hanfod, felly, mae yna ddwy agwedd ar fywyd, neu ddwy "ffrâm", fel y byddai J.R. yn eu galw. Dyma ffrâm gofod a ffrâm amser, yr ydych bob un yn bodoli oddi mewn iddynt. O fewn ffrâm gofod rydych wedi eich cyfyngu mewn modd pendant o fewn hyd a lled eich corff, ac o fewn ffrâm amser mae eich bodolaeth wedi ei chyfyngu gan eich geni a'ch marw. Yr hyn sy'n nodweddiadol am yr ysbryd dynol – hynny yw, eich bodolaeth ymwybyddol neu feddyliol – yw'r gallu y mae'n ei roi ichi i dorri'n rhydd o gyfyngiadau ffrâm eich bywyd. Dyma'r hyn a elwir eich natur "hunan-drosgynnol" sy'n caniatáu ichi sefyll o'r neilltu, fel petai, i edrych nôl ac ymlaen ac edrych ar eich hunan fel gwrthrych. Dyma'n wir sy'n nodweddu eich potensial am ryddid.

Ond nid yw ymglywed â'r elfen annherfynol o amser a gofod yn rhoi gwaredigaeth neu ryddfreiniad. I'r gwrthwyneb, aflonyddwch i'r ysbryd yw'r canlyniad – rhyw grwydr mewn "byd di-ffiniau". Dyma'r gwir argyfwng sydd yn wynebu'r ysbryd dynol – trwy gydnabod annherfynoldeb amser a gofod mae wastad ar fin darganfod nad oes gwir ystyr i fywyd. Yr hyn sydd ei angen er mwyn llonyddu'r ysbryd yw creu cartref iddo sydd yn cynnig trigfan ddaearyddol i'r corff a chrud i'r ysbryd. Dyma'r bychanfyd.

O fewn pob bychanfyd ceir "cynnwys y byd" – y cyfan wedi ei gostrelu yn un microcosm, sydd yn caniatáu i'r ysbryd gyrraedd ei lawn botensial – ac yn hytrach na cheisio cyfyngu ar hunandrosgynoldeb yr ysbryd, ei gefnogi yn ei gyflwr o ryddid yw'r bwriad. Y genedl yw'r lleoliad sydd yn cynnig y posibiliadau yma, gan ei bod yn ffrwyno'r gallu i ymglywed â "phosibiliadau pellach ymhob sefyllfa feidrol" – a thrwy hynny yn cynnig angorfa sydd yn gymesur â chyflawnder yr ysbryd. Sut y mae'r genedl yn caniatáu hyn? Am ei bod yn llestr y bychanfyd sydd yn grynhoad o gyflawniadau creadigol ac ymehangiad yr ysbryd dros y canrifoedd.

Mae iddi ddimensiwn materol yn yr ystyr bod Cymru yn dafell o dir ar wyneb y ddaear, ond nid oes i'r elfen hon bwysigrwydd ynddi'i hunan, eithr yr hyn a ddigwyddodd arni ac mewn cydberthynas â hi sydd yn gyfrifol am ei gwahanrwydd a'i hunaniaeth. Dyma'r cof cenedligol, sydd yn caniatáu ichi wybod pwy ydych yn "amgylchfyd yr oesoedd" a chynnig ichi dystion i'r hyn yr ydych. Ac, wrth gwrs, nid cyfres o hanesion wedi'u cofnodi yn unig mohonynt, ond cof sydd wedi'i ffurfio trwy'r broses hanesyddol o ymblethu rhwng gofod y byd a gofod yr ysbryd. Neu, i ddefnyddio geirfa enwog J.R., dyma gydymdreiddiad tir ac iaith sydd yn datblygu ar hyd y canrifoedd, sydd yn llestr y bychanfyd: crud i'r ysbryd dynol a hanfod gwahanrwydd pobl. Anghenraid pob unigolyn, felly, yw cynnal y bychanfyd yma gan sicrhau llonyddwch i'r ysbryd. A dyma'r frwydr yr oedd J.R. yn ymdaflu iddi, sef y frwydr i gadw'r bychanfyd Cymraeg yn fyw. Ac yn ei angerdd ac yn ei gred yn yr ewyllys i barhau, yma mae'r holl nodweddion sydd yn adnabyddus iti erbyn hyn yn eu hamlygu eu hunain. Gwranda di ar y geiriau hyn:

Ac ai syniad gwag ac anghyfrifol ydyw hwnnw– "gwneud yr amhosibl"? Nage: y mae wedi bod erioed– yn argyfyngau "achub" gwareiddiad– yn her ag iddi gysylltiad tufewnol â mawredd ysbryd dyn . . . Na thwyller chwi; galwad yn ôl at warineb yw'r alwad i adennill y ffydd a gollwyd ym mawredd a menter ysbryd dyn – mawredd yr ewyllys i wneud yr amhosibl er mwyn cadw bychanfyd amhrisiadwy mewn bod.'⁹

Onid oes yma fynegiant croyw o'r hyn rwyt ti'n ei alw'n Ysbryd Morgan? Y gred yn yr ewyllys a'r gallu i frwydro yn erbyn ffawd; y gobaith a'r bwriad i ddianc o'r tir diffaith a sicrhau gwaredigaeth; yr addewid o adferiad. Yn wir, awgrymwyd am Morgan Llwyd mai fe oedd ymysg y cyntaf i "ddisgwyl yn angerddol am ddiwygiad mewnol, ysbrydol, ysgubol", ond un o'r olaf am gyfnod hir i obeithio am "ddiwygiad cymdeithasol syfrdanol yn ogystal."¹⁰ Ond dyma'n union a gawn gyda J. R. Jones. Nid damwain, felly, ei ddychweliad at y ffigwr angenrheidiol hynny yng ngwaith Morgan Llwyd, sef y gwreiddyn. A'r tu ôl i hynny y mae'r syniad o'r Cymro'n "alltud yn ei wlad ei hun"; teimlad, wrth gwrs, a gafodd fynegiant amlwg iawn erbyn yr ugeinfed ganrif pan oedd yr ysbryd Cymraeg yn prysur gael ei alltudio o fwy a mwy o ardaloedd Cymru.'

'Ond sut mae hyn oll yn cael ei fynegi mewn cyd-destun go iawn? Gymaint y mae'r sôn am lonyddwch yr ysbryd yn fy niddori, mae angen gwybod ei ystyr ymarferol hefyd . . .'

'Cofia, mai dan gysgod angau y teimlai nifer o Gymry Cymraeg y chwedegau; eu bod yn byw wedi trychineb Capel Celyn, ac mae'r angerdd yn amlwg yn ysgrifau J. R. Jones. Iddo ef, roedd yr ysbryd Cymraeg mewn peryg o gael ei ddileu o'r tir. A dyma argyfwng unigolyn a chenedl, oblegid pe buasai i'r iaith gael ei difa, felly hefyd y bobl, a'r unigolion sydd yn ffurfio'r bobl honno yn colli unrhyw obaith o "lonyddwch" i'r ysbryd. Nid Cymru fyddai'r wlad hon bellach, ond *Wales*, endid o fath arall. Mae'r casgliad yn dilyn yn amlwg o'r rhagdybiaeth am bwysigrwydd iaith, tir a hunaniaeth. Os yw'r ysbryd cenedligol wedi'i gostrellu yn y cyd-ymdreiddiad rhwng yr iaith a'r tir, yna gyda darfod yr iaith, darfod fydd yr ysbryd hwnnw hefyd; ysbryd newydd sydd yn datblygu gyda'r iaith arall, hyd yn oed os yw llais yr hen ysbryd yn cael ei gario ymlaen mewn ffurf ddarfodedig, gan atseinio'n fyglyd yn yr anymwybod.[11] Seilir y ddealltwriaeth hon yn arbennig ar bwysigrwydd yr hyn a elwir gan J.R. yn wastad ffurfiannol y genedl, o'i gymharu â'r gwastad gweithrediadol. Dyma wahaniaeth a fynegir trwy'r gyffelybiaeth ag anatomi'r corff a'i ffwythiannau ffisiolegol beunyddiol. Ar y naill law mae'r hyn sydd yn golygu "ffurfiant" y corff: y clymau sydd yn ei gyfansoddi. Ar y llaw arall mae'r gweithrediadau'r corff megis cylchrediad y gwaed; nid peth statig mohono, wrth gwrs, ond casgliad o brosesau sydd yn "dirwyn ymlaen o funud i funud". Rwyt eisoes wedi deall dau o'r clymau hanfodol sydd yn ffurfio'r corff cenedligol, sef y cwlwm hynny sydd yn ymffurfio trwy'r briod iaith a'r tir. Dyma le mae'r ysbryd yn gorwedd; ond rhaid wrth gwlwm arall er mwyn *gwarchod* yr ysbryd hwnnw a sicrhau ei hunan-ymwybyddiaeth a'i pharhad dros amser, a'r wladwriaeth yw honno. Dyma'r endid sydd â'r grym a'r gallu i atgynhyrchu'r trac hanesyddol a sicrhau bod yr ysbryd yn ymwybodol o'i hunan ar y gwastad gweithrediadol. Heb y wladwriaeth, pobl yn unig sydd, pobl o dan fygythiad parhaol. Byddai grym athroniaeth J.R. wedi cael ei deimlo'n ingol yn y cyfnod, wrth gwrs, wrth iddynt golli cymuned Cymraeg heb y grym i wrthsefyll.'

'Wn i ddim', roedd Ceridwen yn amlwg yn ei chael hi'n anodd treulio'r cyfan. 'Mae'r syniad yn gwneud synnwyr imi nawr os edrychwch chi ar beth sydd wedi digwydd i'n cymunedau Cymraeg trwy fewnfudo ac allfudo, a hynny wedi parhau er gwaethaf eginwladwriaeth. Dydi'r grymoedd sydd ar gael inni ddim wedi cael eu gweithredu er mwyn atal y llif hwnnw. Rwy'n deall y ddadl dros adferiad ac amddiffyn. Ond dywedwch chi un peth wrtha i; mae gen i dipyn o feddwl o'r syniad yma o'r undod uwch, syniad y mae Morgan Llwyd ei hun yn ei arddel. Sut mae'r undod yma'n cael ei fynegi yng ngweledigaeth y cenedlaetholwr, oherwydd wela' i ddim rhyw lawer o obaith i'r syniad yma mewn byd o ysbrydoedd ar wahân yn eu bychanfydoedd. Hynny yw, rwy'n gwerthfawrogi'r syniad bod angen i'r Cymry adfer eu bychanfyd er mwyn bod yn gyflawn a sicrhau lle priodol i'w hysbryd, a byddai colli hwnnw yn fater trawsffurfiannol ac ysgytwol – ond sut mae cysylltu hyn gydag uniad cyfan?'

'Cwestiwn da, cyw, ac un sydd ddim mor hawdd â hynny i'w ateb', cyfaddefodd yr hen wylan. 'Ond tybiaf fod yr ateb yn gorwedd yn natur y bychanfyd yma y mae J.R. yn ei ddisgrifio. Oherwydd, imi gael ailbwysleisio'r modd y mae J.R. yn ei ddisgrifio, dyma grynhoad o'r byd – "crynhoad o gyraeddiadau ysbryd dyn i lawr y canrifoedd".[12] Mae'n caniatáu i'r unigolyn sefyll mewn amser a syllu nôl a syllu ymlaen a deall ei berthynas gyda'r cyfan, ac ymglywed â phosibiliadau'r ysbryd dynol. Felly, er mai rhannol ydyw pob bychanfyd, mae hefyd yn gyfrwng i'r cyfan. Dichon y byddai modd awgrymu nad yw J.R. yn gweld y syniad Hegelaidd o wybodaeth absoliwt a hunan-ymwybyddiaeth gyflawn yr ysbryd yn bosibl, ond mae modd trwy eich bychanfyd gael gafael ar y cysyniad o'r cyfan a'i ddychmygu trwy eich persbectif chi ar y byd.

Erys yn ogystal gysgod y Duwdod yn syniadau J.R. Er nad yw'n Blotinydd cyflawn sydd yn sôn am bosibilrwydd dychwelyd at yr Un, na chwaith yn aml yn cysylltu ei fyfyrdodau cenedlaetholgar a chrefyddol, dywed wrth geisio sefydlu arwyddocâd y genedl o safbwynt bywyd ysbrydol dyn ei fod, wrth wneud hynny, yn dangos bod "iddi le yn ewyllys, ac felly yn arfaeth a chynllun, Duw."[13] Ond nid yw Duw J.R. yn un y gallwn fyth obeithio ei ddirnad – erys yn gryfach na dim y syniad ym myfyrdodau Llwyd o rywbeth sydd y tu hwnt i ddirnadaeth. Sonia J.R. am Dduw fel "gwaelod bod"[14] – eto motîff sydd iddi ansawdd Llwydaidd, Boehemaidd dros ben. Felly, y mwyaf y gallwch obeithio amdano gan y genedl, mae'n debyg, yw rhyw fath o grud meidrol i'r ysbryd, i'w gynorthwyo yn ei bererindod daearol, sydd yn eich goleuo o safbwynt posibiliadau a ffiniau bod.

Gall y genedl gynnig y sylfaen am fodlondeb – os nad iachawdwriaeth – ysbrydol yn y bywyd hwn, felly, ond nid oes addewid o waredigaeth dragwyddol ynddi. A dylem ddiolch am hynny, oherwydd unwaith y dyrchefir cenedl i statws dwyfol y mae trafferth yn rhwym o ddilyn. Rhaid cyfaddef yn ogystal na welai J.R. y posibilrwydd o "ysbryd cyfanfydol" (yn groes i'r ysbryd cenedligol) yn cynnig bodlondeb i'r enaid meidrol. Gan ddilyn

Hegel, a Henry Jones yn hynny o beth, awgryma nad oes modd gwybod pwy ydych heb fod yn ymwybodol o'r "arall". Nid oes modd perthyn heblaw trwy wybod am y posibilrwydd o beidio â pherthyn. Rhaid cyferbynnu â'r tu allan er mwyn perthyn i'r hyn sydd tu mewn. Neu'n symlach fyth, er mwyn bod tu mewn, mae angen y tu fas. Yr unig fodd o fagu 'nynïaeth' ddynol fyddai'r ffantasi o fygythiad o'r gofod. Heb os, y mae'r casgliad yma ynghylch terfynau'r ysbryd yn rheswm dros bryder ynghylch posibiliadau'r safbwynt cenedlaetholgar, pan fo'r adeiladwaith yn sefyll ar sail gwahaniaethu a'r posibilrwydd parhaol, felly, o wrthdaro. Ymateb J.R., mae'n debyg, fyddai nodi bod pob un bychanfyd neilltuol yn agor posibiliadau cyfanfydol yr ysbryd. Peri'r posibilrwydd o adnabod (os nad cyrraedd) y cyfan trwy'r neilltuol.'

'Ymbalfalu am ryw drywydd allan o'r tywyllwch y mae e, Ceridwen.' Roedd yr wylan dew wedi dychwelyd erbyn hyn. 'Os oes gyda chi ddiddordeb yn y cwestiwn o gysoni'r unigol gyda'r cyfan, yna rhaid ymadael â'r meddwl cenedlaetholgar a dod yn ôl at burdeb ac uchelgais ein cyfaill Henry Jones.'

'Henry Jones i'r adwy unwaith eto, ie?', meddai Ceridwen yn eironig braidd. 'Does dim modd dianc rhagddo.'

'Mi wyt i'n gywir, Ceridwen fach, does dim modd dianc rhagddo oherwydd ti – a phob un arall o dy bobl – yw Henry Jones, yn eich syniadau, eich meddyliau a'ch gweithredoedd. Ei syniadau ef, sydd yn gostrel i gymaint o'ch ysbryd hanesyddol mewn i un sustem resymegol, sydd yn sail i fywyd y genedl. Ac un obsesiwn oedd ganddo, un o'r cwestiynau pwysicaf iddo ymhél ag e, oedd perthynas yr unigol a'r cyfan. Sut mae osgoi colli'r unigol yn y cyfan – fel y mae cenedlaetholdeb yn gofyn i'r unigolyn ei golli ei hunan yn y rhannol a'r pleidiol.'

'Roedd hyn yn gwestiwn dyrys iddo oherwydd ei fod yn cychwyn â'r rhagdybiaeth fod realiti yn undod ysbrydol, rhesymegol, sydd yn datblygu trwy'r amser – ac mai'r undod hwnnw yw Duw yn ei fynegi ei hunan trwy bob organeb byw. Nid oes modd, felly, ystyried yr unigolyn ar wahân i'r cyfan. Y peryg, neu'r gofid, am ei idealaeth oedd ymgolli'r unigolyn yn y cyfan, a'r goblygiadau problematig i foesoldeb mewn byd lle mae'r person yn cael ei soddi yn y cyfan. Ble mae'r lle i annibyniaeth, ewyllys ac unigolyddiaeth y person? Amlygir y tensiwn yn achos meddwl ac ymwybyddiaeth yr unigolyn. I Jones rydych oll yn berchen ar hanes syniadau; mae person yn berson oherwydd traddodiadau ei bobl a hebddynt mae yn noeth a diymgeledd. Nid oes modd ymddatod oddi wrthynt oherwydd dyma ei brofiad. Yn y cyswllt yma cred Jones fod pob un ohonoch yn fodau metaffisegol yn yr ystyr bod pob un dyfarniad ynghylch y byd yn seiliedig ar sustem o syniadau a rhagdybiaethau sylfaenol – boed eich bod chi'n ymwybodol o hynny ai peidio. Dyma'r rhagdybiaethau sydd yn gwneud y byd yn ddealladwy ichi. Mae rhai ohonynt yn sylfaenol i'r gallu i feddwl am y byd – cynosodiadau absoliwt fyddai disgrifiad Jones o'r rhain. Mae eich canfyddiad a'ch dealltwriaeth o'r byd, a'r modd priodol i weithredu oddi mewn iddo, yn gwbl ddibynnol, felly, ar yr hyn sydd y tu hwnt ichi.

Ond er gwaethaf ei bwyslais ar ddibyniaeth yr unigolyn ar y cyfan, roedd Jones yn bendant yn ei amddiffyniad o'r unigolyn ar lefel athronyddol ac ymarferol. Mae profi'r clymau sydd yn bodoli rhwng unigolyn a'r cyfan yn bell o wadu rhyddid yr unigolyn. Dyma gred waelodol Jones ynghylch uniaeth mewn gwahaniaeth, neu undod mewn amrywiaeth. Mae'r absoliwt yn ei fynegi ei hunan trwy'r unigolyn, tra bod yr unigolyn yn berchen ar y tragwyddol yn ei natur (cofier, fel Llwyd, ei fod yn credu bod Duw yn preswylio oddi mewn), sydd yn ei rymuso ac yn ei alluogi i weithredu yn y byd – ac sy'n anhepgor er mwyn i'r absoliwt ei fynegi ei hunan yn y byd. Dyma gyd-ddibyniaeth, mewn gwirionedd; yr unigolyn yn ddibynnol ar y cyfan er mwyn magu'r gallu i weithredu ei unig-oliaeth, a'r absoliwt yn ddibynnol ar yr unigolyn i'w wireddu ei hun.

Gyda dealltwriaeth Jones o uniaeth Duw a'r absoliwt gwelir eto thema'r undod, sydd yn bodoli rhwng y dwyfol a'r dynol, a'r potensial i'r ddau weithredu ynghlwm â'i gilydd. Yn wir, y mae sefydliadau gwleidyddol a bywydau moesol unigolion yn datgelu a mynegi'r dwyfol. Ac ni chollir yr unigolyn mewn undod meidrol chwaith, oherwydd dim ond yr ewyllys rydd all benderfynu cyfuno ag eraill, ac felly mae'r bywyd cyfunol yn un sydd mewn gwiri-onedd yn ategu unigolrwydd.

Daw'r syniadau oll am yr absoliwt, Duw, esblygiad cymdeithasol, yr unigolyn, ei ddibyniaeth a'i ryddid lled ddwyfol at ei gilydd yng ngweledigaeth wleidyddol Jones. Er mwyn datblygu'r cymeriad a'r rhyddid yma mae angen rhoi trefn ar y byd cymdeithasol mewn modd penodol iawn, a chynhwyswyd hyn oll yn y berthynas rhwng y dinesydd a'r wladwriaeth. Rhaid cofio, o safbwynt yr Hegelydd, fod y wladwriaeth yn cynrychioli pen y daith i'r ysbryd: teyrnas y nefoedd ar y Ddaear, Teml y bywyd rhesymegol. Dyma'r ffurf ar gyfundrefn wleidyddol a allai ganiatáu i'r unigolyn gyrraedd ei lawn dwf, gan deimlo'n gartrefol ynddi a dod o hyd i gynghanedd berffaith rhwng ei fuddiannau ef a buddiannau'r gymdeithas. Dan yr amodau yma byddai gwybodaeth absoliwt yn bosib, a'r ysbryd wedi esblygu hunanymwybyddiaeth lawn, a'r uniad yn gyflawn.

Er mwyn ymgyrraedd at y ffurf yma o filflwyddiaeth, a oedd yn llawer mwy crefyddol ei naws yn nwylo Jones na'i gyfoedion Hegelaidd, rhaid wrth ddatblygiad o'r unigolyn fel dinesydd sydd â dyletswyddau ynghyd ag iawnderau helaeth. Er bod Jones yn pwysleisio agweddau unigolyddol megis pwysigrwydd preifatrwydd, rhyddid ac eiddo, roedd ei bwyslais ar ddyled yr unigolyn i'w gymdeithas, ei ddiwylliant ac i draddodiad, mor daer ag eiddo Robert Owen o'i flaen. Dyma'r unigol yn cael ei faethu gan y cyfanfydol – neu'r hyn mae'n ei alw'n draddodiad, doethineb cronedig rheswm. O ganlyniad, felly, mae'r hunan, yr unigolyn, yn ffocws i'r rheswm hwnnw ac yn dod â'r traddodiad at ei gilydd. Mae'n adlewyrchu datblygiad moesol y gymdeithas ac yn hynny o beth mae bod yn ddinesydd yn fwy na meddu ar statws, mae'n ffurf ar fod.

Ond mae'r statws o fod yn ddinesydd yn gofyn am fwy na dim ond derbyn ac amsugno'r traddodiad, oherwydd rhaid wrth ymdrech barhaol gan y wladwriaeth i addysgu ei dinasyddion, yn arbennig ym maes moeseg. Ac yn y cyswllt yma daw credoau Arminaidd Jones i'r amlwg yn y gred bod pob un plentyn yn gymwys i ddysgu'r rhinweddau gofynnol er mwyn datblygu'n ddinesydd – er efallai y bydd cyrhaeddiad y plant yn dibynnu ar eu pwerau a'u medrau. Addysg foesol y byddai'r ysgolion yn gyfrifol amdani, felly, yn ôl gweledigaeth Jones.

Ond amrywiol oedd gallu cymunedau i addysgu eu plant, a hynny'n gysylltiedig â strwythurau ac arferion beunyddiol. Pe na bai perthnasau moesol yn bodoli rhwng gweithiwr a pherchennog, er enghraifft, nid oedd modd rhagdybio y byddai'r fath addysg yn effeithiol. Delfryd Jones oedd gweithio tuag at gymdeithas lle nad oedd y fath gynnen yn bodoli bellach a bod modd mynd y tu hwnt i ddosbarth cymdeithasol, ac fe ystyriodd y dosbarth gweithiol yn fwy na chymwys i elwa ar addysg. Yn wir, roedd ei anerchiad i chwarelwyr gogledd Cymru yn pwysleisio mwy na dim y peryg o raniadau dosbarth o safbwynt y ddelfryd o "ddinasyddiaeth bur". Nodweddir yr anerchiad gan y pwyslais moesol a'r gobaith o ddod a'r "ddeufyd ynghyd" – y crefyddol a'r meidrol. Ofna Jones y byddai pwyslais y Blaid Lafur ar y dosbarth gweithiol yn sicrhau parhad cymdeithas ranedig gydag un grŵp yn teyrnasu dros y gweddill, ond ystyria hefyd y dosbarth hwnnw fel y gobaith gorau o sicrhau arweinwyr a fyddai'n llywodraethu er lles y gymdeithas gyfan.

Yn wir, ymestyniad moesoldeb a dwyfoldeb i'r parth gwleidyddol oedd hanfod gweledigaeth Jones, ac ymestynnai hyn y tu hwnt i'r wladwriaeth. Roedd datblygiad yr ysbryd yn bosib trwy greu clymau gwleidyddol ehangach. Iddo ef, rhagoriaeth y Deyrnas Gyfunol oedd y posibilrwydd o genhedloedd yn eu dyrchafu eu hunain trwy berthnasau moesol a oedd yn ymestyn tu hwnt i'r cenedligol, ac yn gofyn ymrwymiad moesol mwy cymhleth wrth i bedair cenedl uno. O'r safbwynt yma, roedd Jones hefyd yn gweld gobaith mawr yn yr ymerodraeth, er gwaethaf yr erchyllterau hanesyddol. Iddo ef, prawf cerddediad ysbryd oedd y perthnasau gwell, moesol a oedd yn datblygu rhwng pobloedd yr ymerodraeth. Yn ei syniadaeth ryngwladol, fe welai bosibiliadau gwahanol i Hegel a oedd yn priodoli llawer mwy o rinwedd yn yr arfer o ryfela, oherwydd ei agweddau adferol, honedig, i ysbryd y genedl. I'r gwrthwyneb (ac er gwaethaf ei gefnogaeth o gyfiawnder y Rhyfel Mawr), fe welai Jones y posibilrwydd o wella perthnasau rhyngwladol trwy well ymddygiad mewnol y gwladwriaethau. Iddo ef, roedd "Teyrnas y Nefoedd ar y Ddaear" yn un a allai ymestyn lled y byd.'

115

Dilynodd ychydig o ddistawrwydd wrth i'r lleill dreulio'r cyfraniad sylweddol yma. Yna, dyma'r wylan fach yn mentro,

'Maddeuwch imi, fy hen ffrind, ond dywed wrthyf sut yn union mae syniad eich Jones chi, o'r ysbryd yn teimlo'n gartrefol yn y wladwriaeth, yn wahanol i gred fy Jones i, fod modd i'r bobl gynnig crud i'r ysbryd dynol? Yr un syniad sydd ynghlwm yn y ddau, sef bod ymwybyddiaeth o'r "cyfan" yn bosib yn yr unigolyn trwy eu perthynas â'r hyn sydd y tu hwnt iddynt – boed hynny'n fychanfyd ieithyddol neu'n wladwriaeth ddiriaethol.'

Glaniodd yr wylan fawr gerllaw.

'Am unwaith rhaid imi gytuno â'r hen gorrach bach. Nid ateb Henry Jones yw'r un terfynol fan hyn. Sut, mewn gwirionedd, y mae'r ysbryd dynol i fod i ddychmygu a phrofi'r absoliwt pan fo'r gymdeithas ei hun yn rhanedig rhwng dosbarthiadau? Fel y byddai Marx yn dadlau, tra pery rhaniadau yn y gymdeithas, pery safbwyntiau ar y byd sydd yn rhanedig ac yn gwbl groes i'w gilydd. Sut y mae modd cysoni safbwyntiau'r dosbarth gweithiol a'r *bourgeoisie* pan mae eu profiadau a'u bywydau wedi'u cyflyru gan raniadau cymdeithasol ac ideolegau unllygeidiog? Nes eich bod yn gweld diwedd y rhaniad llafur dwfn, pellgyrhaeddol, ni fydd modd i'r un dosbarth gael gafael ar y realiti llawn nac edrych y tu hwnt i'r sustem gyfalafol fel y mae. Dim ond y dosbarth gweithiol, trwy eu sylweddoliad o bwysigrwydd y rhaniad llafur, a fydd yn gallu newid amodau er mwyn creu cymdeithas sydd yn rheoli'r sustem gynhyrchu – ac yn rhyddhau personau o wrthddywediadau'r sustem gyfalafol gan ganiatáu undod ymysg y bobl.'

Wrth iddo orffen ei ddatganiad byr plymiodd yr wylan eiddil, ifanc i lawr unwaith eto, gan grawcian yn uchel:

'Mae'r tri ohonoch, er gwychder eich syniadau, yn anghofio'r angen i osod y penodol oddi mewn i'r cyfanfydol. Annigonol yw'r cyfrif sydd yn cynnig dadansoddiad o'r berthynas rhwng yr unigolyn a'i gymuned wleidyddol benodol ef; rhaid wrth ddisgrifiad o berthynas y gymuned honno â'r gymuned fyd-eang. Oherwydd anghyflawn yw gweledigaeth fel arall. Ni all cenedlaetholwr – nac yn hynny o beth y rhyddfrydwr neu'r sosialydd sydd yn credu yn y wladwriaeth – amlygu sail sefydlog, heddychlon i gymdeithas y gwladwriaethau heb gynnig cyfrif o'r hyn sydd y tu hwnt i'r gymuned wleidyddol unigol. Rhaid wrth gysylltu'r penodol â'r cyfanfydol. Rhaid wrth ryw ffurf ar "nynïaeth" fydeang, er gwaethaf rhybuddion J .R. Jones o hynny; rhaid wrth ddamcaniaeth ynghylch ffederasiwn cryf a chynaliadwy yn hytrach nag ymerodraeth ddychmygol Henry Jones yn dofi'r byd a'i wareiddio; rhaid wrth gyfrif trylwyr o'r modd y mae cyfundrefn sosialaidd yn un sydd yn ymledu ar draws y byd, heb ganiatáu'r sefyllfa lle mae safonau gorau'r drefn honno wedi'u cynnal trwy fanteisio ar ecsploetio cyfalafol oddi mewn i wladwriaethau eraill. Cyfanfydol fydd sgôp angenrheidiol unrhyw safbwynt yn y byd newydd hwn.'

Ochneidio a wnaeth ei gyd-wylanod.

'Anghywir fyddai credu nad yw'r agweddau yma ymhlyg yn safbwyntiau pob un ohonom', cynigodd yr hen wylan dew.
'Yn wir, mae rhai eraill wedi rhoi cryn dipyn o sylw i'r gwastad byd-eang. Y mae'n rhaid sôn am un sydd yn ffefryn yn ein mysg, ac sydd wedi ysbrydoli'r weledigaeth genedlatholgar ers degawdau. Dyma Raymond Williams, bachgen o'r Pandy, ger y ffin. Astudiodd yng Nghaergrawnt a datblygu'n rhan o fudiad newydd y chwith ym Mhrydain, gyda'i bwyslais ar chwalu cyfalafiaeth – nid trwy ganolbwyntio'n draddodiadol ar ddiwydiant ond trwy gydnabod eich bod yn gweithredu trwy ddiwylliant torfol ac agweddau eraill ar fywyd pob dydd. Yn ganolog i'w safbwynt ef yr oedd gwrthodiad o'r genedl-wladwriaeth gyfalafol – yr "YooKay" yn yr achos yma – ac yn hytrach bwyslais ar y ffurfiau o fyw a bod a oedd â'r posibiliadau helaethaf wrth geisio gwthio yn ôl yn erbyn y sustem. Ac yn ei hanfod, brwydr drawswladol oedd hon a allai anwybyddu ffiniau a chanolbwyntio'n hytrach ar herio ffurfiau o ormes a chamwahaniaethu. Galwai Williams ei hun yn "Welsh European" a chyfeiriai at y modd yr oedd rhai mudiadau, ledled

y byd, yn dilyn yr un patrymau o ryddfreiniad a oedd ynghlwm â'r mudiad iaith yng Nghymru. Dyma gysylltiad amlwg gyda'r cyfan, wedi'i wreiddio yn y profiadau penodol. Ac, wrth gwrs, peth digon naturiol oedd hi i'r gŵr yma ymaelodi â Phlaid Cymru.'

Wrth i'r wylan orffen ei geiriau dyma'i gymydog mawr, a oedd yn gwrando arno am unwaith, yn tagu â syndod.

'Cabledd pur, yn awgrymu bod dyn o'r fath bedigri sosialaidd yn gwneud y fath beth.' A chyn i'r llall gael cyfle i ymateb, dyma'r wylan fawr yn dechrau ei boenydio. O fewn eiliadau roedd y ffrwgwd wedi cychwyn, a'r ddau arall yn ychwanegu eu plu, eu traed gweog a'u hadenydd i'r ysgarmes.

Camodd Ceridwen yn ôl. Doedd arni hi ddim eisiau gorfod ceisio creu cymod rhwng yr hen elynion yma, a oedd yn edrych yn dra phrofiadol, os nad cyfforddus, wrth ymosod ar ei gilydd. Mentrodd ymhen ychydig:

'Chi'n gwybod beth, wylanod, sbïwch chi ar yr hyn sydd gyda chi yn gyffredin yn y lle cyntaf. Peth amlwg i mi yw'r ffaith eich bod chi'n cynnig un ffordd o wireddu Ysbryd Morgan yn yr oes fodern; eich bod chi'n cychwyn gyda'r ewyllys rydd, yn ymwybodol o'r cysyniad o'r cyfan mewn gwahanol ffyrdd, a'ch bod chi i gyd yn ystyried bod y posibilrwydd y gall yr ewyllys ymgyrraedd at y cyfan yma'n un gwirioneddol. Eich bod chi bob un yn adrodd un fersiwn o stori sydd am ryddfreinio'r Cymry . . .' Ambell grawc, plu yn hedfan, a'r gwaed yn berwi.

Yn wir, ni sylwodd yr un ohonynt wrth i Ceridwen sleifio i ffwrdd, yn mwmian dan ei gwynt, 'Arswyd; mae gwaith i'w wneud . . .'

4

Ffarwél

Y diwedd, o'r diwedd. Mae'r golled, y boen a'r chwerwder ar fin dod i ben i Gransha. Yn flin ei fod e dal yma, a'i bod hithau wedi mynd hebddo – a'i adael gyda'r ddyletswydd o beidio â rhoi lan ar weddill y teulu. Ac eto, nid dyna oedd y stori gyfan. Nid yw'r byd a dyfodd i fyny ynddi bellach yn bod. Mae hynny wedi bod yn ddigon amlwg yn y cyfnodau hynny o sgwrsio dros y dyddiau diwethaf – pan oedd y clirder yn dychwelyd am gyfnod. Iddo fe, cymdeithas giaidd yw hon bellach, heb ddim i obeithio amdano – dim byd i frwydro yn ei gylch. A ninnau, meddai fe, y lliaws diymadferth, wedi anghofio beth ydyw i gydsefyll, i ddychmygu'r hyn sy' well, ac i weithredu'n hewyllys ni yn y byd. Wedi ein dofi gan fanaliaeth gyfalafiaeth ac yn byw breuddwyd gwrach o brynu a phrynu – er na fyddwn ni fyth yn gallu prynu digon. Mae'r awch yna wedi'i meithrin ynom nes ei bod yr un mor naturiol â'r awch am fwyd – a'n meddyliau wedi'u pydru gan ddanteithion diangen.

Roedd yn falch na fuodd Nain fyw i'n gweld ni'n suddo mor isel, meddai fe. Yn falch na welodd hi wyrdroad o bob dim roedd hi'n sefyll drosto.

A dweud y gwir, dros y cyfnod diwethaf yma, yr unig gyfnodau o fodlondeb yr ydym ni'n dau wedi eu profi yng nghwmni'n gilydd yw'r sgyrsiau yna am Nain. Yn arallfydol, yn pefrio fel seren wib – dyna sut fyddai yn ei disgrifio hi. Buaswn i wedi bod wrth fy modd yn ei hadnabod hi – y ddau ohonynt – yn eu dyddiau cynnar yn y brifysgol. Rygbi, mae'n debyg, a ddaeth â'r bachgen di-Gymraeg o'r cymoedd a'r ferch ffarm o'r canolbarth at ei gilydd, mewn tafarn mewn dinas yn y gogledd. Dau fyd Cymreig yn dod ynghyd, a'r naill yn swyno'r llall.

Gyda'u bywyd newydd yn eu cadw yn y gogledd, fe aeth y teulu adre'n reit ddieithr iddo, meddai Gransha. Nid dim ond y pellter daearyddol, ac nid o reidrwydd yr iaith – a ddysgodd yn ddigon buan – ond y diwylliant a chrefydd yn ogystal. *Irish Catholic, that's what we are, young man. Don't forget it.*

Ond daeth adferiad o fath pan symudodd y ferch – mam, wrth gwrs – i Gaerdydd, yn rhan o'r Gymru newydd. Tripiau cyson, a sawl ymweliad nôl i'r cwm, a oedd yn agoriad llygaid i Nain a Mam, debyg. Byddai Gransha yn gallu rhannu ei blentyndod gyda nhw, a phrofiadau unigryw ei gymuned. Rhannodd ambell un gyda fi hefyd, yn dychwelyd i'w famiaith o bryd i'w gilydd, fel pe na fyddai modd cyfieithu'r cof.

'I remember the excitement, the throng, and squeezing out between my parents legs to see . . . and there he was, a giant of a man and even bigger in real life . . . all smiles and profundity strolling along . . . and later back in the house my mother in a persistent babble recalling it as if it were already a distant memory and family myth. "And you should have seen him, what a wonderful man . . . who would have thought it, Paul Robeson in our town!" He wasn't just a hero because of who he was or what he'd done; he was a hero because he made us realise who we were – our own heroism. For him to be at home with us and to recognise the struggles, think of us as his own. What recognition could be more important? And he didn't differentiate between Irish, English, Italian . . . We were all Welsh to him.

. . . That moment in which you felt yourself part of a whole, and not partial, divided. Sitting there, in the parlour, eight years old, singing with the family and all my aunts and uncles packed in, basking in the warm afterglow of his presence and feeling like I could not be anywhere better on earth. Love, justice, contentment, the world on my side . . .'

Pwy sy'n teimlo felly erbyn hyn, tybed? Gallaf ddeall pam ei fod yn teimlo mai cragen wag o wlad sydd gennym bellach, yng ngoleuni'r atgofion llachar yna. A bod gobaith ein grym newydd yng Nghymru yn gwneud ei siom yn waeth fyth. Cwynai am yr hyn a deimlai oedd yr ailadrodd diddiwedd o'r un hen chwedlau, ond bod y rheiny yn ddisynnwyr erbyn hyn. Eu chwifio o gwmpas fel trugareddau heb nag ystyr na'r ymwybyddiaeth o'r bywyd a chof cyfunol yn sail iddynt.

Ac os cofiai unrhyw beth, o'i atgofion diwedd oes, yna'r rhybudd bydd hwnnw, sef os nad ydym yn fodlon cynnal a chadw ein straeon mewn difri, a chodi drych i ni'n hunain er mwyn craffu ar yr adlewyrchiad, buan iawn y bydd yr adlewyrchiad hwnnw yn pylu nes inni anghofio pwy ydym. Ac os anghofiwn pwy ydym, rydym mewn peryg o gofleidio darlun o obaith sydd yn ffug, a chasineb yn llechu tu cefn iddo, oherwydd nad oes dim byd gwaeth yn y byd yma na wynebu diffyg ystyr.

Roedd gwrthod ffuantrwydd a rhaniadau yn rhan fawr o stori Gransha; stori o Gymru gyfan yn ei ffordd ei hun. Ofnaf nid yn unig ei golli ef, ond colli'r stori honno hefyd.

* * *

Y Barcud

Beth a holud, barcud bedd,
Grogwr, ar gam i'r gwragedd.[1]

'Wyt ti'n iawn, fy mechan i?'

Safai Ceridwen yn llonydd, llonydd, yn syllu i unman. Os clywodd hi'r barcud yn galw, ni fyddai modd i hwnnw wybod. Yna ysgegiad bach o'i phen cyn gostwng ei gên i'w brest.

'Helo . . .?' Galwodd yr aderyn arni eilwaith, a dyma hi'n ymateb y tro hwn, gan godi'i phen a throi tua'r cwestiynydd.
'Mae wedi mynd, o'r diwedd', meddai hi.
'Pwy sydd wedi mynd?', gofynnodd yr aderyn. 'A mynd ble?'

'Gransha. Wedi marw; ei fywyd wedi dod i ben . . . mor od, mewn gwirionedd . . .'

'Od . . .?'

'Wel . . . Gyda phawb – ac yntau, mae'n siŵr – wedi bod yn aros cyhyd, a'r aros wedi bod mor anodd a phoenus, roedd y foment ei hunan mor, mor . . . ddidaro . . . mor chwim. Agor cil ei lygaid, un edrychiad tyner olaf arnom . . . rhyw aflonyddu, ac yna suddo nôl i'r gwely gyda golwg bodlon ar ei wyneb . . . Ar ôl yr holl ffys a ffwdan, roedd yr holl beth . . . wel, mor syml . . . mor naturiol. Yn cael ei ddwyn yn ôl i'r lle y daeth ohono.'

Ennyd arall o syllu i unman, cyn troi ar ei hunion at y barcud, a dechrau eto fel pe na bai'r sgwrs gynt wedi digwydd.

'A thithau, farcud, beth sydd gen ti i'w ddweud?'

'Dim rhyw lawer, a dweud y gwir. Buaswn yn hoff o feddwl efallai nad oes angen rhyw lawer o gyflwyniad arna' i.'

'Pam felly?'

'Wel, a thithau'n aros yr ochr draw i'r bryniau uwchben Nant-yr-Arian, mae'n siŵr dy fod yn rhannol gyfarwydd â fy hanes i . . .'

'Digon gwir. Rwyf wedi dwlu eich gweld chi droeon, degau ohonoch yn chwyrlio yn yr awyr ac yn sgleinio fel efydd yn yr heulwen. Byddai Mam yn esbonio pan oedd hi'n iau, ac yn dychwelyd o dro i dro, y byddai'n lwcus i weld un ohonoch – ac mai'r boncath a welai rhywun fel arfer bryd hynny.'

'O, mae'r boncathod yn dal i fod 'ma, paid ti â phoeni Ceridwen, ond rhai pwdr yw y rheiny, yn aros yn eu hunfan tan iddyn nhw fynd i hela, wrth inni hedfan am oriau yn chwilota am y sborion. Ac oedd, roedd hi'n fain iawn arno' ni am flynyddoedd maith.'

'Ie . . . stori drist.'

'Ydy, efallai, ar un wedd. Ond rwy'n ei gweld hi fel un sydd â diweddglo hapus iawn. Yn wir, stori ynghylch yr hyn sy'n bosib o newid syniadau, a chreu newid yn y byd.'

'Syniadau? Sut mae syniadau yn rhan o dy stori di?'

'Pob dim Ceridwen, pob dim. Credoau cyfeiliornus amdana i oedd yn y gyfrifol am y ffaith imi ddod o fewn trwch blewyn i ddifodiant.

Ymysg y gwehilion oeddwn i, heb statws na pharch, a hynny'n ganfyddiad a âi nôl dros ganrifoedd lawer. Pobl yn f'ystyried yn frwnt, yn anwaraidd, yn ddichellgar, ac, yn wir, erbyn gwawr yr oes fodern roeddwn i wedi fy nedfrydu i gael fy nifa fel pla. Dim ond yn y pellafion a'r tir anghysbell y llwyddon ni i ymochel ynddyn nhw – bodolaeth frau ac ansicr, dan warchae, a'n rhai bach yn cael eu dwyn oddi arnom. Ambell un wedyn yn gweld y rhagfarn a'r ddedfryd dywyll am yr hyn yr oedd, ac yn sylweddoli ein gwerth, ein hurddas a'n prydferthwch. Nifer bach ond triw o Gymry a oedd yn ein gwarchod a'n hamddiffyn ac yn gweithio'n galed dros flynyddoedd i sicrhau ein dyfodol, ac ambell i Sais dylanwadol a blaengar a oedd yn fodlon gwrthwynebu'r llid. Ymdrechu yn wyneb pob anhawster, ymladd yn erbyn rhagfarn – a gwrthwynebwyr amhenodol ond hollbresennol.

Ac wrth gwrs, a'r noson ar ei duaf cyn dyfod y wawr, fe ddaeth tro ar fyd, a'r bobl yn dod i'w coed. Cydnabyddiaeth bod y casineb yn ddi-sail, bod y bygythiad yn un ffug, a gwerthfawrogiad unwaith eto o'r hyn yr ydym. Ac unwaith y daeth syniadau a chredoau newydd, unwaith yr ystyrid yr hyn oeddem mewn ffordd wahanol, roedd modd inni ffynnu unwaith eto. Ailddehongli, ail-greu, adfywio.'

Tawelwch. Llonyddwch. Ac yntau'n fodlon bod y ferch wedi deall ergyd y stori, dechreuodd ar hanes arall.

'Rwyt ti'n gweld, Ceridwen, y modd y mae'r hyn rydych yn ei gredu, yr hyn rydych yn rhoi gwerth arno, yn dyngedfennol. Ac yn y byd sydd ohoni, y gallu i greu stori sydd yn ailddychmygu'r hyn sy'n werthfawr, ac yn cynnig ystyr o'r newydd – dyna yw'r gobaith mwyaf sydd gennych. Mor drwm y mae'r mwyafrif dan ddylanwad y farchnad, mor drwyadl y maent wedi'u cyflyru gan weithgaredd cyfalafol, y maent yn ddall i'r posibiliad o weld y byd fel arall. Felly, cyn hyd yn oed adnabod yr hyn sydd ei angen, i weithredu fel arall, mae angen cymell pobl i weld tu hwnt i'r amgylchiadau materol sydd wedi creu eu hamodau. O leiaf yn amser Marx roedd amgylchiadau economaidd yn gosod y rhai o'r un buddiannau gyda'i gilydd, gan gynnig cyfle i greu ymwybyddiaeth ddosbarth gweithiol. Nawr bod y gymdeithas ar ddisberod, y mae angen naid y dychymyg er mwyn sbarduno cydsefyll a gwrthdroad.

Pwy ydych chi? Dyna'r cwestiwn cyntaf ichi yng Nghymru. Oherwydd heb ateb i'r cwestiwn hynny nid oes obaith o wybod i ble'r ewch chi, a'r hyn y dylech fel Cymry fod yn dyheu amdano, ac yn ôl pa werthoedd y dylech chi fyw eich bywydau fel dinasyddion. Does neb bellach yn mentro ateb y cwestiwn o'r hyn yw dinesydd Cymreig, *go iawn*. Fel pe bai'r ateb yn rhwym o bechu rhywun.

Wyddoch chi pam, wrth gwrs. Oherwydd i'ch cyndeidiau – a dynion oedd y rhan fwyaf ohonyn nhw, wrth gwrs – geisio mynnu bod yna ryw ffurf ar Gymreictod Platonaidd a oedd yn hanfodol ac yn negyddu'r ffurf arall. Yn y bôn, y Cymry Cymraeg neu Gymry'r cymoedd – a neb arall yn eu plith. Pawb arall yn Brydeinllyd, neu'n amherthnasol, heb gofio, wrth gwrs, mai o'r Pandy neu o Wrecsam neu o Lanilltud Fawr neu Tiger Bay, neu o le bynnag wyt ti am ei enwi, y mae rhai o'ch goreuon wedi dod.

A heb gofio bod rhan helaeth o Gymry'r cymoedd wedi bod yr un fath a'r Cymry Cymraeg am ddegawdau, eu bod wedi'u hadeiladu ar gefn mewnfudwyr o'r "Fro", a bod gweddillion y Gymru hon yn dal i fod tua'r gorllewin. A heb gydnabod bod y Cymreictod dosbarth gweithiol yn bodoli mewn mannau eraill ar ffurfiau trwyadl Cymraeg – a'r gogledd-orllewin yn ddrychddelwedd o'r de-ddwyrain. A heb feddwl am eiliad efallai y byddai'n brafiach ac yn fwy synhwyrol ac iach i ddechrau o'r man cychwyn eich bod chi *oll* yn wahanol ac yn unigryw – a bod Cymru, fel y mynnwyd gynt, yn gymuned o gymunedau.

Y bobl fwyaf plwyfol yn y byd yn anghofio eu bod nhw'n blwyfol wrth geisio'u disgrifio eu hunain, er mwyn gwthio hanner y wlad i'r neilltu!

Ie, beth am ddechrau gyda'ch gwahanrwydd, a cheisio gweu stori i'ch hunain sydd o'r cychwyn yn pontio'r amrywiaeth? Amlddiwyllianneedd, nid mewn potyn tawdd, ond y bowlen salad lle mae'r cynhwysion – eich diwylliannau niferus – yn cynnal eu cyfanrwydd, mewn llestr arbennig eich dinasyddiaeth, wedi'i gyfansoddi gan nid un, ond dwy iaith.[2] Caea' dy lygaid, a dychmyga'r

Gymru hon, pob tro y clywi di Kizzy'n canu.³ Ond rhaid iddi fodoli mewn cymaint mwy o ffurfiau na'r celfyddydol. Cyn lleied y gwêl rhai ohonoch eich tebyg yn eich sefydliadau, eich hanes a llên, a'r trafod beunyddiol am faterion cyfoes. Pwy sy'n siarad drosoch chi?

Byddai modd adrodd stori yn y lle cyntaf gyda'r hyn sy'n wir am y rhelyw sy'n byw mewn cymunedau Cymreig; eich bod chi'n unedig yn eich angen i ddianc, os ydych am gynnal ysbryd y cymunedau hynny. Dianc rhag y gyfalafiaeth hwyr sydd wedi troi o fod yn sustem economaidd i fod yn ffordd o fyw, os nad yn ffydd– "cysyniadaeth o'r da" â'r farchnad yn Dduwdod, sydd yn rheibio diwylliannau, ac sydd yn prysur ddinistrio ffyrdd o fyw, cymunedau ac amgylchfydoedd ledled y byd. Gydag atgof o'r grefydd a'r byd moesol a'u creodd yn pylu o'r cof cyfunol, wrth i'r cenedlaethau fyned heibio, nid yw'r dychymyg cymdeithasol yn derbyn dim – o ran maeth na sylwedd – i herio banaliaeth y gyfundrefn elw. A'ch gwleidyddion, wrth gwrs, gymaint ohonynt (ac ie, efallai rhai fwy nag eraill), yn euog o wneud dim i ddwyn sylw at y gwacter a'r dinistr, a gormod ohonynt yn eu gyrru ymlaen gyda'u hymrwymiad dienaid i'r drefn sydd ohoni.

Ond mae angen mwy na hyn, onid oes? Mae modd ichi gydsefyll yn eich dioddefaint a chaniatáu i'r dicter a'r chwerwder eich dwyn ynghyd. Ond y mae angen arnoch fwy na'r nod o ddianc gyda'ch gilydd. Dianc felly o'r tir diffaith, ond sut beth yw eich Ynys Afallon?

Y mae angen cyd-weu'r concrit a'r ysbrydol. Rhaid wrth hun-aniaeth genedlaethol y mae iddi enaid. Stori sydd yn cynnig ymateb i'r gwacter ac sy'n awgrymu ystyr a gwerthoedd a all gynrychioli sail am fodd o fyw. Stori sydd yn ddigon sylweddol i'ch cysylltu, er mwyn ichi weld yr hunan yn eich gilydd, ond stori hefyd nad oes iddi gyfyngiadau sydd yn gosod rhai ar y tu allan a rhai ar y tu mewn.

Y mae angen gweithred ysbrydoledig arall o hunangreu, chwedl y chwedlonol – efelychu cenedlaethau cynt gyda'r gwaith angen-rheidiol a chreadigol o ail-greu eich hunain, er mwyn ymaddasu i'r byd sydd ohoni a chaniatáu bywyd i chi'ch hunan i barhau, cyn y bydd hi'n rhy hwyr. Oherwydd os collwch chi eich hunain eto, fel y gwnaethpwyd dros y blynyddoedd diwethaf yma, pwy a ŵyr a ddaw'r ysbryd yn ei ôl.

Nid y lach, na'r gwn, na'r pastwn fydd yn dinistrio Cymru, ond yr union rymoedd yna sydd wedi ymddangos mor ddinod a diddim. Dyma'r grymoedd nad ydynt yn gofyn am ymateb, a dyna'u hunion lwyddiant. Nid yw'r ormes yn un sy'n pwyso, nid yw'r rhyfel yn un gwaedlyd. Meddalu'r meddwl, pwysleisio'r prynu, disodli'r blaenoriaethau gynt heb dynnu sylw at hynny. A heb arwydd pendant na lleoliad amlwg sy'n cynnig ei hunan fel yr union bwynt lle gellir gwthio yn ôl, ni fydd yna wthiad – fel hen fwli slei sy'n cadw'r gwawdio'n gudd. Ond os na ddaw'r gwthiad yn ôl cyn bo hir, mi fydd unrhyw wthio a ddaw yn rhy hwyr. Bydd muriau eich hunaniaethau wedi eu meddalu'n ddim. Ond chi yw'r Cymry. Mae gennych bob stori sydd angen dan yr haul. Ac mae gennych y cof o ewyllysio eich hunain nôl i fodolaeth pan oedd hi fel petai wedi canu arnoch chi. Ail-greu eich hunain mewn ymateb i bob her. Ac mae'r posibiliadau nawr yn ddihysbydd. Chi yw'r unig bobl sy'n sefyll rhyngoch chi a'r gallu i sicrhau hunanreolaeth a gafael yn eich tynged.

Ond yn yr eiliad dyngedfennol yna yn eich hanes, na fyddai'r mwyafrif wedi rhagweld y byddai'n bosib, mae'n ymddangos eich bod chi'n barod i daflu'r ewyllys hynny sydd wedi gwarchod yr ysbryd a'i gadw'n gyfan o'r neilltu.

Ac eto, efallai fod yna esboniad syml i hynny: yr ewyllys i barhau yw hwnnw, ysbryd amddiffynnol yn ei hanfod yn ymdrechu yn erbyn ffawd. Collwyd golwg ar yr angen i ddychmygu ac ewyllysio gwynfyd yr addewid yn sgil dyfodiad mesur o ymreolaeth, a'r gwarant ymddangosiadol o barhad a ddaw gyda hynny. Mae angen ichi atgoffa eich hunain eto o ehangder a mawredd yr ewyllys a'r posibilrwydd am drawsnewidiad. Gwneud yr Amhosibl. Y Chwyldro Hir. Yn Lle'r Ofn. Yr Efengyl Gymdeithasol. Dinas-yddiaeth Bur. Yr Heddwch Tragwyddol. Harmoni Newydd. Yr Henddyn i'r Dyn Newydd. Dadwneud y Pechod Gwreiddiol. Mae Cymru hunanddibynnol, flaengar a goddefgar yn ymddangos yn nod digon cyson yng nghysgod yr uchelgais hanesyddol yma.

Ond os trafodwch chi'r alegori mewn ffurfiau gwleidyddol yn unig, ni wna hynny'r un gymwynas i chi yn y sefyllfa rydych yn ei dioddef. Oherwydd gwacter eich bywyd bob dydd, lawn cymaint â'r llesgedd â gwacter gwleidyddol, sydd yn eich poeni. Yn wir mae'n rhaid bod y ddau yn gysylltiedig, a dim ond trwy gofleidio'r ysbrydol y gallwch chi obeithio ymateb i'r gwleidyddol yn llawn. Rhaid peidio â chymryd yn ganiataol bod pobl bellach yn gwybod lle maen nhw'n sefyll, o ble y maent yn derbyn eu hegwyddorion, a beth yw sail eu gweithredoedd.

Y mae peryg ichi, yn y byd gwyddonol, empeiraidd sydd ohoni, ddod i gredu bod mwy o ddealltwriaeth a gwybodaeth ffeithiol yn y byd yn golygu llai o le i ymdeimlad neu gysylltiad ysbrydol â'r byd. Ond i'r gwrthwyneb. Rhaid ichi, fel cymdeithas, ryfeddu unwaith at y byd; rhaid gwerthfawrogi'r hyn mae gwyddoniaeth wedi'i gynnig o ran deall y bydysawd a pheidio â meddwl bod yr esboniadau hynny yn rheswm dros gredu llai yng ngwyrth y byd. Yn wir, amlygu'r rhyfeddod hynny y mae gwyddoniaeth yn ei wneud.

O ddechrau, felly, gyda chydnabyddiaeth o ddirgelwch a mawredd bodolaeth, byd natur a'r cosmos, ac ymagweddu ato gyda'r barchedigaeth ofynnol, ymdrechwch i ystyried yr undod sylfaenol sy'n sail i bob dim. Tu hwnt i'r rhaniadau sydd yn eich wynebu o ddydd i ddydd ac sy'n rhan annatod o fywyd dynol, cymdeithasol, gwleidyddol, rhaid cadw mewn cof y posibilrwydd o'r cyfannu. Rhaid mentro am yr undod ymarferol all fod yn ddrych i'r gwirionedd sylfaenol.

Undod yn eich amrywiaeth – chwedl Henry Jones – lle y dehonglir pob gwahaniaeth fel agwedd ar y cyfanrwydd. Pob grŵp cymunedol yn ei ystyried ei hunan yn rhan o'r gymuned. Pob cymuned yn ei hystyried ei hunan yn rhan o'r ddinas, neu'r gymdeithas neu'r fro oddi amgylch. Pob dinas neu gymdeithas neu fro yn ei gweld ei hunan yn rhan o'r genedl. Y Cymry wedyn yn ystyried eu hunain nid yn unig yn rhan o'r cymdeithasau hanesyddol sydd wedi rhannu'r talpiau o dir yma a adnabyddir fel Ynysoedd Prydain. Eich bod chi hefyd, wrth gwrs, yn ystyried eich hunan, fel y myn Raymond Williams ac eraill, yn Gymry Ewropeaidd.

Ond ni fydd hynny'n ddigon chwaith. Pan drafododd ef y syniad o le'r Cymry yn y byd, cyfeiriodd Raymond Williams atoch chi hefyd fel rhan o'r frwydr ehangach am gydnabyddiaeth a chydraddoldeb, gyda'r Americanwr du, er enghraifft, yn brwydro am ei hawliau.⁴ Rhaid ichi, yn eich bychanfyd, gofleidio'r cyfan, sydd yn cynnwys dynoliaeth yn ei holl amrywiaeth.

Ac i'r sawl sydd yn dweud nad oes modd meithrin nynïaeth yn enw'r gymdeithas fyd-eang, dywedaf nad oes modd gweithredu bellach heb yr hunaniaeth honno yn wyneb yr argyfwng amgylcheddol. Yn wir, dylech ystyried eich hunain nid yn unig yn rhan o'r "ni" dynol, ond, fel y mae'r ecolegwyr yn awgrymu, eich bod chi'n un rhan o'r cyfan, yn un edefyn arall yng nghlytwaith bywyd.

Ond rhaid cofio yr esgorwyd ar fygythiad yr apocalyps amgylcheddol gan weithredoedd dynol; mae angen, felly, i'r nynïaeth newydd ddatblygu mewn gwrthwynebiad i'r nynïaeth sydd yn mynnu rheibio eich byd naturiol a chefnu ar rannau eraill o'r hil ddynol. Rhaid ichi gysylltu eich hunain gyda'r byd mwyafrifol – y byd hwnnw o bobl sydd yn gwrthwynebu'r ormes a grëwyd trwy ganrifoedd o oruchafiaeth nid yn unig gan y bobloedd ymerodraethol gwyn, ond yr haen lywodraethol fyd-eang sydd wedi datblygu allan o hynny.

Mewn ffaith, dylech chi Gymry fod ar flaen y gad yn meithrin y nynïaeth gyfanfydol, nerthol, gyfiawn hon oherwydd gallwch chi edrych i'r ddau gyfeiriad. Gwelwn yn eich cyflwr o fewn y gyfundrefn Brydeinig eich bod wedi chwarae rhan yn y gorthrwm a'r anghyfiawnder a weinyddwyd trwy ymerodraeth ac yn parhau i elwa arnynt – a rhaid gweithio er mwyn datgymalu'r strwythurau hynny. Ond fe wynebwch chi hefyd yr anghyfiawnder y mae pobloedd yn wynebu ledled y byd wrth iddynt golli eu hieithoedd, eu bychanfydoedd, yn ysglyfaeth i sustem economaidd a chyfundrefn wleidyddol nad yw'n rhoi unrhyw werth ar yr hyn nad yw'n atebol i'r dyhead am elw a chyfoeth ariannol. Mewn ffaith, mae'r ddeuoliaeth yma'n byw oddi fewn i rai ohonoch.

Rhaid cofio, ni theimlwch boen newyn a thlodi enbyd y miliynau sy'n marw'n flynyddol yn ddiangen, ond fe deimlwch chi y newynu sy'n gallu digwydd i ffyrdd o fyw nad ydynt yn rhai gormesol, gwladwriaethol. Rhaid ichi feithrin eto'r ysbryd ymgysylltiol yna sydd wedi tynnu pobloedd orthrymedig at ei gilydd mewn oesoedd a fu. Dyma gysylltodd Robeson â'ch pobl chi; dyma'r ysbryd y mae angen ei atgyfodi er mwyn trechu'r ysbryd hwnnw sydd o'i hanfod yn gofyn am ormesu eraill. Daw rhyddfreiniad trwy gyd-weithrediad, nid cystadleuaeth. Fel dywedwch chi, daw dydd y bydd mawr y rhai bychain.'

* * *

Wrth i'r barcud gymryd saib, myfyriodd Ceridwen ar ei eiriau a cheisio treulio'r ystyr. Wrth ymdrechu i osod y llith yng nghyddestun pob dim arall roedd hi wedi'i ddysgu, dyma hi'n dod yn ymwybodol o bresenoldeb eraill. Ac wrth edrych o gwmpas, dyma hi'n sylweddoli ei bod hi bellach yng nghanol cynulliad o adar. Uwch ei phen roedd y gwylanod eto'n cylchu, mewn rhyw fath o gadoediad dros dro, ac yn edrych lawr arni'n ddisgwylgar – os oes modd i aderyn edrych felly. A thu hwnt, gwelai'r fwyalchen ar gyrion coedwig yn canu ei chân afieithus, yn ceisio mynnu ei sylw. Ac ym mherfedd y coed roedd hi'n sicr iddi gael cip ar y dylluan, yn syllu allan arni'n ddyfal, fel pe bai'n cadw llygad bach arni, ac yn ei hatgoffa hi o'i phresenoldeb. Am ennyd teimla ei hun ar drothwy.

'Beth felly yw eich dyfodol?' Dyma gwestiwn y barcud yn torri ar ei llewyg. 'Ni ddaw ddim trwy geisio gwarchod yr hyn sydd gennych a bodoli mewn cyflwr o geidwadaeth. Ei thraflyncu fydd ffawd Cymru os ceisiwch chi aros yn eich unfan. Dim ond y gorthrymwr all oroesi trwy dderbyn diwygiad graddol yr oesau, yn hytrach na gyrru'r diwygiad hwnnw ymlaen. Newid egnïol, ymdrechgar sydd ei angen arnoch rhag ichi gael eich tagu'n araf deg gan rymoedd rydych yn credu ichi eu dofi.

Diwylliant sydd wedi ceisio gyrru hanes yn ei flaen yw eich diwylliant chi – o'i hanfod deallusol, ac o'i hanfod ymarferol. Oherwydd ni fydd eich cymunedau, na'ch iaith, na'ch ysbryd wedi goroesi trwy geisio rhwystro neu gofleidio hanes yn unig. Rhaid ei hawlio a'i fowldio i bwrpas eich dyfodol chi.'

Edrychodd y Barcud ar Ceridwen am y tro olaf.

'Dy stori di yw hi nawr', meddai, gan godi ar ei adain, ac ym-lwybro'n osgeiddig yn uwch, ac yn uwch, cyn diflannu o'r golwg.

Deallai Ceridwen yn awr pam fod ei Nain, ymysg y llond llaw o lyfrau yn y bocs olaf, wedi gadael iddi ysgrifbin, a llyfr gwag.

Y Negesydd

Fy enw yw Ceridwen Florence Matan. Fe'm ganwyd yn 2000. Y mileniwm newydd, oes newydd.

Fy mam yn un o'r rheiny a heidiodd lawr o'r gogledd i fod yn rhan o'r brifddinas ar ei newydd wedd. Hithau yn ferch i Gymro Gwyddelig o'r cymoedd – Gransha – a merch fferm o'r canolbarth – Nain – a'm henw canol er cof am honno. Tyddyn ei theulu yn parhau'n rhan o'm hetifeddiaeth. Am y tro.

Fy Nhad wedyn o un o hen gymunedau'r dociau, ac yn *Cardiffian* i'r carn. Trydydd mab i ferch o'r cymoedd a llongwr o Somaliland. Tafod chwim a phresenoldeb mawr; llond llaw ar y cae chwarae, mae'n debyg. Ond er gwaetha'r brewl, calon onest a meddwl craff.

Cwrddodd Mam a Dad yn y dre, wedi gêm bêl-droed y tîm cened-laethol. Roedd angen cysur eich cyd-gefnogwyr yn y dyddiau hynny medden nhw! Hithau'n ffan mawr fel gymaint o'r gogs, ac yntau yn un o'r bechgyn lleol niferus gyda breuddwyd o chwarae i'r adar gleision. Cydymdeimlo, chwerthin, a'r berthynas yn cychwyn. Priodas o fewn y flwyddyn.

A minnau? Wel, jyst un ferch arall o'r ddinas yn ceisio ffeindio ei ffordd yn y byd. Cynnyrch perthynas sydd wedi codi ambell ael ers y cychwyn – ond dim hanner cymaint â phriodas Nanna a Bamps. Debyg bod pethau wedi bod yn anodd, yn enwedig ym mlynyddoedd cynnar eu priodas, droad y chwedegau[5] – er iddynt ddweud bod Tiger Bay yn arfer 'amlddiwyllianedd' ymhell cyn i'r byd tu hwnt ddechrau ei ddadansoddi!

Byddai'n braf cael dathlu amryw straeon fy nheulu dan faner Cymreictod, ond mor anodd yw hynny pan nad oes ymgais o ddifri i drafod y syniad hwnnw yn ei hanfod. Mae'r profiadau diweddar yma wedi codi gymaint o gwestiynau . . . a minnau nawr mor ymwybodol o'r diffyg sylw sydd wedi bod i'n straeon amrywiol. Mae'n hela fi i feddwl be ddaw o genedl lle mae syniadau mor sylfaenol â hanes a dinasyddiaeth yn creu gymaint o ben tost. Sut mae creu teyrngarwch i'n sefydliadau a'n Senedd, er enghraifft, heb weu ein hunain a'n hanes o'u cwmpas?

Rwy'n dechrau deall Gransha, a dirnad canlyniad y methiannau fyddai'n ei wylltio; y diffyg sicrwydd yn ni ein hunain mewn cyfnod o straen, yn creu dicter ac ofn – a chasineb yn llenwi'r gwagle; gwelais yr ofn gyda'n nhad.

Yn wyneb yr her o ffeindio'u lle – a'u cynhaliaeth – yn ninas eu mebyd, mae gymaint o'i gymuned ef wedi ymadael i wres a chyfoeth y Dwyrain Canol. Eironi y datgymalu hyn oedd ei dynnu yn ôl i mewn i'r gymuned, a nesáu yn ogystal at ffydd ei gyndeidiau (a chael ei synnu gan amrywiaeth farn o fewn ychydig filltiroedd sgwâr). Ond wedi rhai blynyddoedd o frwydro ac ymdrechu, daeth ei diwedd hi i nhad pan gaewyd y ganolfan gelfyddydau leol – symbol ingol o ddyrysedd a gorthrwm ei gymuned. A minnau'n cyrraedd fy neunaw oed, ildiodd mam a gadael iddo gychwyn ar beth fyddai'r cyntaf o dripiau niferus, mae'n siŵr, yn ôl i Somaliland, i geisio helpu lle bydd pobl yn ei werthfawrogi. Un Cymro arall wedi ei golli trwy ddiffyg gofal, mewn cenedl sy'n colli golwg arni'i hun.

A beth am ein dyfodol, felly? Mae'r dyfodol yn edrych yn hirach i fi nac i'r rhan fwyaf ohonoch chi, debyg. Mae eich byd chi ar y goriwaered. Yn ein gadael ni ar hast.

Gyda lwc, byddaf yn byw tan 2080, ymhell tu hwnt i'r cyfnod pan fydd yr argyfwng amgylcheddol wedi creu dinistr ar raddfa nad oes modd i chi ei ddychmygu. Byd ar dân, a gwleidyddiaeth anghenfilaidd wedi meddiannau'r orsedd yn barhaol, a hynny am eich bod chi wedi bod yn rhy wamal yn wyneb y ffasgaeth newydd a gododd ei phen. A dim Cymru. Nid Cymru fel rydym ni yn ei hadnabod hi. Ysbryd Morgan bellach wedi'i bwrw o'r tir. Ein hiaith, ein cymunedau hanesyddol, ein hanes oll bellach yn drugareddau na fydd yn bodoli dim ond am adloniant, ac fel rhyw gysur cyfforddus mêl-felys i'n diddanu yng ngwacter ein bywydau.

Ond does dim rhaid i bethau fod fel hyn, nac oes? Ond dyma fydd hi oni bai ein bod ni'n ceisio cau'r holltau a gwella'r briwiau.

Mae ein traddodiad yn awgrymu y gall pethau fod fel arall: adfer yr ewyllys i newid y byd, y gallu i'w ddychmygu yn ei gyfanrwydd, y ffydd a'r gred yn y posibilrwydd o'i wireddu. Ailddychmygu ac ail-greu yr ysbryd Cymreig mewn ffordd sy'n ei gosod o fewn y cyfan cyfoes. Cydnabod gormes cyfalafiaeth a'r tir diffaith materol ac ysbrydol y mae wedi gadael ar ei ôl. Rhyddfreinio merched Cymru, a hynny go iawn; gwireddu yr awgrymiadau o gydraddoldeb a pharch sydd yn britho ein hanes a'n chwedloniaeth,[6] ond nad sydd wedi'i adlewyrchu yn y traddodiad rydym wedi'i dderbyn.[7] Dechrau gyda'r byd cyfan a dyrchafu mam natur yn yr holl rydym yn gwneud. Amddiffyn a gwerthfawrogi ein lleiafrifoedd,[8] adnabod ein cynghreiriaid, a gwrthod y gormeswyr. Wrth wraidd hynny oll, y nerth i feddwl, i gredu, ac i weithredu fel arall.

Nid radical mo hyn; rheidrwydd ydyw.

Epilog

Wrth imi ddechrau ysgrifennu'r gyfrol hon, dechreuodd ein byd ddymchwel o ddifri (wrth imi ei adolygu yn ystod tymestl y pandemig, mae'r dymchweliad hwnnw yn prysuro). Daeth yn gynyddol amlwg hyd yn oed i'r optimistiaid mwyaf fod rhywbeth wedi newid, ac na ddaw hen sicrwydd y Deyrnas Gyfunol y'n codwyd ni ynddi yn ôl – tra bod y byd yn ei gyfanrwydd yn parhau ar drywydd i ebargofiant amgylcheddol.

Rhoddwyd llawer o sylw i'r amgylchiadau materol a achosodd i'r difreintiedig frathu yn ôl, gan weiddi 'Mâs', a'r tensiynau gwleidyddol a fuodd yn ffrwtian ers blynyddoedd. Aeth ambell un ymhellach trwy ddehongli Brexit fel symptom o'r *long retreat* o'r Ymerodraeth Brydeinig, ond ychydig iawn a fentrodd ymhellach i esbonio hyn mewn termau ysbrydol.

Ond o ble y daw'r dicter yn wyneb y tlodi cymharol sy'n effeithio ar gynifer erbyn hyn, ac o ble y daw'r casineb yn wyneb colli lle Prydain yn y byd? Fe ddaw nid yn unig o'r amgylchiadau hynny; daw yn ogystal o'r diffyg adnoddau sydd ar gael i bobl allu ymateb mewn ffyrdd cadarnhaol, rhagweithiol ac optimistaidd. Y mae'r diffyg ymatebion yn eu tro yn gysylltiedig â diffyg dealltwriaeth o bwy ydym, a beth yw ein pwrpas bellach. Ar un lefel, methiant gwleidyddol yw hynny: methiant ar y chwith wrth beidio â chreu naratif ryddfreiniol a saernïo gweledigaeth am ddyfodol llewyrchus, tecach (gweledigaeth amgen y mae'r bennod ddiweddaraf hon yn argyfwng parhaus cyfalafiaeth Brydeinig yn cadarnhau'r angen amdani). Daw'r methiant ar y dde trwy greu naratif ryddfreiniol ddieflig sydd yn cynnig atebion i lenwi'r gwacter, ond gan wneud hynny trwy hau casineb ac awydd i sathru ar eraill.

Ar wastad mwy sylfaenol, methiant ysbrydol y gymdeithas gyfalafol, seciwlar yw hyn. Mae'n wir fod caledi yn ein cymdeithas wedi gwaethygu'n enbyd yn wyneb trafferthion y sustem gyfalafol a'r llymder a ffug-orfodwyd yn enw dileu 'dyled y chwith afradlon'. Ond er gwaethaf y gwahaniaethau enbyd mewn cyfoeth nid yw'r dioddef materol ar yr un raddfa â'r tlodi a achosodd y trobwll dieflig y suddodd Ewrop y 1930au iddo. Ond lle'r oedd y lliaws bryd hynny wedi'u hysgogi o fod erioed wedi cael profi bywyd sefydlog, yn achos ein cenhedlaeth ni, mae'r atgasedd yn deillio o freuddwyd a fu o fewn eu gafael ac sydd nawr wedi ei chwalu. Wedi eu dadrithio gan addewid cyfalafiaeth y mae pobl, a chyda'r sylweddoliad nad yw'r moethau materol ar gael i'r mwyafrif, y mae'r geiniog wedi disgyn nad yw'r drefn hon wedi gallu cynnig pwrpas mwy sylfaenol na chronni a threulio adnodd ar ôl adnodd.

Yn achos Cymru roedd gobaith a phwrpas, wedi'u gwreiddio mewn cymunedau grymus, yn bod yn y frwydr gyntaf i ddofi cyfalafiaeth – a'r ysbryd wedi'i danio gan weledigaethau crefyddol neu ddyneiddiol. Colli golwg ar yr agweddau yma rydym wedi gwneud erbyn hyn, a'r bywyd da yn anochel wedi'i ddiffinio'n gynyddol gan y gwerth y mae cyfalafiaeth wedi'i roi ar y materol. Cafnu eneidiau pobl o sylwedd yw canlyniad hyn, wrth inni chwennych yr allanol ac nid y mewnol, ac mewn cyfnodau anodd gwelwn eisiau'r dycnwch i ymateb yn gadarnhaol, a swynion y dde eithafol yn cynnig ymborth afiach i'r ysbryd.

Dechreuais y llyfr â chyfeiriad at y sibolethau hynny y mae'r testun hwn yn ymateb iddyn nhw; wrth grynhoi, amlygaf hanfodion y polemig.

Yr Argyfwng Cymdeithasol: Gwleidyddiaeth Gariadus, y Tu Hwnt i Blaid neu Ryddfrydiaeth

Ai lle gwleidyddion yw llenwi'r gwacter? Nage siŵr; yn wir mae'r union rymoedd y mae angen inni eu herio wedi'u nodweddu gan eu tueddiad i gynnig syniadau 'moesol' i'r unigolyn – rhai sydd yn gosod gwerth ar rai grwpiau yn y gymdeithas wrth ddifreinio eraill. Ac eto, a derbyn bod ymdrechion o'r fath, a chyfalafiaeth ynddo'i hun, yn ffurf ar syniadaeth sydd yn chwistrellu 'moesau' i mewn i wleidyddiaeth, mae angen cynnig llwybrau amgen. Rhaid wrth wleidyddiaeth sydd yn annog moesoldeb ac sydd yn cysylltu gyda'r ysbryd, ond sydd yn gwneud hynny mewn modd adeiladol, ac yn canolbwyntio ar ryddfreiniad i bawb – ac sy'n fwy nag ymgais ar ran y wladwriaeth i weithredu fel isadeiledd diduedd sydd yn trefnu'r economi ac yn ailddosbarthu'r enillion. Rhaid derbyn, efallai, mai apêl agweddau ffasgaidd ar wleidyddiaeth yw'r modd y maent yn troi'r diriaethol yn gyfriniol ac yn rhoi gwedd i'r genedl a'r wladwriaeth sydd yn diwallu'r angen am y sanctaidd a'r cysegredig ym mywydau pobl. Simone Weil yw'r athronydd amlycaf sydd yn adnabod cymhlethdod a dyheadau'r enaid – a'r anghenion croesdynnol y mae ar brydiau yn ceisio'u diwallu. Mae ffasgaeth, yn anad dim, yn rhoi ystyr parod i fywydau pobl, gan ganiatáu iddynt fyw dros rywbeth, brwydro dros rywbeth, a hyd yn oed farw dros rywbeth.

Dyma ddangos ar un wedd bod y cymdeithasegydd Max Weber yn gywir i rybuddio yn erbyn peryglon rhesymoliaethu – y broses lle mae'r ysgogiad traddodiadol, ysbrydol neu grefyddol yn cael ei oddiweddyd gan deyrnasiad rheswm, a bod pwrpas unrhyw weithred yn cael ei gysylltu gyda'r broses a'r canlyniad yn hytrach na'r gwerth gwreiddiol. Yn bennaf oll, wrth gwrs, roedd Weber yn cyfeirio at y ffaith fod arferion cyfalafol yn y lle cyntaf yn weithredoedd wedi'u hysgogi gan angen Calfiniaid i liniaru eu pryderon ynghylch iachawdwriaeth.[1] Tra bo'r pwrpas gwreiddiol o gronni cyfoeth yn ymwneud â chynnig prawf o'u cadwedigaeth, yn y pen draw daeth y cyfoeth ei hun yn ysgogiad i'r gymdeithas ehangach. Erbyn hyn, gwyddom nad yw hyn yn ddigonol at anghenion yr enaid dynol; yn wir, rydym yn byw mewn byd sydd yn tystio i ddinistr y fath 'bwrpas' pan nad yw'r pwrpas hwnnw o fewn gafael y mwyafrif (tenau yn ogystal yw'r dystiolaeth bod y sawl sydd wedi sicrhau eu cadwedigaeth o ran cyfoeth yn fodlon ar eu bywydau).

Pa syndod felly fod rhai yng Nghymru yn trafod yr angen inni ddychwelyd at ein traddodiad crefyddol a cheisio adfer y pwrpas a'r sylwedd. Oblegid heb egwyddorion ac arferion y traddodiad hwnnw, anodd ydyw dychmygu o ble y daw ysgogiad o'r newydd sydd ag apêl i'r cyfrin a'r sanctaidd, sydd yn rhan hanfodol o fywyd person. Amlygodd Habermas y prosesau sydd ynghlwm wrth seciwlareiddio'r gymdeithas, a'r ffaith fod hyn yn gofyn diosg elfennau 'defodol' a 'mythig' y cymdeithasau cynnar a roddodd drefn a phwrpas iddynt; cydnabyddai yn ogystal y peryg i gymdeithas nad yw'n gwneud defnydd o'r 'rhyddfreiniad' y dilyna seciwlariaeth, er lles y lliaws; yn fwy diweddar y mae wedi cydnabod parhad a gwerth safbwyntiau crefyddol i'r gymdeithas sydd ohoni fel gosodiadau sy'n berthnasol i drafod heriau'r dydd.[2] Yn gryno, ymhlyg yn y llyfr hwn y mae'r neges bod angen inni – yn yr oes empeiraidd, hunanymwybodol yma sydd yn astudio'r bod dynol i'r terfyn eithaf – gydnabod pwysigrwydd a gwerth y mythig a'r cyfrin, gan ymestyn yn ôl a deall syniadau'r gorffennol er mwyn ailddychmygu'r chwedlau at bwrpas ein hoes ni.

Daw perygl, wrth gwrs, o roi statws cyfrin, sanctaidd, i'r traddodiad ei hun; nid dyna yw'r neges. Cwympo i'r fagl eto o droi'r diriaethol i mewn i'r hyn nad ydyw fyddai hynny. Pwrpas yr ymgais hwn yn hytrach yw ein hannog i ystyried eto fawredd ein bodolaeth a mawredd y greadigaeth – ac yn hynny o beth ennyn yr hyn a elwir gan Cynog Dafis yn 'barchedigaeth'.[3] Pa beth arall yw hanes y 'glec fawr' ond ymgais fodern, wyddonol, i ddeall y pethau yma; nid yw'r ffaith fod gennym erbyn hyn y damcaniaethau a'r wyddoniaeth i gynnig esboniad mwy 'gwrthrychol' o'r wyrth wreiddiol yn gwarafun inni ddychmygu, myfyrio arno a'i weld fel rhywbeth sanctaidd.

Cryfder yr agwedd hon yw ceisio gosod pwrpas ac ystyr mewn rhywbeth sydd yn ei hanfod heb bwrpas neu ystyr amlwg, ond sydd hytrach ohono'i hunan yn gyfrin a'r tu hwnt i reolaeth dynol ryw. Tra bo traddodiad neu genedl neu wladwriaeth yn bethau y medrwn eu colli, ac a all annog eithafiaeth yn yr ymdrech i'w dathlu neu eu hamddiffyn, anoddach yw tanseilio neu ymosod ar eraill yn enw rhywbeth bydysawdol sydd yn ei hanfod y tu hwnt i'n dirnadaeth. 'Y dirgelwch mawr', yng ngeiriau brodorion yr Amerig.

Rhaid inni felly geisio gwleidyddiaeth a diwylliant nad ydyn nhw'n gosod y gwerth a'r pwrpas eithaf yn y wleidyddiaeth (y genedl, y wladwriaeth) ei hun, ond sydd ar yr un pryd yn ystyriol o'r angen am y cysegredig a'r sanctaidd – gwleidyddiaeth nad yw'n ein cau ni i ffwrdd o ddirgelion mwyaf bywyd ond sydd yn ein galluogi ac yn ein hannog i ymarfer y barchedigaeth a all dreiddio ein hagweddau i bopeth o'n hamgylch.

Y mae yn syniadau J. R. Jones am fychanfyd yr hanfod sydd ei angen – yn yr ystyr ei fod yn cyfleu'r bychanfyd hwnnw fel crynhoad o'r cyfan; bod y genedl – trwy ei gwarchodaeth o'r bobl a'r cydymdreiddiad hanesyddol o iaith a thir sy'n bodoli yn y bobl hynny – yn caniatáu inni amgyffred neu gael gafael ar fersiwn o'r cyfan. Y mae'r cysyniad yma o 'bobl' yn ddigon eang i gario ynddo holl bosibiliadau'r ysbryd, ond gyda'r ffiniau i gynnig angor iddo yn wyneb y tragwyddoldeb y gall meddwl amdano barlysu'r enaid. Ond rhaid gochel rhag caniatáu i'r bychanfyd hwnnw eto gymryd ymlaen y wedd o'r gwerth eithaf. Y mae'r gwerth hwnnw y tu hwnt i'r bobl a'r genedl ddiriaethol, ond gall y bobl a'r genedl gynnig y posibilrwydd o *gyfryngu* rhwng y bobl a'r cyfan anhraethol.

Dyma ofyn inni felly, yn ein hymdrechion i fawrygu'r genedl, droedio llwybr cyfyng rhwng gosod gwerth digonol ynddi er mwyn pwysleisio ei chyfraniad i'r cyflwr dynol, ac ar yr un pryd sicrhau nad ydym yn ei dyrchafu i'r hyn sy'n gyfriniol. Heb os, fel pobl, rydym wedi bod yn rhy gyndyn o lawer i amlygu'r hyn sydd yn arbennig ac yn werthfawr a dyrchafedig yn ein hanes fel cenedl. Nid ydym yn mawrhau ein hunan yn agos at ddigon, heb sôn am ddeall ein hunain. Mae angen arnom *hanesion go iawn*, sydd yn syllu i'n gorffennol er mwyn adnabod ein gwirioneddau a'u gweu i mewn i adroddiannau sydd yn cynnig gwerth a balchder a phwrpas. Nid haerllugrwydd neu ymffrost yw hyn, ond gwneud yr hyn sydd ei angen arnom bob un wrth geisio wynebu heriau ein bodolaeth a chynnig sadrwydd, bodlonrwydd a nerth i ni'n hunain. Dehongli ein gorffennol mewn modd cydymdeimladol, adnabod ein cymeriad, edrych am rinwedd yn ein hymdrechion cyfunol, ac, wrth gwrs, feirniadu'r hyn sy'n deilwng o feirniadaeth. Ni all y genedl gynnig y cyfan inni, ond mi all ganiatáu inni osod ein hunan o fewn cyd-destun, o fewn stori ehangach sydd yn cynnig pwrpas yn ein bywyd beunyddiol ac sydd yn cynnig yr agweddau sylfaenol yna o fywyd y mae eu hangen arnom i ym-gyrraedd at yr hyn a all sicrhau bodlondeb gwirioneddol. Nid yr ateb i heriau a dirgelion bywyd, ond sail a all gynnig y medrau inni geisio dod o hyd iddo.

Nid awgrym newydd mo hwn, wrth gwrs. Ond pan oedd Mill yn pwysleisio'r angen am hanes cenedlaethol, gwnaeth hynny gyda golwg ar greu'r cydymdeimlad angenrheidiol i gadw gwlad-wriaeth fel Prydain ynghyd. Angen y wladwriaeth rydym, yn ôl lleisyddion fel Mill, oherwydd yr hyn y gall sefydliad o'r fath ei weithredu er lles y mwyafrif, gan helaethu hapusrwydd i'r nifer fwyaf posibl. Ond ni all y gymysgfa yna o bobl gael ei sefydlu a pharhau ar sail egwan, heb elfennau o sylwedd i'w glynu at ei gilydd. Hanes cenedlaethol o fath arall rwyf i'n sôn amdani, hanes moesegol sydd yn dyrchafu'r hyn a ystyriwn yn werthfawr ac yn deilwng ohonom ac sydd yn beirniadu'r agweddau hynny nad ydyn nhw'n dderbyniol yng ngoleuni'r hyn rydym yn ceisio ei sefydlu.

Fel y nodwyd yn y rhagair, dyma'r hyn a elwir gan Habermas yn ddisgŵrs gwleidyddol moesegol: trafodaeth er mwyn gofyn pwy ydym. Beth yw ein pwrpas? Beth yw'r hyn sydd yn dda inni? Ceir sylwedd moesol i'r disgŵrs, sydd yn sbarduno'r ysbrydol, ond nid oes i'r disgŵrs hwnnw gynnwys sydd yn mynnu un cysyniad penodol o'r bywyd da. Dyma'r math o adroddiant sydd yn angenrheidiol o safbwynt dodrefnu cysyniadau megis dinasydd-iaeth â sylwedd sydd yn benodol yn hytrach na chyfanfydol, neu sefydlu cyfansoddiad gwlad.

Ond yn wahanol i awgrym Habermas, mae'r dasg o lunio disgŵrs yn gofyn yn ogystal am wleidyddiaeth sydd yn gwrthod y gwahan-iad rhyddfrydol a geir yn syniadau Habermas, Rawls ac eraill rhwng yr iawn a'r da. Mae'n bosib mewn trafodaeth athronyddol, ddamcaniaethol i wahaniaethu rhwng yr iawn a'r da, gan ddangos bod iawnderau sylfaenol, cyfanfydol yn adnabyddadwy waeth beth yw'r cyd-destun. Fodd bynnag, heb gymdeithas sydd â syniad byw, cyfredol a grymus o'r hyn yw'r da, yn ymarferol mae'r iawn yn cael ei golli ym mheryglon adroddiannau proffwydi gwae. Os ydym am sicrhau nad ydym ni'n cwympo i fagl ymffrost neu gynddaredd gwahaniaeth, gan barchu'r iawn ymhob achos, rhaid

inni hefyd sicrhau golwg i'r tu hwnt yn y da rydym yn ei ddych-
mygu, a chynnwys oddi mewn i'r adroddiant ymagwedd foesol
at yr arall, pwy bynnag y bo.

Athroniaeth Gymraeg, Meddwl Cymreig

Ai lle'r athronydd yw bwrw ati i greu'r disgŵrs gwleidyddol
moesegol yma? Onid sgwrs i'r gyhoeddfa yw hon, lle y gall pobl
o bob cefndir gyfrannu at y broses o adeiladu adroddiant sylfaenol
i'r genedl? Wel, ie, siŵr, pe byddem ni fel cenedl mewn sefyllfa i
wneud hynny. Ond dyma union broblem y Cymry; does braidd
neb wedi mynd ati (ac eithro Emyr Humphreys yn y *Taliesin
Tradition*) i gynnig stori gyfannol o'r fath – yn rhannol oherwydd
natur ranedig ein cymdeithas. Y mae rhai wedi ysgrifennu am
hanes y de glofaol a hanes Cymru o safbwynt y Blaid Lafur. Eraill
wedyn a oedd yn ystyried hanes go iawn y genedl yn un sydd i
bob pwrpas yn gwthio i'r cyrion y ganrif a hanner ddiwethaf a
welodd gynnydd diwylliant Saesneg ei hiaith. Eraill yn ysgrifennu
wedyn am sut yr aeth pethau o'i le, a chloddio'r gorffennol am y
camgymeriadau sydd yn parhau i'n diffinio ni hyd heddiw. O
anghenraid y mae eraill wedi canolbwyntio ar gyfnodau penodol,
fel y mae crefft yr hanesydd yn gofyn, ond nid oes sicrwydd ym
mha adroddiant ehangach y mae hanes y cyfnod hwnnw wedi
cael ei osod ynddo. I'r sawl sydd â'r wybodaeth wrth law, mae
personoliaeth yr awdur a'i ddaliadau personol yn cael ei gymryd
yn ganiataol fel y ffrâm y mae'r pwnc penodol hwnnw'n cael ei
ystyried o'i mewn. Gwyddom – neu tybiwn y gwyddom hyn – pa
garfan y mae'r haneswyr yn ei chynrychioli.

Eithriad yw'r ambell ymgais i fynd tu hwnt i hynny; a'r eithriad
amlycaf a mwyaf sylweddol ohonynt i gyd yw Gwyn Alf Williams,
a oedd o reidrwydd yn camu y tu allan yn ei ymlyniad wrth Farcs-
iaeth. Strwythurau a newidiadau seismig dros amser sydd yn ei
ddiddori; trwy gyfrwng ffrâm amgylchiadau materol y Cymry y
mae'n dehongli a deall ein hanes; ac felly dyna pam, yn ei dde-
hongliad ef, ceir hanes pobl sydd wedi cael eu lluchio o un set o
amgylchiadau i'r llall heb golli eu hunan yn gyfan gwbl, ond eu bod

bob tro yn gorfod brwydro yn ôl yn eu herbyn. Cwestiwn i ni'r Cymry heddiw yw: a yw'r gallu yna i frwydro yn parhau ynom?

Ffaith arall sydd yn debyg o fod wedi milwrio yn erbyn adroddiant o'r fath yw diffyg rhan athroniaeth yn ein diwylliant, oherwydd arferion a thechnegau'r pwnc hwnnw sydd yn ei gynnig ei hun i fath benodol o hanes yr ydym wedi bod yn brin ohoni, sef hanes deallusol. Adnabod, esbonio a dadansoddi patrymau o feddwl dros amser a wna'r hanesydd yma, fel rwyf wedi ceisio bwrw ati i'w wneud yn y gyfrol hon; dylid nodi hefyd gymaint yn haws ydyw i'r math yma o hanesydd gynhyrchu adroddiant nodweddiadol, uniongyrchol ac 'unplyg', oherwydd pa mor gyfyngedig yw'r adnoddau. Tra bod hanes cymdeithasol neu hanes ein llên o reidrwydd yn amrywiol gydag enghreifftiau 'annodweddiadol' lu, swyddogaeth haws o lawer yw gwneud yr achos dros 'ddull o feddwl' neu batrymau o feddwl penodol a neilltuol.

A pherygl amlwg â'r math yma o hanes yw'r distewi amlwg o leisiau benywaidd, lleiafrifol oherwydd mae yn bennaf yn dueddol o gyfyngu hanes i destunau a 'sustemau o feddwl', sydd am resymau hanesyddol yn bethau sydd yn debycach o lawer o fod yn eiddo dynion. Cydnabyddaf, er enghraifft, y byddai cyfrif o'r athroniaethau a gyflwynwyd gan y gwylanod na fuasai wedi canolbwyntio ar y meddyliau sustemig amlycaf wedi gallu dwyn i mewn y lleisiau benywaidd amrywiol ymysg y deallusion organig a siapiodd gymaint o'r meddwl modern Cymreig.[4] Mae blaenoriaeth y 'dynion mawr' yn y byd academaidd-ddeallusol yn newid ychydig erbyn ail hanner y ganrif ddiwethaf, ac y mae'r cysyniad Habermasaidd o ddisgŵrs gwleidyddol moesegol, a chysyniad Dotson o athroniaeth fel diwylliant o ymarfer ill dau yn agor y posibiliad o droi at bynciau, traddodiadau a thrafodaethau ehangach wrth saernïo ein disgŵrs syniadaethol cenedlaethol. Wrth edrych at y dyfodol ceir cyfle o'r newydd i elwa o leisiau benywaidd o feysydd crefydd, llên, theatr ac eraill[5] – a chydag ymdrech, athroniaeth yn ogystal, ond rhaid i ni sydd â dylanwad gydnabod y modd rydym mewn peryg o atgynhyrchu'r strwythurau sydd hyd yn hyn wedi llesteirio twf cydradd o fewn y pwnc.

Wrth gyflwyno'r adroddiant sydd yn y llyfr hwn fel un sydd yn nodweddiadol 'Gymreig', rhaid pwysleisio nad honni nad oes yna adroddiannau cwmpasog eraill y gellid dod o hyd iddyn nhw a'u hatgynhyrchu yw byrdwn y llyfr hwn, ond yn hytrach arddangos ac amlygu'r traddodiad radical, blaengar a diwygiadol a gysylltir gyda'r brif ffrwd Gymreig yn ei ffurf fwyaf sylfaenol, eang a hanesyddol. Trwy'r ymdrech hon, wrth gwrs, gwnaed achos dros y syniad mai dyma'r traddodiad deallusol sydd yn fwyaf nodweddiadol o'r meddwl Cymreig, un sydd yn unigryw inni ac sydd yn esbonio inni'n fwy nag unrhyw adroddiant arall y rhagdybiaethau sydd yn trwytho cymaint o'r syniadau a'r disgŵrs sydd yn nodweddu ein cymdeithas.

Ymhellach, ymhlyg yn y ddadl y mae'r awgrym bod y syniadau a'r disgŵrs yma bellach mewn peryg o golli eu cyswllt â'r strwythurau syniadaethol sydd wedi'u hangori a rhoi sylwedd iddynt dros y canrifoedd. Rhaid eu hystyried o'r newydd, felly, a'u hailbwrpasu ar gyfer y byd ôl-fodern, rhag i'r geiriau golli eu synnwyr a'u sylwedd, a'u bod yn troi'n greiriau neu gregyn gweigion – tlysau a aiff yn gynyddol fregus ac a fydd, yn y pen draw, yn chwalu dan unrhyw straen os nad oes sylwedd i'w bywhau. Nid dadl mo hon, chwaith, dros hanfodaeth. Gall y meddwl Cymreig gynnwys traddodiadau, syniadau a straeon dirif, ac, yn wir, mae'n siŵr ei fod, a phwrpas fy ngwaith i raddau yw ysgogi heriau ac ymgais i ddangos y meddwl hwnnw yn ei amryw ffurfiau – ond eto, buaswn yn barod bob amser i ymateb trwy geisio dangos yn achos sawl adroddiant amgen eu bod, mewn gwirionedd, yn cyd-eistedd yn esmwyth â'r strwythur syniadol a amlygir fan hyn.

O edrych ar y syniad hwn o safbwynt ehangach, 'lleyg' os mynnwch chi, gallwn gymeriadu'r hyn sydd yn y fantol wrth gyfeirio at draddodiadau deallusol ein cymdogion, a'r 'Meddwl Prydeinig'. Yn y lle cyntaf, gallwn gymharu'r hyn a gwmpesir yn 'Ysbryd Morgan' â'r traddodiad empeiraidd Eingl-Sgotaidd. (Dywedaf 'Sgotaidd' fan hyn yn hytrach nag 'Albanaidd', gan fod y traddodiad hwn, a gysylltir mor agos â David Hume, yn un sy'n gysylltiedig nid â'r byd Gaeleg yn yr Alban ond yn hytrach y diwylliant grymus a ddatblygodd trwy uno'r Alban a Lloegr yn oes y Stiwartiaid ac a ddaeth i benllanw gyda'r Ymoleuad Albanaidd a ffigyrau megis Hume ac Adam Smith – *elective affinity* rhwng dau draddodiad a oedd yn seiliedig, ymddengys, ar y ffaith fod Sgoteg a Saesneg yn ieithoedd o'r un tarddiad Almaeneg.)

Y mae'r syniad yma o'r meddwl empeiraidd yn un sydd wedi diffinio agweddau tuag at Brydeinwyr, a Saeson yn enwedig, mewn modd sydd yn mynd ymhell y tu hwnt i'r egwyddorion gwaelodol athronyddol – sef bod pob gwybodaeth yn deillio o'n synhwyrau, heb unrhyw gyfrwng meddyliol mewnol (fel yr oedd y traddodiad cyfandirol rhesymegol yn mynnu). Mae'r agweddau amrywiol sydd yn deillio o'r dechreubwynt yma i'w gweld (neu o leiaf rydym yn rhagdybio eu bod yn gysylltiedig ag empeiriaeth ar ryw lefel) ym materoliaeth y diwylliant Seisnig-Brydeinig, ei sgeptigrwydd ynghylch materion yr enaid a'r ysbryd, a'r wedd ymarferol, led wyddonol, iwtalitaraidd sydd yn cael ei chysylltu â'r traddodiad (cyn enbydrwydd Brexit, o leiaf – pwy a ŵyr, efallai fod yr ymwrthodiad ag arbenigwyr a'r lloerigrwydd cysylltiedig yn symptom o wrthryfel yn erbyn y traddodiad sychlyd hwn).

Traddodiad arall sydd yn nodweddiadol o'r hyn y gall rhywun ei alw'n 'feddwl Seisnig' yw'r un ceidwadol a gysylltir yn anad dim gyda'r Gwyddel Edmund Burke. Ceir elfennau o debygrwydd gyda'r traddodiad empeiraidd yn yr ystyr bod yr agwedd yma'n un ymarferol, ag elfen o sgeptigrwydd yn perthyn iddo, yn arbennig yn wyneb yr hyn a ystyrir yn dueddiadau haniaethol, gorddelfrydgar yr Ymoleuad. Traddodiad yw hwn sydd wedi gwreiddio mewn parch at ein cyndeidiau a chorff organig y gymdeithas wleidyddol a gafodd ei ffurfio ar draws yr oesoedd, ac felly'n groes i empeiriaeth Hume (ac yn debyg i raddau i'r athroniaeth 'synnwyr cyffredin' a ddatblygodd yn yr Alban), nid sgeptigaeth gyffredinol sy'n ei nodweddu ond yn hytrach sgeptigaeth at y sawl sydd yn pwysleisio diffygion y drefn gyfredol ar sail delfryd nad yw'n bodoli ond yn y meddwl yn unig. Rhaid gweithredu o fewn y rhigolau a'r traddodiadau rydym wedi'u hetifeddu, ac yn unol â'r traddodiad Aristotelaidd, i dderbyn dilysrwydd yr hyn rydym wedi'i etifeddu a'r wybodaeth sydd gennym o'r byd. At ei gilydd, dyma wrthodiad o'r math o feddwl delfrydgar y mae modd ei olrhain yn ôl i Platon a'r math o weledigaeth gymdeithasol a gyflwynir gan athronydd fel Rousseau, a dymuniad hwnnw i weld cytundeb cymdeithasol o'r newydd a fyddai'n rhyddhau gwir natur ddynol; amlygir y cyferbyniad a'r anghydweld hwn, wrth gwrs, gan ymosodiad Burke ar Richard Price, a gynhwysir yn ei waith adnabyddus, *Reflections on the French Revolution*.

Yn wir, y mae Price yn ffigwr hanfodol yng nghyswllt y drafodaeth hon, oherwydd gwelwn nid yn unig y feirniadaeth ohono gan Burke oherwydd ei weledigaeth wleidyddol radical yn seiliedig ar ddelfrydiaeth Pelagaidd-Blatonaidd (cofier na fyddai Burke chwaith yn derbyn yr awgrym o gynnydd parhaol yn y natur ddynol); gwelwn yn ogystal yn empeiriaeth Hume a Hutcheson a'i debyg wrthodiad o'i resymoliaeth a'i Blatoniaeth, a chred Price yng ngalluoedd rhesymegol, moesol y natur ddynol – a adleisiwyd, mewn gwirionedd, gan feddylwyr y cyfandir megis Kant. Yng ngwaith Price, felly, cawn grynhoad o'r hyn a gredaf sydd yn nodweddiadol o brif ffrwd y traddodiad athronyddol Cymreig. O'i ddiffinio'n benodol, gallwn ddweud bod y traddodiad yn cynrychioli: gwrthrychedd moesol; gwrthodiad o empeiriaeth; cred mewn idealaeth gyda chydnabyddiaeth o ddylanwad y materol; anthropoleg athronyddol sydd yn pwysleisio arwahanrwydd dynol ryw a'i natur resymegol; a hyn oll yn cael ei amgylchynu gan gred yn y sanctaidd, ac yn cael ei ogwyddo tuag at ymagwedd gymdeithasol a gwleidyddol ddiwygiadol, ryddfreiniol wedi'i gwreiddio mewn milflwyddiaeth neu ffurfiau eraill ar iwtopiaeth.

Yn y ddau draddodiad uchod, mor nodweddiadol o'r meddwl Seisnig-Brydeinig, gwelwn wrthodiad o'r traddodiad Cymreig yma. Ar lefel lleyg, y mae'n siŵr y byddai'r agweddau o ddelfrydiaeth, radicaliaeth a'r gred yng ngallu dyrchafedig y natur ddynol yn cael eu gweld fel agweddau syniadaethol sy'n cael eu hamlygu gan y cymeriad a'r tymer Cymreig – pobl benboeth, ramantus, sydd yn colli golwg ar reswm ymarferol, realistig, yn eu gobeithion afresymol am newid cymdeithas, nad oes ynddyn nhw'r agwedd briodol ar gyfer gwladweiniddiaeth. Bu rhaid wrth athrylith Lloyd George ag Aneurin Bevan i wrthsefyll y rhagdybiaethau yma er mwyn diwygio'r wladwriaeth Brydeinig er ei lles ei hun. Wele nawr yr hyn sy'n digwydd pan nad oes lle i'r cymeriad yma i'w fynegi ei hun a gosod ei stamp ar y wladwriaeth Brydeinig.

Os hoffech chi brawf o'r ffaith nad myfyrdodau hapddamcaniaethol yw'r rhain, awgrymaf ichi dreulio ychydig o amser yn darllen gwaith ceidwadwr mwyaf disglair yr ugeinfed ganrif, ac etifedd naturiol Edmund Burke, Michael Oakeshott. Wrth iddo gynnig ei feirniadaeth ddi-flewyn-ar-dafod o fethiannau'r ganrif ddiwethaf, mae'n cysylltu hyn yn anad dim â'r hyn mae'n ei alw yn rhesymoliaeth mewn gwleidyddiaeth. Dyma'n fras y safbwynt bod modd inni ddylanwadu a thrawsnewid y gymdeithas ddynol trwy ddefnydd rheswm yn unig, heb sylw i na chydymdeimlad â gwirioneddau'r gymdeithas honno, sydd wedi'u trwytho mewn hanes a datblygiad ar draws yr oesoedd, sydd, mewn gwirionedd, yn llesteirio unrhyw ymgais i geisio newid yn ôl rhyw lasbrint rhesymegol.

Beth yw'r enw arall sy'n cael ei roi ar yr agwedd hon, dyweder? 'Neo-Belagiaeth', wrth gwrs. A phwy, yn anad dim, yw proffwyd mwyaf yn hanes y Gorllewin o'r hyn mae'n galw neo-Belagiaeth? Wel, neb llai na'r Cymro adnabyddus hwnnw a geisiodd byd o'r newydd, Robert Owen. Yn ddiarwybod, efallai, i Oakeshott, dyma fe'n adnabod a chymeriadu'r union ddraddodiad y mae'r llyfr hwn yn ei amlygu. Y mae'r meddwl Cymreig eisoes wedi cael ei amlygu a'i ddychmygu gan eraill, felly, heb roi enw arno; mae'n bryd inni ei feddiannu, a'i ailddychmygu ar ein telerau ni ein hun – er mwyn inni hefyd allu gwneud y beirniadu, y trafod a'r diwygio. Os ydym am drafod ein hanes deallusol ein hun, rhaid inni yn y lle cyntaf adnabod a chreu ein totemau, er mwyn eu tynnu i lawr.

Un nodyn arall sydd ei angen cyn troi at y dyfodol: bydd rhai am ddadlau mai tenau yw'r sail i'r dadleuon yn y llyfr hwn, oblegid y mae ceidwadaeth yn draddodiad sydd hyd yn oed yn fwy tyngedfennol i ddyfodol Cymru, yn benodol os cymerwn ni fod y dyfodol hwnnw ynghlwm wrth oroesiad yr iaith. Ond gwrthod yr honiad yna a wnaf i, oherwydd y mae'r traddodiad 'ceidwadol' hwnnw mewn gwirionedd yn cyd-fynd â'r union ffurf syniadol rwyf wedi'i amlygu fan hyn, ac mewn gwirionedd mae'n cynrychioli'r meddwl hwnnw mewn ffurf fwy pur, hyd yn oed, na'r traddodiad sosialaidd honedig-radical. Cymerwch, er enghraifft, ymdrechion Augusta Hall, yr aelod enwog hwnnw o'r Eglwys Anglicanaidd a greodd ynys o Gymreictod yn Llanover; er gwaethaf ei chefndir cymdeithasol a'i daliadau diwylliannol, canlyniadau ei gweithredu oedd yr enghraifft berffaith o'r meddwl iwtopaidd, a hithau a'i chynghreiriaid yn brwydro yn erbyn yr amgylchiadau gan geisio adfer ac ailennill cyfanrwydd y gymdeithas Gymraeg.[6] Darllenwch chi fyfyrdodau J. R. Jones ar adferiad y Gymraeg; wrth iddo ddychmygu pontio'r hollt rhwng y Cymry Cymraeg a'r Cymry di-Gymraeg, wrth annog y gymdeithas i adfer y Gymraeg, ac wrth amddiffyn y syniad o droi yn ôl at y Gymru Gymraeg, y mae themâu canolog Ysbryd Morgan yn fwy amlwg nag yn ysgrifau'r un athronydd neu feddyliwr arall. Ceisiwn am uniad y cyfan, trwy ymdrech yr ewyllys, er mwyn troi'r tir diffaith unwaith eto yn Ynys Afallon – dyna yw hanfod neges ei ysgrif fwyaf ymarferol-wleidyddol, *A Raid i'r Iaith ein Gwahanu?*

Gwleidyddiaeth Gymreig

Yn wyneb y sefyllfa sydd ohoni, gyda'r sylfeini cymdeithasol a diwinyddol a fu'n cynnal ein gwerthoedd fel cymdeithas ar drai – a gwleidyddiaeth ers tro byd yn esgeuluso'r ysbrydol – hanfod y ddadl yn y fan hyn yw bod rhaid wrth adnewyddu sail ein traddodiad mewn modd hunanymwybodol er mwyn ein grymuso at y dasg. Heb adfywiad, a deall ein rhesymau a'n hysgogiad, bregus fydd ein gweithredoedd heb gyfiawnhad na chyfeiriad cynaliadwy. O'r safbwynt yma, ymestyniad o foeseg yw gwleidyddiaeth, fel y dywed sawl athronydd, Isaiah Berlin yn eu plith – sffêr o weithredu rhwng grwpiau lle mae gofyn myfyrio ar y gwerthoedd a'r egwyddorion sydd yn strwythuro'r ymwneud hwnnw. Tan yn gymharol ddiweddar, difeddwl fyddai'r ymwneud ymysg llawer yng Nghymru oherwydd mi oedd y gwleidyddol yn dilyn yn uniongyrchol o werthoedd ac egwyddorion yr oedd pob agwedd ar fywyd wedi'u trwytho ynddyn nhw. Gyda'r bywyd hwnnw bellach yn dadfeilio, rhaid meddwl o'r newydd wrth i'r Gymru newydd ddechrau amlygu ei hun. Gallwn weithredu yn hunanymwybodol er mwyn mowldio'r ffurfiant yma, neu ganiatáu i rymoedd strwythurol ei mowldio ar ein rhan.

Wrth ailddychmygu ein presennol a'n dyfodol, gallwn ddechrau o nunlle a chreu ar fympwy, neu medrwn geisio gwneud hynny trwy amlygu ac ailgysylltu'n fwriadol â'r ysbryd yna sydd bellach ar ddisberod ond sydd wrth reswm wedi dylanwadu ar ein ffurfiant. Penderfyniad bwriadus, mynegiant o'r ewyllys fydd hwn.

Ond o benderfynu ar yr ail drywydd, yn y llyfr hwn ceir ymgais i fynegi natur yr ysbryd mentrus, ymdrechgar hwnnw sydd i'w weld yn brwydro yn wyneb ffawd drwy gydol ein hanes, a hanes hwnnw'n amlygu ymdeimlad o'r cyfan a'r cyfrin, ac sydd yn ein hannog i geisio'r hyn sydd y tu hwnt i'r amgylchiadau materol o'n cwmpas. Ysbryd, awgrymaf, y mae ei angen arnom yn awr.

Fel sydd wedi cael ei nodi, dyma ffurf o feddwl sydd i'w weld hyd yn oed yn y wleidyddiaeth y byddai rhai yn ei hystyried yn geidwadol. Fe'i gwelwyd hefyd yn y math o ryddfrydiaeth a gydiodd yn oes y mudiad hwnnw; nid y rhyddfrydiaeth glasurol, *laissez-faire* a oedd yn uwchraddio'r unigolyn ac yn mawrygu'r farchnad rydd, ond yn hytrach ffurfiau ar y rhyddfrydiaeth gymdeithasol a oedd yn pwysleisio dibyniaeth yr unigolyn ar ei gymuned, ac a oedd, yn achos Henry Jones o leiaf, yn cysylltu gwleidyddiaeth yn uniongyrchol â'r moesol a'r ysbrydol. Amgyffred yr absoliwt, neu'r cyfan, oedd nod eithaf gwleidyddiaeth. Mynegiant o'r un ysbryd, wrth gwrs, oedd yr heddychiaeth a'r wleidyddiaeth gydwladol a gafodd ei hyrwyddo gan y Cymry, a'r breuddwyd (gwrach, byddai rhai yn ei ddweud) o weithio tuag at dangnefedd byd-eang yn wyneb eithafiaeth dreisgar peiriant rhyfel yr ymerodraeth a lladdfa'r rhyfeloedd byd.

Ond hen hanes yw hyn bellach, wrth gwrs. Beth sydd ei angen yn wyneb heriau'r oes bresennol? Siawns fod yr hen themâu – unoliaeth y cyfan, nerth yr ewyllys, y gobaith o fan gwyn fan draw – oll yn nodweddion y mae eu hangen arnom heddiw? Ymhellach, os ydym yn myfyrio ar yr hen batrwm yma o feddwl mewn perthynas ag un agwedd arbennig ar wleidyddiaeth, gwelwn nodwedd greiddiol arall. Dyma'r berthynas sy'n bod rhwng ideoleg wleidyddol a hanes a amlygir gan y neo-Farcsydd Immanuel Wallerstein.[7] Yn gryno, yn ôl Wallerstein, nodweddir yr ideolegau mawr gan berthynas wahanol â hanes: llesteirio datblygiad hanes yw nod ceidwadaeth, cofleidio hanes yw tuedd rhyddfrydiaeth, tra bo sosialaeth a'i bryd ar wthio hanes yn ei flaen. Mae yna le i drafod, efallai, i ba raddau y mae'n traddodiad ni wedi bod yn un sydd yn eistedd felly'n ddiffwdan o fewn rhigolau sosialaeth, ond o edrych ar ei ymgorfforiad gwleidyddol ar draws y ganrif a hanner diwethaf, gwthio hanes ymlaen yw'r tueddiad wedi bod, oherwydd natur geidwadol yr hyn sydd wedi sefyll yn ei ffordd. Er mai rhyddfrydwr oedd Lloyd George felly mewn enw, yn wyneb ceidwadaeth Tŷ'r Arglwyddi a'r gyfundrefn a heriodd, radical o'r mwyaf oedd ef mewn gwirionedd.

Heddiw, wrth gwrs, yr hyn sydd yn rhyddfrydol bellach yw'r hyn sydd yn cynrychioli'r *status quo* – gweledigaeth ddifywyd y sefydliad sydd wedi cau lawr bob posibilrwydd o wir newid ac sydd mewn peryg o ddod â diwygiad a datblygiad i stop. Pa fudd sydd i hynny mewn gwlad sydd yn wynebu tlodi a difwyniant, a pha fudd sydd i hynny mewn byd sydd yn prysur losgi? A pha werth sydd iddi mewn gwlad sydd, trwy ei deddfwriaeth, wedi creu iwtopia bell?

Rhaid myfyrio ar Ddeddf Llesiant Cenedlaethau'r Dyfodol (Cymru) 2015 am funud, oherwydd yn y darn yma o ddeddfwriaeth – a seiliwyd i raddau helaeth ar farn pobl Cymru yn dilyn proses faith o drafod – gwelwn yr ysbryd cenedligol wedi ei grynhoi. Dyma ddeddfwriaeth sydd yn golygu bod llygaid y byd ar Gymru, yn rhinwedd ei natur drawsnewidiol. Nid cyd-ddigwyddiad mohoni, bod un o'r darnau mwyaf blaengar, chwyldroadol o ddeddfu yn y byd wedi ymddangos yn y wlad hon; dyma ni yn gweithredu yn unol â'n cymeriad a'n tynged.

Dim ond pobl ag obsesiwn â'r dyfodol a'r byd y tu hwnt i'w heinioes eu hunain a fyddai'n creu cyfreithiau ar gyfer pobl nad ydyn nhw eto'n bod. Dilyna'r deddfu yma yn ogystal y patrwm o ddeall a dyheu am unoliaeth y cyfan, oherwydd golygon a gorwelion byd-eang sydd i ddeddf gyda'r rhychwant yma. Ynom trwy ein traddodiad y mae'r weledigaeth a'r consyrn i drawsnewid ein perthynas â byd natur; mentraf awgrymu ymhellach nad mater o'n hiwtopiaeth yn unig yw hyn, ond canlyniad hefyd o natur bychander wlad, lle na fydd yr un trigolyn nepell o fyd natur na chefn gwlad. Sefwch yng nghanol y brifddinas hyd yn oed ac fe welwch fynydd Caerffili; ewch i'r Senedd a sbïwch ar y môr; mae gwerthfawrogiad mai bodau ydym mewn byd sydd yn gartref i gymaint mwy na ni yn rhan annatod ohonom. Hyd yn oed ym merw'r chwyldro diwydiannol ac ysbeilio ein cymoedd, byddai noddfa natur o fewn cyrraedd ar ben y mynydd agosaf.

Daw un o'r heriau mwyaf sydd yn ein hwynebu bellach yn amlwg inni yn y cyfnod sydd ohoni, sef ein perthynas â phobloedd amrywiol y byd, a'n lle ni mewn perthynas â nhw. Ymhyfryda nifer ohonom yn y cysyniad, chwedl Saunders Lewis, Gwynfor Evans a Raymond Williams, ein bod yn Ewropeaid Cymreig, heb gydnabod efallai'r tyndra sydd ymhlyg yn y cysyniad hwnnw. Yn gyntaf oll, os yw Ewropeaeth yn annatod mewn Cymreictod, ble mae hynny'n gadael y Cymry yna sydd a'u gwreiddiau y tu allan i'r traddodiad hwnnw? Anwybydda yn ogystal arwyddocâd Ewrop yng ngolwg gweddill y byd, sef nid gwareiddiad agored, goddefgar, blaengar, ond yn hytrach bobloedd gwyn, milain, gormesol. Yn yr hinsawdd sydd ohoni mae yna agwedd bwysig i'r ymdrech i'n hystyried ein hunain yn wahanol i'r rhai sydd am gefnu ar y byd a throi i mewn arnyn nhw eu hunain, ond amheuaf ai cofleidio Ewrop yn unig yw'r ateb. Rhaid inni gofleidio'r byd.

Ac eto, nid proses hawdd mo hyn, oherwydd ein bod ni eisoes wedi bod yn rhan o'r broses hanesyddol, nid o gofleidio, ond yn hytrach o draflyncu'r byd. Ni yw'r gormeswyr ar un ystyr. Rhaid, wrth reswm, gydnabod sefyllfa benodol y Cymry fel pobl orthrymedig, a greoedd strwythurau lle'r oedd cynnydd a chreu lle yn y byd ynghlwm o anghenraid wrth y genhadaeth imperialaidd, ond rhaid cydnabod hefyd yr arddeliad a'r medr a fuddsoddwyd yn y fenter hon o ddyddiau Elisabeth ymlaen. Mae yna berthynas rhwng y ddau, bid siŵr, yn yr ystyr na allwn gydnabod ein beiau a'n cyfrifoldeb (a'n henillion) hanesyddol heb inni gydnabod yn gyntaf yr hyn a gollwyd gennym a'r hyn a oedd y tu hwnt i'n rheolaeth oherwydd y goncwest wreiddiol.

Ond nid yr hanes na'r gydnabyddiaeth sydd â'r gwerth mwyaf; deall ein hanes er mwyn ymagweddu'n adeiladol a rhesymol at y byd sydd ohoni yw'r nod. Ac yn y cyswllt hwn, wrth gydnabod ein hunain fel pobl hanesyddol wyn, gallwn heddiw adnabod y seiliau er mwyn dianc rhag y rhigolau hanesyddol yma.

Yn gyntaf peth, nid pobl wynion, uniaith neu ddwyieithog, yn tarddu o'r ynysoedd hyn, ydym ni bellach; *the world came to Tiger Bay*, a mynd yn ogystal i bob cornel o Gymru. Gallwn gysylltu ein hunaniaeth gyda'n diwylliant, ein hiaith, ein tiriogaeth, ond ni allwn mewn unrhyw fodd ei chysylltu â hil a gwaed, a diolch am hynny. Ac o gydnabod bod y byd yn bodoli ynom ni, cawn hefyd roi arweiniad i'r modd yr ydym yn bodoli yn y byd – a rhaid inni yn hynny o beth ddewis ochr. A ydym, yn ein hymdrechion i sefydlu rheolaeth wirioneddol drosom ein hunain, a chreu lle unigryw inni yn y byd, am wneud hynny yn ôl patrymau pobloedd gwyn eraill yn y byd, neu a ydym am ein gosod ein hunan yn y bwlch, a pherthnasu ein hunain yn lle hynny â gweddill y 'byd mwyafrifol' – y byd hwnnw sydd wedi dioddef gormes, ecsploetio a dirywiad araf (neu waedlyd mewn gormod o achosion) eu cynefin a'u bodolaeth dan law'r dyn gwyn? Ein tynged ni yw sefyll yn y bwlch, a'n cenhadaeth yw gwneud hynny'n falch, a gwneud y mwyaf ohoni er lles pawb.

Yr Angen i Gyfannu

Y mae'r cyfuniad o bwysleisio unoliaeth y cyfan (erbyn heddiw yn nhermau disgrifiad ffisegol o'r bydysawd), yr ewyllys ymdrechgar (ar lefel y gymdeithas) a'r posibilrwydd o ymgyrraedd at iwtopia yn sylfaen syniadaethol grymus sydd yn annog meddwl mewn ffurfiau nodweddiadol. At ei gilydd, medrir cymeriadu'r meddylfryd sy'n deillio o'r sylfaen hon yn un sydd yn gweithredu tuag at gyfannu. Gwêl y meddwl hwn bosibilrwydd goresgyn y rhaniadau sydd ohoni, ac mae ganddo hefyd y ffydd a'r nerth i fentro.

Yn y Gymru sydd ohoni, gall hyn feddwl sawl peth. Yn y lle cyntaf mae'n awgrymu ymagwedd at ein hanes, ein hieithoedd a'n diwylliannau sydd am leihau'r pwyslais ar y tueddiad arferol i rannu Cymru'n ddwy, neu'n dair neu fwy. Y dre a'r wlad, gogledd a de, y Gymru Gymraeg a *Wales*, y 'tair Cymru', y dinas-ranbarthau, yr hen siroedd, y cynghorau cyfoes – mae yna opsiynau diddiwedd o safbwynt rhannu ein gwlad, ond llawer llai o ymdrech i edrych ar yr hyn sydd yn ein cysylltu.

Ac os am rannu gwlad, dylid gwneud hynny mewn ffordd sydd yn ystyrlon ac sydd yn adlewyrchu profiad bywyd beunyddiol y bobl. Er gwaethaf yr oes ddigidol, y bywyd rhithiol a symudedd unigolion, mewn cymunedau y mae'r mwyafrif helaeth ohonom yn byw, pob un ohonynt wedi'u diffinio gan ei nodweddion neilltuol, a phob un yn tynnu'n groes mewn rhyw ffordd neu'i gilydd i'r ystrydebau sy'n dilyn o'u gosod mewn categorïau ehangach. Y mae'r hen gysyniad o Gymru fel cymuned o gymunedau yn parhau'n berthnasol; yr her yw amlygu'r cysylltiadau rhwng y cymunedau sydd yn ffurfio'r gymuned ehangach.

Y mae hanes a diwylliant yn allweddol i'r broses yna, wrth reswm, ond gellir ffeindio adnoddau eraill. Gall ffurfiau negatif ar adroddiant o'r fath nodi yr hyn sydd yn ein rhwymo ni at ein gilydd o ran heriau'r dydd: mewn sefyllfa o wendid cymharol, trwyddi draw, y mae cymunedau Cymru yn wyneb cyfundrefn neoryddfrydol Brydeinig sydd yn gweithredu er lles y dosbarth uwch a chanolfannau Seisnig (gweler, er enghraifft, y tebygrwydd nodedig rhwng ymateb cymunedau Casnewydd sydd nawr yn faestref i Fryste i'r dôn gron am fewnfudo a genir yn y gorllewin a'r gogledd ers degawdau).

Anoddach, efallai, yw creu adroddiannau cadarnhaol sydd yn ein clymu at ein gilydd ar sail yr hyn sydd yn nodweddiadol ohonom, ond erys y posibiliadau. Chwaraeon yn anad dim, efallai, sydd wedi chwarae'r rôl yma yn oes y cyfryngau modern – a lle mai tîm rygbi'r 1970au yn sail i'r gymuned ddychmygol sydd yn llechu yn ymwybod y to hŷn, erbyn hyn mae'n sicr mai sêr y bêl gron sydd wedi ei sefydlu ei hun yn y meddwl cyfunol Cymreig. I raddau helaeth, nid oes gwell cennad wedi bod dros Gymru unedig na'r tîm buddugoliaethus (oherwydd mae yna fwy o lawer i fuddugoliaeth nag ennill twrnamaint) yr Ewros yn 2016. Tîm wedi'i arwain gan arwr du o ganolbarth Lloegr, gyda sêr o bob cwr o Gymru a nifer o'r tu hwnt i Glawdd Offa, yn cofleidio'r genedl a'i dwy iaith ac yn creu delwedd – gyda chymorth eu cefnogwyr – o bobl agored, falch a bodlon.

Ond ni all unrhyw bobl fodoli ar sail eu campau perfformiadol yn unig. Rhaid wrth seiliau amgenach. Ond ceir awgrym go gryf yn ymagwedd y tîm hwnnw a'r bobl tu ôl iddynt; tîm i Gymru gyfan oedd e, ac fe adlewyrchir hynny yn y modd y bu i'r unigolion cael eu trwytho mewn agweddau o hanes y genedl gan sicrhau elfen o berchnogaeth. O'r pwys mwyaf, hefyd, yw'r ffaith fod chwaraeon yn faes sydd o anghenraid yn gallu rhoi'r rhaniadau traddodiadol o'r neilltu.

Anoddach, wrth reswm, yw ceisio creu adroddiannau cyfannol sydd yn gofyn ymwneud yn uniongyrchol gyda'r tueddiadau hynny. Ymgais, yn wyneb yr her honno, yw cynnwys y llyfr hwn, ymdrech i ddatgelu a deall y ffurfiau o feddwl gwaelodol sydd wedi'u trwytho mewn nifer o'n hamrywiol draddodiadau ac sydd i raddau helaeth wedi'u cwmpasu erbyn hyn yn ein pleidiau gwleidyddol 'blaengar'. Fel y nodwyd, nid yw'r dadansoddi'n ymestyn i bob ffurf ac y mae'r edefyn ceidwadol Prydeinig wedi'i anwybyddu yma. Gwaith rhywun arall yw ceisio amlygu'r traddodiad hwnnw ar ei ffurf Gymreig, ond mewn gwirionedd fy ngreddf yw y dylid ei osod yn ddiamwys o fewn y traddodiad Eingl-Brydeinig sydd â gwreiddiau a thueddiadau nad oes a wnelon nhw braidd ddim yn hanesyddol gyda'n ffurfiau cynhenid – oblegid mynnu traflyncu Cymru a dileu ei helfennau hanfodol y mae'r traddodiad hwn yn y pen draw.

Yr un, wrth gwrs, yw'r cyhuddiad o safbwynt rhai ffurfiau ar sosialaeth, a byrdwn y gwaith yma i raddau helaeth yw dangos bod blaengaredd a radicaliaeth yn nodweddion Cymreig annatod – nid yn unig oherwydd ein hamgylchiadau materol ond oblegid yn ogystal ein patrymau o feddwl hanesyddol – ac y mae gofyn eu cofleidio mewn unrhyw ymgais i wireddu Cymru, tra bo unrhyw ffurf ar sosialaeth sydd am gael gwared ar Gymru yn cychwyn ar sail camsyniad. Ni all y gwireddu yma ddigwydd tra bo'r ddwy blaid wleidyddol Gymreig sydd yn cynrychioli'r traddodiad Cymreig yn eu hystyried eu hunain mor wahanol; o safbwynt syniadaethol a hanesyddol, gwahanol atebion sydd ganddynt i'r cwestiwn am yr hyn sy'n mynd i sicrhau rhyddfreiniad i bobl Gymru. Ond nid mor wahanol â hynny, wrth gwrs, oherwydd mater o raddfa yn hytrach nag egwyddor yw'r gwahaniaethau rhwng ffederaliaeth, cydffederaliaeth ac annibyniaeth. Mae meddwl yn ofalus am ein hanes deallusol yn fodd o'n gwaredu ein hunan o rigolau gosodedig ein gwleidyddion a cheisio undod ar lefel ehangach.

Y mae'r un cytser gwleidyddol wedi bod yn gyfrifol i raddau helaeth am y rhwygiadau sydd yn parhau ynghylch yr iaith, a rhaid wrth barhau â'r gwaith o weithredu tu hwnt i'r rhwygiadau hynny a cheisio cytundeb, oherwydd y dylanwad dwfn y mae degawdau o ffraeo wedi'i gael ar y gymdeithas ehangach. Patrwm niweidiol a ddatblygodd, a welodd y di-Gymraeg yn mabwysiadu agweddau a motiffau hanesyddol y gormeswr, a thrin eu cyd-Gymry fel yr 'arall' anwaraidd. Ymateb rhai o'r Cymry oedd gwadu dilysrwydd y diwylliant Eingl-Gymreig newydd a chwestiynu eu hymgais i hawlio eu Cymreictod. Er bod y tueddiadau hynny wedi diflannu o olwg y gyhoeddfa, parhau y maent o dan y wyneb. Ni ddaw cymod ystyrlon tan i'r di-Gymraeg ddeall, derbyn a gwir dathlu'r berthynas annatod rhwng yr iaith a ffurfiant y genedl maent yn rhan ohoni (chwedl J.R.), ac i'r Cymry Cymraeg amgyffred, cydnabod a hefyd ddathlu Cymreictod di-Gymraeg fel diwylliant cyfoethog a gwerthfawr yn ei hawl ei hun, diwylliant sydd mewn gwirionedd wedi bod gyda ni ar ryw ffurf ers canrifoedd. Er peryglon 'dwyieithrwydd', cysyniad sydd yn cael ei gamddefnyddio er mwyn tanseilio'r Gymraeg, mae'r ffenomenon yn un sydd â hanes hir a sylweddol.

Unwaith eto, yng nghyd-destun ehangach y gwaith yma awgrymir dadl bod yr ysbryd blaengar wedi gwneud mwy o niwed nag o les i'r Gymraeg. Ceir sylwedd i'r honiadau hynny, wrth gwrs, o feddwl am agweddau a goleddir gan John Stuart Mill a'i debyg,[8] ond eto ysbryd blaengar a oedd yn crynhoi safbwynt estron oedd hwnnw a gafodd ei mewnoli gan y Cymry. Dengys y meddyliau mwyaf gwydn a gwreiddiol yn y traddodiad hwnnw – Henry Jones ac Aneurin Bevan yn eu plith – nad yw blaengaredd Cymreig yn golygu cynffonna i'r persbectif allanol ar ein hiaith a diwylliant. Ni all yr un traddodiad hawlio bod yn werthfawr nac ystyrlon os yw'n mynnu'i gwaredu ei hun o'r bychanfyd sydd wedi'i greu. Her y Cymry cyfoes yw trechu'r sinigiaid – nid eu hannog i ddysgu pytiau o'r iaith sydd yn bwysig, ond yn hytrach ei gosod hi yn eu calonnau. Rhaid inni eu hatgoffa ynghylch gwerth hanfodol iaith, ei phwysigrwydd i'n diwylliant, a phwysleisio unwaith eto bod dwyieithrwydd ac amlieithrwydd yn arferol ledled y byd. Ein cysylltu ni â'r byd y mae ein bodolaeth ddeublyg, nid ein dieithrio ni oddi wrtho.

Y mae'r pwynt hwn yn ein harwain ni i ystyried yr agweddau allanol sydd eto'n rhan annatod o'n hadroddiant mewnol – oblegid mae ein hymagwedd at y byd tu hwnt yn fynegiant yr un mor bwerus o'n natur ag yw unrhyw ymagwedd at ein gilydd. Yma, eto, mae'r patrwm o geisio am unoliaeth y cyfan, yr ewyllys ymdrechgar a'r gobaith am iwtopia yn ennyn math arbennig o safbwynt ar y cydwladol, sydd yn herio'r traddodiad dominyddol realaidd sydd yn ystyried y parth hwnnw fel un sydd wedi'i nodweddi gan wrthdaro, cystadleuaeth a phatrwm anochel ailadroddus o drais. Yn hytrach mae'n awgrymu'r posibilrwydd o gymodi ar y gwastad rhyngwladol, a'r gallu ar ran pobloedd i greu sustem sydd yn gallu dianc rhag y cylch dieflig yma a sefydlu cymdeithas gydweithredol fyd-eang. Ond y mae agwedd o'r fath yn gofyn am barch ac ystyriaeth o ddieithriaid pell mewn ffordd sydd hyd yn hyn wedi bod y tu hwnt inni.

Ystyriwch y ffaith, er enghraifft, fod dyrchafiad Cymru yn y byd wedi bod yn seiliedig i raddau helaeth ar ei safle o fewn yr Ymerodraeth Brydeinig a bod ein statws yn parhau hyd heddiw yn un sydd – fel pobloedd eraill y Gorllewin – yn dibynnu ar ryw fath o anfanteision, ecsploetio neu ormesu ar bobloedd eraill. Mae ein ffordd o fyw yn ddibynnol ar farchnad fyd-eang sydd yn tanseilio hawliau, cynefinoedd ac o'r herwydd, ieithoedd ledled y byd. Er mwyn datblygu'r safbwyntiau a'r egwyddorion sydd wedi bod yn rhan annatod o'r mudiad heddwch mewn modd sydd yn gyfoes ac yn ystyrlon, rhaid inni fyfyrio o'r newydd am natur y perthnasoedd yma – a pha foethau y byddem yn fodlon eu haberthu er mwyn bod yn wlad drwyadl gyfiawn.

Ac eto, heb inni feithrin yr agwedd gywir at ein gilydd o fewn ffiniau ein cenedl, nid oes ffordd yn y byd y bydd modd inni berthnasu i weddill y byd yn y modd cywir. Os nad ydym yn fodlon cofleidio'r 'rhyngwladol' o fewn ein cymuned ni, na gwerthfawrogi amrywiaeth, gwahaniaeth a'r cyfoeth a ddaw o bedwar ban byd, fel rhan o'r dyfodol, nid oes dyfodol i berthynas wâr â gweddill y byd. Rhaid bob amser gadw mewn cof y dilechdid rhwng y cyfan a'r rhannol.

Mae yna gyfanrwydd arall, wrth gwrs, tu hwnt i'r gymdeithas ddynol, a hwnnw yw'r amgylchfyd naturiol rydym yn preswylio ynddo, sydd ynddo'i hun yn un mynegiant unigryw ar gosmos ehangach. Gweithredoedd dynol sydd yn gyfrifol am ddifrodi'r amgylchfyd hwnnw, ac eto cynnydd mewn gwyddoniaeth sydd wedi cynnig inni ddealltwriaeth ohono a'r difrod yr ydym yn ei achosi. Rhaid i'r ymagwedd foesol ymestyn i'n cynefin naturiol yn ogystal, a gwneir hyn trwy gydnabod ein lle o fewn iddo. Er gwaethaf y ffaith ein bod ni fel dynoliaeth yn ddyrchafedig yn ein gallu i sefyll y tu allan i natur a'r bydysawd ehangach trwy ein hunanymwybyddiaeth a'n gallu i fyfyrio, ni ddylai hyn ein harwain i anghofio ein bod yn wneuthuredig ohoni ac yn yr ystyr hynny, felly, yn eistedd y tu mewn iddi yn gydradd â phob dim arall. Trwy niweidio ein hamgylchfyd, rydym yn niweidio'r hyn sydd yn ein cynnal, ond, ymhellach, rydym yn niweidio'r hyn sydd yn rhan ohonom. Nid mynnu ydwyf felly fod y gymdeithas ddynol, ei pherthnasau cymdeithasol a'i strwythurau gwneuthuredig yn ffals neu'n gymharol ddiwerth neu'n annilys, a bod angen dychwelyd at ryw gyflwr Heidigeraidd sydd yn gwadu gwerth canrifoedd o ddiwylliant a gwareiddiad. Apêl ydyw yn hytrach i ddefnyddio'r holl adnoddau unigryw yna er mwyn myfyrio ar ein cyflwr neilltuol ac ar wyrth bodolaeth. Bellach, mae'n gwestiwn a yw'r gymdeithas gyfalafol Orllewinol yn gallu gwneud hynny. Yn wir, y mae ymwneud â pharch â phobloedd eraill sydd â phrofiad hanesyddol amgen â natur yn un ateb amlwg, os ydym yn ddigon deallus i osod ein hymffrost i'r neilltu.

I rai ohonom, mae tro bach yng nghefn gwlad, gefn trymedd nos, ac ennyd o syllu ar y sêr, yn ddigon i dorri trwy ingoedd bywyd beunyddiol er mwyn gwerthfawrogi hyfrydwch bodolaeth. Rhaid i bawb ymgeisio am eu ffyrdd eu hunain i ddianc o bryd i'w gilydd rhag cyflyrau'r byd hwn.

Ynghlwm yn y gwerthfawrogiad hwnnw, ymhellach, y mae rhyw ddealltwriaeth o'r hyn a welaf, a'r ddealltwriaeth honno yn ategu'r ymdeimlad o wyrth anhraethol. Deallaf hefyd fod y sylwedd sydd yn sylfaen i'r hyn a welaf a'r hyn a ddychmygaf hefyd yn rhedeg trwof i, yn sylfaen i'm bodolaeth i – ac i greadur sydd yn canfod y byd nid yn unig trwy'r hyn sydd yn faterol, ond yn ogystal yn sgil y ffaith fy mod hefyd yn gallu barnu, a dewis sut i weithredu yn y byd hwnnw, deallaf y sylwedd a'r grym hwn fel yr hyn sydd yn dda. Ni allaf ddeall y wyrth yma mewn unrhyw ffordd arall. Ac o gofio fy hunan am ennyd, fel rhan o'r cyfanrwydd hwn, mae pob rhaniad yn diflannu, pob atgasedd yn myned heibio, ac adnewyddir yr ewyllys i wneud pob dim a fedraf i wneud teilyngdod â rhodd ddiflanedig bywyd.

Nodiadau

1

[1] Owen Jones a William Owen, *Barddoniaeth Dafydd ap Gwilym* (Llundain: H. Baldwin, 1789), CLIX.55–6; gw. hefyd S. Rhiannon Williams, 'Testun beirniadol o gasgliad llawysgrif Mostyn 111 o waith Wiliam Cynwal ynghyd â rhagymadrodd, nodiadau a geirfa', (traethawd MA heb ei gyhoeddi, Prifysgol Aberystwyth, 1965), 54.55–6, a ddyfynnir yn Arthur Howard Williams, 'Adar yng Ngwaith y Cywyddwyr' (traethawd PhD heb ei gyhoeddi, Prifysgol Aberystwyth, 2014), 320.

[2] Yma ceir safbwynt ar ei bwnc nad yw'n amherthnasol i uchelgais y testun hwn: 'mae athroniaeth yn paentio ei llwyd ar lwyd; mae un math o fywyd wedi heneiddio, a chyda'r llwyd ni ellir ei adnewyddu, dim ond ei wneud yn hysbys. Mae tylluan Minerfa yn hedfan ymaith, dim ond pan fydd cysgodion y gwyll yn casglu.' G. W. F. Hegel, *Elements of the Philosophy of Right*, gol. A. Wood, cyf. H. B. Nisbet (Cambridge: Cambridge University Press, 1991), t. 9. Fy nghyfieithiad i i'r Gymraeg.

[3] Walford Gealy, 'Athroniaeth Crefydd yn yr ugeinfed ganrif a chyfraniad D. Z. Phillips iddi', yn Gwynn E. Matthews (gol.), *Cred, Llên a Diwylliant: Cyfrol Deyrnged Dewi Z. Phillips* (Talybont: Y Lolfa, 2013), t. 37.

[4] Walford Gealy, 'Wittgenstein', yn John Daniel a Walford Gealy (goln), *Hanes Athroniaeth y Gorllewin* (Caerdydd: Gwasg Prifysgol Cymru, 2009), t. 669.

[5] Chris Brown, *International Relations Theory, New Normative Approaches* (Hemel Hempstead: Harvester Wheatsheaf, 1992), t. 10.

[6] John Rawls, *A Theory of Justice* (arg. diw.; Oxford/New York: Oxford University Press, 1999).

7   Samuel Freeman, *Rawls: Routledge Philosophers* (Abingdon: Routledge, 2007), tt. 29–42.

8   Am drosolwg a'r drafodaeth ddiweddaraf ar athroniaeth Habermas, gweler Dafydd Huw Rees, *The Postsecular Philosophy of Jürgen Habermas* (Cardiff: University of Wales Press, 2018).

9   Jean-François Lyotard, *The Postmodern Condition: A Report on Knowledge* (Manchester: Manchester University Press, 1994).

10 Am drafodaeth fanwl ar Adorno, Foucault a Habermas, gweler Garmon Iago, 'Goleuedigaeth yng ngweithiau Adorno a Foucault: tuag at ddealltwriaeth newydd o berthynas eu gweithiau' (traethawd PhD heb ei gyhoeddi, Prifysgol Caerdydd, 2019). Diolch iddo am ei sylwadau ar yr adran hon a'r addysg ehangach imi fanteisio arni yn ei gwmni.

11 Theodor Adorno, *Minima Moralia: Reflections on Damaged Life* (1951; London: Verso Books, 2005).

12 Alasdair MacIntyre, *After Virtue: A Study in Moral Theory* (London; Bloomsbury Academic, 2013), tt. 1–2.

13 Immanuel Kant, *Groundwork of the Metaphysics of Morals*, gol. Christine M. Korsgaard (Cambridge: Cambridge University Press, 2012).

14 John Stuart Mill, *On Liberty* (Oxford: Oxford University Press, 2015), tt. 21–2.

15 MacIntyre, *After Virtue*, t. 223.

16 Alasdair MacIntyre, *Dependent Rational Animals* (London: Duckworth, 1999), t. 131.

17 MacIntyre, *Dependent Rational Animals*, t. 144.

2

1   Huw Ceiriog Jones, *Gwaith Huw Ceiriog ac Edward Maelor* (Caerdydd: Gwasg Prifysgol Cymru, 1990), 5.12, a ddyfynnir yn Williams, 'Adar yng Ngwaith y Cywyddwyr', 275.

2   Williams, 'Adar yng Ngwaith y Cywyddwyr', 240, 275, 360, 361.

3   Mae rhai straeon yn cerdded, meddai Gwyn A. Williams, gan fenthyg ymadrodd brodorion yr Amerig, yn *Madoc: The Making of a Myth* (London: Methuen Books, 1980), t. 2.

4   Er mwyn helpu gyda'i llith, ac atgoffa ei hun o rai o'r uchafbwyntiau hanesyddol, mae'r Fwyalchen wedi troi at, a benthyg yn helaeth, o hanes Gwyn A. Williams, *When Was Wales?* (Harmondsworth: Penguin, 1985).

5   Williams, *When Was Wales?*, tt. 6–7.

6   Pennar Davies, *Rhwng Chwedl a Chredo* (Caerdydd: Gwasg Prifysgol Cymru, 1966), t. 8.

7   Williams, *When Was Wales?*, t. 11.

8   Thomas Charles-Edwards, *Wales and the Britons* (Oxford: Oxford University Press, 2014), tt. 12–14.

9   Davies, *Rhwng Chwedl a Chredo*, t. 12.

10   Daw'r drafodaeth ar y byd cyn-Rufeinig a'r Brythoniaid i raddau helaeth o lyfr Pennar Davies, *Rhwng Chwedl a Chredo*, a seiliwyd yn ei dro i raddau helaeth ar hanes adnabyddus Alwyn a Brinley Rees, *Celtic Heritage: Ancient Tradition in Ireland and Wales* (London: Thames and Hudson, 1961)

11   Williams, *When Was Wales*, tt. 8–9.

12   Davies, *Rhwng Chwedl a Chredo*, t. 30.

13   Davies, *Rhwng Chwedl a Chredo*, t. 35.

14   Davies, *Rhwng Chwedl a Chredo*, t. 41.

15   Davies, *Rhwng Chwedl a Chredo*, t. 39.

16   Davies, *Rhwng Chwedl a Chredo*, t. 47.

17   Davies, *Rhwng Chwedl a Chredo*, t. 47.

18   Davies, *Rhwng Chwedl a Chredo*, t. 49.

19   Davies, *Rhwng Chwedl a Chredo*, t. 36.

20   Gweler Carol Harrison, 'Truth in a Heresy: Pelagianism', *The Expository Times*, 112(3) (2000), 78–82, am y cysylltiad rhwng dysgeidiaeth Pelagius a gwerthoedd y foeseg glasurol.

21   Davies, *Rhwng Chwedl a Chredo*, t. 51.

22   Davies, *Rhwng Chwedl a Chredo*, t. 54.

23   Davies, *Rhwng Chwedl a Chredo*, t. 55.

24   Ali Bonner, *The Myth of Pelagianism* (Oxford: Oxford University Press, 2018).

25   Jean-Bethke Elshtain, 'St Augustine', yn David Boucher a Paul Kelly, *Political Thinkers: From Socrates to the Present* (Oxford: Oxford University Press, 2009), tt. 115–30.

26   Gweler yr honiad yn Williams, *When Was Wales?*, fod menywod yn meddu ar statws anghyffredin yn yr henfyd Brythonaidd, t. 9. Gweler Davies, *Rhwng Chwedl a Chredo*, am yr awgrym bod yr etifeddiaeth Geltaidd yn mynnu cydymdeimlad anarferol, fel sy'n cael ei amlygu yn straeon Rhiannon a Branwen, t. 47.

[27] Brinley Rees, *The Letters of Pelagius and His Followers* (Woodbridge: Boydell Press, 1991).

[28] Gweler R. A. Markus, 'Pelagianism: Britain and the continent', *The Journal of Ecclesiastical History*, 37(2) (1986), 191–204. Mae Markus yn awgrymu bod amwysedd am fodolaeth Pelagiaeth ar Ynys Prydain yn y cyfnod yn deillio fwy na thebyg o'r ffaith fod y Gristnogaeth a ymarferir yno – er yn Belagaidd yn ei hanfod – heb gael ei strwythuro a'i labeli yn ôl y term 'Pelagiaeth' gan mai proses ddeallusol ydoedd a ddigwyddodd yn Rhufain ac o gwmpas y drafodaeth ddiwinyddol a ddatblygodd yn ne yr Ymerodraeth.

[29] Davies, *Rhwng Chwedl a Chredo*, t. 56.

[30] Davies, *Rhwng Chwedl a Chredo*, t. 84.

[31] Davies, *Rhwng Chwedl a Chredo*, t. 85.

[32] Richard Davies, 'Address to the Welsh People by Bishop Richard Davies', yn Albert Owen Evans, *A Memorandum on the Legality of the Welsh Bible and the Welsh Version of the Book of Common Prayer* (Cardiff: Williams Lewis, 1925), tt. 83–124.

[33] Davies, *Rhwng Chwedl a Chredo*, t. 56.

[34] Williams, *When Was Wales?*, t. 21.

[35] Davies, *Rhwng Chwedl a Chredo*, t. 66.

[36] Davies, *Rhwng Chwedl a Chredo*, t. 61.

[37] Davies, *Rhwng Chwedl a Chredo*.

[38] Davies, *Rhwng Chwedl a Chredo*, t. 61. Gweler hefyd Edward Motley Pickman, *The Mind of Latin Christendom* (London: Oxford University Press, 1937).

[39] James Bulloch, *The Life of the Celtic Church* (Edinburgh: St Andrew's Press, 1963).

[40] Davies, *Rhwng Chwedl a Chredo*, t. 67.

[41] Davies, *Rhwng Chwedl a Chredo*, t. 71.

[42] Davies, *Rhwng Chwedl a Chredo*, t. 69.

[43] Davies, *Rhwng Chwedl a Chredo*, t. 74.

[44] Davies, *Rhwng Chwedl a Chredo*, t. 75.

[45] Davies, *Rhwng Chwedl a Chredo*, tt. 91–2.

[46] Davies, *Rhwng Chwedl a Chredo*, tt. 101, 105, 110.

[47] Davies, *Rhwng Chwedl a Chredo*, t. 108.

[48] Davies, *Rhwng Chwedl a Chredo*, tt. 84, 101, 111.

[49] Davies, *Rhwng Chwedl a Chredo*, t. 85, 104.

[50] Davies, *Rhwng Chwedl a Chredo*, tt. 84, 106.

[51] Davies, *Rhwng Chwedl a Chredo*, tt. 87, 89, 90.

[52] Davies, *Rhwng Chwedl a Chredo*, t. 82.

[53] Dafydd Jenkins, 'The significance of the Law of Hywel', *Trafodion Anrhydeddus Gymdeithas y Cymmrodorion* (1977), 54–76. Gweler yn arbennig y drafodaeth o Gyfraith Hywel fel *Volksrecht* yn hytrach na *Kaiserrecht*.

[54] Williams, *When Was Wales?*, t. 123.

[55] Williams, *When Was Wales?*, t. 124.

[56] Jerry Hunter, *Soffestri'r Saeson* (Caerdydd: Gwasg Prifysgol Caerdydd, 2000).

[57] Hunter, *Soffestri'r Saeson*, t. 69.

[58] Hunter, *Soffestri'r Saeson*, t. 73.

[59] Ceir sylwadau difyr, amserol ar hanes o ran deunydd proffwydol, a barn Gruffydd arnynt, sydd yn cydfynd â'r pwysigrwydd materol y mae Gwyn A. Williams yn gosod ar chwedloniaeth yn ei lyfr *Madoc*: 'nid ydynt yn ffeithiau hanesyddol, ond maent yn perthyn i hanesyddiaeth Gymreig draddodiadol oherwydd eu bod yn perthyn 'r traddodiad proffwydol Cymreig . . . roedd y chwedlau hyn . . . yn trosglwyddo gwybodaeth a berthynai i ran bwysig o ddiwylliant a dychymyg y Cymry, y brud. A perthynai'r traddodiad hwnnw i'r modd yr oedd y Cymry yn synio am eu hanes.' Gwyn A. Williams, *Madoc: The Making of a Myth* (London: Methuen Books, 1980), t. 114.

[60] Williams, *When Was Wales?*, t. 130.

[61] Davies, 'An Address', t. 85.

[62] Davies, 'An Address', t. 90.

[63] Richard Aaron, 'Dylanwad Plotinus ar Feddwl Cymru', *Y Llenor*, 7 (1929), 124.

[64] M. Wynn Thomas, *Morgan Llwyd: Writers of Wales* (Cardiff: University of Wales Press, 1984), t. 32.

[65] Goronwy Wyn Owen, *Rhwng Calfin a Boehme: Golwg ar Syniadaeth Morgan Llwyd*, (Caerdydd: Gwasg Prifysgol Cymru), t. 51.

[66] Thomas, *Morgan Llwyd*, t. 53.

[67] Owen, *Rhwng Calfin a Boehme*, t. 54.

[68] Thomas, *Morgan Llwyd*, t. 33.

[69] Thomas, *Morgan Llwyd*, t. 35.

[70] Thomas, *Morgan Llwyd*, t. 33.

71 Owen, *Rhwng Calfin a Boehme*, t. 59.

72 Owen, *Rhwng Calfin a Boehme*, t. 53.

73 Owen, *Rhwng Calfin a Boehme*, t. 69.

74 E. Lewis Evans, 'Cyfundrefn Feddyliol Morgan Llwyd', *Efrydiau Athronyddol*, 5 (1942), 36.

75 Cysyniadau Kantaidd a ddefnyddir fan hyn gan Evans, 'Cyfundrefn Feddyliol Morgan Llwyd', 45.

76 Owen, *Rhwng Calfin a Boehme*, t. 60.

77 Evans, 'Cyfundrefn Feddyliol Morgan Llwyd', 36.

78 Evans, 'Cyfundrefn Feddyliol Morgan Llwyd', 37.

79 Evans, 'Cyfundrefn Feddyliol Morgan Llwyd', 37.

80 Evans, 'Cyfundrefn Feddyliol Morgan Llwyd', 38.

81 Evans, 'Cyfundrefn Feddyliol Morgan Llwyd', 40.

82 Evans, 'Cyfundrefn Feddyliol Morgan Llwyd', 40.

83 Evans, 'Cyfundrefn Feddyliol Morgan Llwyd', 42.

84 Evans, 'Cyfundrefn Feddyliol Morgan Llwyd', 43.

85 Evans, 'Cyfundrefn Feddyliol Morgan Llwyd', 42.

86 Richard Aaron, 'Dylanwad Plotinus', 124.

87 Aaron, 'Dylanwad Plotinus', 120.

88 Aaron, 'Dylanwad Plotinus', 118.

89 Aaron, 'Dylanwad Plotinus', 121.

90 Aaron, 'Dylanwad Plotinus', 115–16.

91 Aaron, 'Dylanwad Plotinus', 122.

92 Aaron, 'Dylanwad Plotinus', 125.

93 Dyma honiad Hugh Bevan, o leiaf, yn ei lyfr *Morgan Llwyd y Llenor* (Caerdydd: Gwasg Prifysgol Cymru, 1954).

94 M. Wynn Thomas, *Morgan Llwyd: Ei Gyfeillion a'i Gyfnod* (Caerdydd: Gwasg Prifysgol Cymru, 1999), t. 122.

95 Yn 1651 dechreuodd y cyfarthrach – roedd Sterry wedi trafod Boehme ond yn anghtuno ar bethau fel ewyllys rydd a'r Drindod, ond fel petai Llwyd yn hapusach â nhw, e.e. mae'n galluogi osgoi y syniad bod Duw yn ewyllysio colledigaeth rhai. Gweler Thomas, *Morgan Llwyd: Ei Gyfeillion a'i Gyfnod*, t. 131.

96 Morgan Llwyd, *Cyfarwyddyd i'r Cymry*, yn J. H. Davies, *Gweithiau Morgan Llwyd o Wynedd*, II (Bangor, 1908).

97 Evans, 'Cyfundrefn Feddyliol', 33.

98 Thomas, *Morgan Llwyd: Ei Gyfeillion a'i Gyfnod*, t. 29.

[99] Thomas, *Morgan Llwyd: Ei gyfeillion a'i Gyfnod*, t. 31.

[100] Thomas, *Morgan Llwyd: Ei gyfeillion a'i Gyfnod*, t. 29.

[101] Thomas, *Morgan Llwyd: Ei gyfeillion a'i Gyfnod*, t. 22.

[102] Thomas, *Morgan Llwyd: Ei gyfeillion a'i Gyfnod*, t. 25.

[103] Thomas, *Morgan Llwyd: Ei gyfeillion a'i Gyfnod*, t. 28.

[104] Thomas, *Morgan Llwyd: Ei gyfeillion a'i Gyfnod*, t. 34.

[105] W. T. Pennar Davies. 'Cysylltiad Crefyddol Cymru ag Ewrop oddi ar adeg y Dadeni Dysg', *Efrydiau Athronydol*, 27 (1964), 48.

[106] Davies, 'Cysylltiad Crefyddol Cymru ag Ewrop'.

[107] Owen, *Rhwng Boehme a Calfin*.

[108] Gweler y drafodaeth fanwl am ddiwinyddiaeth yr Eglwys Anglicanaidd yng Nghymru gan D. Densil Morgan, *Theologia Cambrensis: Protestant Religion and Theology in Wales, I: From Reformation to Revival 1588–1760* (Cardiff: University of Wales Press, 2018).

[109] Morgan, *Theologia Cambrensis*, tt. 285–6.

[110] Morgan, *Theologia Cambrensis*, t. 379.

[111] Kate Roberts, 1927. Llythyr at Saunders Lewis a ddyfynnir gan Dewi Z. Phillips yn *Ffiniau* (Talybont: Y Lolfa, 2007), t. 48.

[112] Gweler Dafydd Tudur, 'The Life, Work and Thought of Michael Daniel Jones' (traethawd PhD Prifysgol Bangor heb ei gyhoeddi, 2006), 48–59.

[113] Glanmor Williams. 'Seiliau Optimistiaeth y Radicaliaid yng Nghymru', *Efrydiau Athronyddol*, 15 (1952), 49.

[114] Gweler Robert Pope, *Seeking God's Kingdom* (1999; Cardiff: University of Wales Press, 2015). Disgrifir thesis sylfaenol yr ymneilltuwyr hyn fel y ganlyn: 'the essential unity of all existence, goodness of humanity and progressive dynamic of history', t. xxi.

[115] Martha K. Zebrowski, 'Richard Price: British Platonist of the Eighteenth Century', *Journal of the History of Ideas*, 55(1) (1994), 17–35.

[116] Walford Gealy, 'Richard Price, F.R.S. (1723–91)', *Y Traethodydd*, CXLVI, 620 (1991), 135–45.

[117] Richard Price, *Two Tracts on Civil Liberty, the War with America, the Debts and Finances of the Kingdom* (New York: Da Capo Press, 1972).

3

[1] *www.dafyddapgwilym.net*, 45.15 (cyrchwyd 2 Rhagfyr 2019). Yn Williams, 'Adar yng Ngwaith y Cywyddwyr', 195.

2   Williams, 'Adar yng Ngwaith y Cywyddwyr', 469.

3   Seilir y drafodaeth hon o athroniaeth Henry Jones yn bennaf ar ddau lyfr: E. Gwynn Matthews, *Yr Athro Alltud, Syr Henry Jones* (Dinbych: Gwasg Gee, 1998), a David Boucher ac Andrew Vincent, *A Radical Hegelian: The Social and Political Philosophy of Henry Jones* (New York: St Martin's Press, 1993). Er iddo gael ei gysylltu fan hyn â'r traddodiad rhyddfrydol, ac er ei gysylltiadau â'r blaid honno, yn arbennig Lloyd George, nid oedd yn aelod, ac yn wir pe bai wedi gorfod dewis plaid, y Blaid Lafur fyddai honno – er iddo ymwrthod â ffurfiau gwrthryddfrydol sosialaidd megis sindicaliaeth a Marcsiaeth.

4   Er ei berthynas oes â'r Blaid Ryddfrydol, roedd Henry Jones yn cydymdeimlo'n fawr â'r Blaid Lafur ac achos sosialaeth. Fodd bynnag, roedd ymlyniad y blaid honno at ddiddordebau un dosbarth yn unig yn ei arwain i'w drwgdybio, gan fod Jones bob tro am osod budd y gymdeithas gyfan uwchlaw un grŵp: mynegiant gwleidyddol o'r ddelfryd o undod y cyfan. Wele Boucher a Vincent, *A Radical Hegelian*, t. 110.

5   E. Gwynn Matthews, *Hegel: Y Meddwl Modern* (Dinbych: Gwasg Gee, 1994).

6   Henry Jones, *Dinasyddiaeth Bur ac Areithiau Ereill* (Undeb Chwarelwyr Gogledd Cymru, 1911).

7   Joseph Butler, *Fifteen Sermons and Other Writings on Ethics*, gol. David McNaughton (Oxford: Oxford University Press, 2017).

8   Henry Jones, *Browning as a Philosophical and Religious Teacher* (Glasgow: Maclehose, 1891), pennod XI; *www.authorama.com/browning-as-a-philosophical- and-religious-teacher-12.html* (cyrchwyd 2 Rhagfyr 2019).

9   J. R. Jones, *A Raid i'r Iaith ein Gwahanu?* (1967; Llandysul: Undeb Cymru Fydd, 1989).

10 Thomas, *Morgan Llwyd: Ei Gyfeillion a'i Gyfnod*, t. 29.

11 Ar yr anymwybod cenedlaethol, gweler Llion Wigley, *Yr Anymwybod Cymreig: Freud, Dirfodaeth a'r Seice Cenedlaethol* (Caerdydd: Gwasg Prifysgol Cymru, 2019).

12 J. R. Jones, *Cenedligrwydd a Chrefydd* (Cymdeithas yr Iaith, 1961).

13 Jones, *Cenedligrwydd a Chrefydd*.

14 J. R. Jones, *Yr Argyfwng Gwacter Ystyr* (Llandybïe: Llyfrau'r Dryw, 1964).

4

1 D. R. Johnston, *Gwaith Iolo Goch* (Caerdydd: Gwasg Prifysgol Cymru, 1988), XXXIV.73–4, a ddyfynnir yn Williams, 'Adar yng Ngwaith y Cywyddwyr', 455.

2 Gweler Daniel G. Williams, *Wales Unchained: Literature, Politics and Identity in the American Century* (Cardiff: University of Wales Press, 2015), yn arbennig y cyflwyniad.

3 Kizzy Crawford ac Owen Powell, *Shout Out/Yr Alwad* (Kizzy Crawford Music, 2015).

4 Raymond Williams, 'Who Speaks for Wales', yn *Who Speaks for Wales?: Nation, Culture, Identity*, gol. Daniel G. Williams (Cardiff: University of Wales Press, 2003), tt. 3–4.

5 Yn 1927 roedd yna ymgais i anghyfreithloni priodasau 'cymysg' yng Nghaerdydd. Wele Charlotte Williams, *Sugar and Slate* (Planet Books), 56.

6 Gweler Williams, *When Was Wales?*, t. 9, a Davies, *Rhwng Chwedl a Chredo*, t. 47.

7 Am enghreifftiau o gyfraniad merched Cymru at wleidyddiaeth, gweler Jane Aaron ac Ursula Masson (goln), *The Very Salt of Life: Welsh Women's Political Writings from Chartism to Suffrage* (Dinas Powys: Honno, 2007).

8 Man cychwyn o ran gwerthfawrogiad o gymunedau Tiger Bay yw ysgrifau Neil Sinclair. Gweler, er enghraifft, *Endangered Tiger: A Community Under Threat* (Cardiff: Butetown History and Arts Centre, 2003).

Epilog

1 Max Weber, *The Protestant Ethic and the Spirit of Capitalism: And Other Writings* (Harmondsworth: Penguin Classics, 2002).

2 Rees, *The Postsecular Philosophy of Jürgen Habermas*.

3 Mae'n cyflwyno ei syniadau ar grefydd gydag Aled Jones Williams yn *Duw yw'r Broblem* (Llanrwst: Gwasg Carreg Gwalch, 2016).

4 Gweler yn arbennig Aaron a Masson (goln), *The Very Salt of Life*.

5 Gweler yn fwyaf diweddar, er enghraifft, Lisa Sheppard, *Y Gymru 'Ddu' ar Ddalen 'Wen': Aralledd ac Amlddiwylliannedd mewn Ffuglen Gymreig, er 1990* (Caerdydd: Gwasg Prifysgol Cymru, 2018); Lisa Lewis, *Performing Wales* (Cardiff: University of Wales Press, 2018); Manon Ceridwen James, *Women, Identity and Religion in Wales: Theology, Poetry, Story* (Cardiff: University of Wales Press, 2018).

6 Augusta Hall, Lady Llanover, 'Anerchiad i Gymraësau Cymru', yn
 Aaron a Masson (goln), *The Very Salt of Life: Welsh Women's Political
 Writings from Chartism to Suffrage*.

7 Immanuel Wallerstein. *After Liberalism* (New York: The New Press,
 1995), t. 73.

8 'Nobody can suppose that it is not more beneficial to a Breton, or a
 Basque of French Navarre, to be brought into the current of the ideas
 and feelings of a highly civilized and cultivated people – to be a member
 of the French nationality, admitted on equal terms to all the privileges
 of French citizenship, sharing the advantages of French protection, and
 the dignity and prestige of French power – than to sulk on his own
 rocks, the half-savage relic of past times, revolving in his own little
 mental orbit, without participation or interest in the general movement
 of the world. The same remark applies to the Welshman or the Scottish
 Highlander as members of the British nation.' John Stuart Mill, 'On
 Nationality', yn ei *Considerations on Representative Government* (New
 York: Prometheus Books, 1991).

LLYFRYDDIAETH

Aaron, Jane, ac Ursula Masson (goln), *The Very Salt of Life: Welsh Women's Political Writings from Chartism to Suffrage* (Dinas Powys: Honno, 2007).

Aaron, Richard, 'Dylanwad Plotinus ar Feddwl Cymru', *Y Llenor, 7* (1929).

Adorno, Theodor, *Minima Moralia: Reflections on Damaged Life* (1951; London: Verso Books, 2005).

ap Gwilym, Dafydd, 'Yr Wylan', *www.dafyddapgwilym.net.*

Bevan, Aneurin, *In Place of Fear* (London: MacGibbon & Kee, 1951).

Bevan, Hugh, *Morgan Llwyd y Llenor* (Caerdydd: Gwasg Prifysgol Cymru, 1954).

Bonner, Ali, *The Myth of Pelagianism* (Oxford: Oxford University Press, 2018).

Bonner, Gerald, *St Augustine of Hippo* (1963; Norwich: The Cantebury Press, 1986).

Boucher, David, ac Andrew Vincent, *A Radical Hegelian: The Social and Political Philosophy of Henry Jones* (New York: St Martin's Press, 1993).

Brooks, Simon, *Pam Na Fu Cymru? Methiant Cenedlaetholdeb Cymraeg* (Caerdydd: Gwasg Prifysgol Cymru, 2015).

Brown, Chris, *International Relations Theory, New Normative Approaches* (Hemel Hempstead: Harvester Wheatsheaf, 1992).

Bulloch, James, *The Life of the Celtic Church* (Edinburgh: St Andrews Press, 1963).

Butler, Joseph, *Fifteen Sermons and Other Writings on Ethics*, gol. David McNaughton (Oxford: Oxford University Press, 2017).

Charles-Edwards, Thomas, *Wales and the Britons* (Oxford: Oxford University Press, 2014).

Dafis, Cynog, ac Aled Jones Williams, *Duw yw'r Broblem* (Llanrwst: Gwasg Carreg Gwalch, 2016).

Davies, David, *The Problem of the Twentieth Century* (London: Ernest Benn, 1930).

Davies, John, *Hanes Cymru* (London: Penguin, 2007).

Daniel, John, a Walford Gealy (goln), *Hanes Athroniaeth y Gorllewin* (Caerdydd: Gwasg Prifysgol Cymru, 2009).

Davies, R. R., 'The Status of Women and the Practice of Marriage in Late-medieval Wales', yn *The Welsh Law of Women*, gol. Dafydd Jenkins a Morfydd Owen (Caerdydd: Gwasg Prifysgol Cymru, 1992), tt. 93–114.

—, 'The Programme', yn ei *The Revolt of Owain Glyn Dŵr* (Oxford: Oxford University Press, 1995), tt. 153–73.

—, *Owain Glyn Dŵr: Trwy Ras Duw, Tywysog Cymru* (Talybont: Y Lolfa, 2002).

Davies, Richard, 'Address to the Welsh People by Bishop Richard Davies', yn Albert Owen Evans, *A Memorandum on the Legality of the Welsh Bible and the Welsh Version of the Book of Common Prayer* (Cardiff: Williams Lewis, 1925), tt. 83–124.

Davies, Wendy, *Wales in the Early Middle Ages (Studies in the Early History of Britain)* (Leicester: Leicester University Press, 1989).

Davies, W. T. Pennar, *Rhwng Chwedl a Chredo* (Caerdydd: Gwasg Prifysgol Cymru, 1966).

—, 'Cysylltiad Crefyddol Cymru ag Ewrop oddi ar adeg y Dadeni Dysg', *Efrydiau Athronyddol*, 27 (1964), 47–50.

De La Bédoyère, Guy, *Defying Rome: The Rebels of Roman Britain* (Stroud: Tempus, 2003).

Dotson, Kristie, 'How is this Paper Philosophy?', *Comparative Philosophy*, 3(1) (2012), 3–29.

Edwards, Ifor M., 'Diwinyddiaeth Richard Price', *Efrydiau Athronyddol*, 18 (1955), 21–30.

Elshtain, Jean-Bethke, 'St Augustine', yn David Boucher a Paul Kelly, *Political Thinkers: From Socrates to the Present* (Oxford: Oxford University Press, 2009), tt. 118–31.

Evans, E. Lewis, 'Cyfundrefn Feddyliol Morgan Llwyd', *Efrydiau Athronyddol*, 5 (1942), 31–45.

Evans, Robert F., 'The Theology of Pelagius', yn ei *Pelagius: Inquiries and Reappraisals* (1968; Eugene: Wipf and Stock Publishers, 2010).

Fairlamb, Neil, 'Platonwyr Caergrawnt', yn John Daniel a Walford Gealy (goln), *Hanes Athroniaeth y Gorllewin* (Caerdydd: Gwasg Prifysgol Cymru, 2009).

Fisher, Mark E., *Capitalist Realism: Is There No Alternative?* (Ropley: Zero Books, 2009).

Gadamer, Hans-Georg, *Truth and Method* (London: Continuum, 2004).

Freeman, Samuel, *Rawls: Routledge Philosophers* (Abingdon: Routledge, 2007).

Gealy, Walford, 'Richard Price, F.R.S. (1723–91)', *Y Traethodydd*, CXLVI, 620 (1991), 135–45.

—, 'Wittgenstein', yn John Daniel a Walford Gealy (goln), *Hanes Athroniaeth y Gorllewin* (Caerdydd: Gwasg Prifysgol Cymru, 2009), tt. 667–90.

—, 'Athroniaeth Crefydd yn yr ugeinfed ganrif a chyfraniad D. Z. Phillips iddi', yn Gwynn E. Matthews (gol.), *Cred, Llên a Diwylliant: Cyfrol Deyrnged Dewi Z. Phillips* (Talybont: Y Lolfa, 2013), tt. 14–43.

Griffiths, Gwyn, *Henry Richard: Heddychwr a Gwladgarwr* (Dawn Dweud) (Caerdydd: Gwasg Prifysgol Cymru, 2013).

Harrison, Carol, 'Truth in a Heresy: Pelagianism', *The Expository Times*, 112(3) (2000), 78–82.

Hegel, G. W. F., *Elements of the Philosophy of Right*, gol. A. Wood, cyf. H. B. Nisbet (Cambridge: Cambridge University Press, 1991).

Humphreys, Emyr, *The Taliesin Tradition* (Pen-y-bont ar Ogwr: Seren, 2000).

Hunter, Jerry, *Soffestri'r Saeson* (Caerdydd: Gwasg Prifysgol Cymru, 2000).

Iago, Garmon, 'Goleuedigaeth yng ngweithiau Adorno a Foucault: tuag at ddealltwriaeth newydd o berthynas eu gweithiau' (traethawd PhD heb ei gyhoeddi, Prifysgol Caerdydd, 2019).

James, Manon Ceridwen, *Women, Identity and Religion in Wales: Theology, Poetry, Story* (Cardiff: University of Wales Press, 2018).

Jenkins, Dafydd, 'The significance of the Law of Hywel', *Trafodion Anrhydeddus Gymdeithas y Cymmrodorion* (1977), 54–76.

Johnston, D. R., *Gwaith Iolo Goch* (Caerdydd: Gwasg Prifysgol Cymru, 1988).

Jones, Henry, *Browning as a Philosophical and Religious Teacher* (Glasgow: Maclehose, 1891); *www.authorama.com/browning-as-a-philosophical-and-religious-teacher-1.html*.

—, *Dinasyddiaeth Bur ac Areithiau Ereill* (Undeb Chwarelwyr Gogledd Cymru, 1911).

Jones, J Graham, 'The Peacemonger', *Journal of Liberal Democrat History*, 29 (2000–1), 16–23.

Jones, Huw Ceiriog, *Gwaith Huw Ceiriog ac Edward Maelor* (Caerdydd: Gwasg Prifysgol Cymru, 1990).

Jones, J. R., *Cenedligrwydd a Chrefydd* (Cymdeithas yr Iaith, 1961).

—, *Yr Argyfwng Gwacter Ystyr* (Llandybïe: Llyfrau'r Dryw, 1964).

—, *Prydeindod* (Llandybïe: Llyfrau'r Dryw, 1966).

—, *A Raid i'r Iaith ein Gwahanu?* (1967; Llandysul: Undeb Cymru Fydd, 1989).

—, *Yr Ewyllys i Barhau* (Aberdâr: Gwasg Liw Phillips, 1968).

Jones, R. Tudur, 'Cenedlaetholdeb J. R. Jones', *Efrydiau Athronyddol*, 35 (1972), 24–38.

Jones, Owen, a William Owen, *Barddoniaeth Dafydd ap Gwilym* (Llundain: H. Baldwin 1789).

Kant, Immanuel, *Perpetual Peace and Other Writings on Politics, Peace and History*, gol. Pauline Kleingeld (New Haven: Yale University Press, 2006).

—, *Groundwork of the Metaphysics of Morals*, gol. Christine M. Korsgaard (Cambridge: Cambridge University Press, 2012).

Lewis, Lisa, *Performing Wales* (Cardiff: University of Wales Press, 2018).

Lewis, Peter, *Biographical Sketch of David Davies (Top Sawyer) 1818–1890 and his grandson David Davies (1st Baron Davies) 1880–1944* (Newtown, dim dyddiad).

Long, David, a Peter Wilson (goln), *Thinkers of the Twenty Years' Crisis: Interwar Idealism Reassessed* (Oxford: Oxford University Press, 1995).

Lyotard, Jean-François, *The Postmodern Condition: A Report on Knowledge* (Manchester: Manchester University Press, 1994).

Lloyd, D. Myrddin, 'Meddwl Cymru yn y Canol Oesoedd', *Efrydiau Athronyddol*, 13 (1950), 3–18.

Lloyd, John Edward, *A History of Wales from the Earliest Times to the Edwardian* (London: Longmans, Green, 1911).

Llwyd, Morgan, *Cyfarwyddyd i'r Cymry*, yn J. H. Davies, Gweithiau Morgan Llwyd o Wynedd, II (Bangor, 1908).

MacIntyre, Alasdair, *Dependent Rational Animals* (London: Duckworth, 1999).

—, *After Virtue: A Study in Moral Theory* (London: Duckworth, 2007).

Matthews, E. Gwynn, *Hegel: Y Meddwl Modern* (Dinbych: Gwasg Gee, 1994).

—, *Yr Athro Alltud, Syr Henry Jones* (Dinbych: Gwasg Gee, 1998).

—, 'Richard Price ar garu ein gwlad', *Efrydiau Athronyddol*, 63 (2000), 1–12.

Markus, R. A., 'Pelagianism: Britain and the continent', *The Journal of Ecclesiastical History*, 37(2) (1986), 191–204.

Mill, John Stuart, *Considerations on Representative Government* (New York: Prometheus Books, 1991).

—, *On Liberty* (Oxford: Oxford University Press, 2015).

Morgan, D. Densil, 'Pelagius and a Twentieth Century Augustine: The Contrasting Visions of Pennar Davies and R. Tudur Jones', *International Congregational Journal*, 1 (2001), 41–54.

—, *Wales and the Word* (Cardiff: University of Wales Press, 2008).

—, *Theologia Cambrensis: Protestant Religion and Theology in Wales, I: From Reformation to Revival 1588–1760* (Cardiff: University of Wales Press, 2018).

Morgan, Kenneth O., *Rebirth of a Nation: A History of Modern Wales* (Oxford: Oxford University Press, 1982).

—, *Labour People* (Oxford: Oxford University Press, 1987).

—, 'The Relevance of Henry Richard', *The Welsh History Review*, 25(3) (2011), 401–23.

Oakeshott, Michael, *Rationalism in Politics and Other Essays* (London: Methuen & Co., 1962).

—, *Religion, Politics and the Moral Life*, gol. Timothy Fuller (New Haven/London: Yale University Press, 1993).

Owen, Goronwy Wyn, *Rhwng Calfin a Boehme: Golwg ar Syniadaeth Morgan Llwyd* (Caerdydd: Gwasg Prifysgol Cymru, 2001).

Owen, Robert, *A New View of Society and Other Writings*, gol. G. Claeys (Harmondsworth: Penguin 1991).

Peate, Iorwerth C., 'Y Meddwl Ymneilltuol', *Efrydiau Athronyddol*, 14 (1951), 1–11.

Petersen, Susan Rae, 'The Compatibility of Richard Price's Politics and Ethics', *Journal of the History of Ideas*, 45, 4 (1984), 537–47.

Phillips, D. Z., 'Pam Achub Iaith?', *Efrydiau Athronyddol*, 56 (1993), 1–12.

—, *J. R. Jones* (Caerdydd: Gwasg Prifysgol Cymru, 1995).

—, *Ffiniau* (Talybont: Y Lolfa, 2007).

Pickman, Edward Motley, *The Mind of Latin Christendom* (London: Oxford University Press, 1937).

Pope, Robert, *Seeking God's Kingdom* (1999; Cardiff: University of Wales Press, 2015).

Porter, Brian, Lord Davies, E. H. Carr and the Spirit Ironic: A Comedy of Errors', *International Relations*, 16.1 (2002), 77–96.

Powell, Eifion, 'Gras yn Awstin', *Diwinyddiaeth*, 51 (2000), 41–54.

Powell, Geoffrey, 'The Greatest Discovery Ever Made by Man', yn Noel Thompson and Chris Williams (goln), *Robert Owen and His Legacy* (Cardiff: University of Wales Press, 2011).

Price, Richard, *Two Tracts on Civil Liberty, the War with America, the Debts and Finances of the Kingdom* (New York: Da Capo Press, 1972).

—, *A Review of the Principal Questions in Morals*, gol. D. D. Raphael (1757; 3ydd arg.; Oxford: Clarendon Press, 1974).

—, *Cariad at ein Gwlad*, wedi ei gyfieithu i'r Gymraeg gan P. A. L. Jones (1789; Aberystwyth: Llyfrgell Genedlaethol Cymru, 1989).

Pugh, Michael, 'Policing the World: Lord Davies and the Quest for Order in the 1930s', *International Relations*, 16(1) (2002), 97–115.

Rawls, John, *A Theory of Justice* (arg. diw.; Oxford/New York: Oxford University Press, 1999).

Rees, D. Ben, *The Life and Work of Henry Richard: Apostle of Peace and MP for Wales* (Nottingham: Spokesman Books, 2007).

Rees, Alwyn a Brinley, *Celtic Heritage: Ancient Tradition in Ireland and Wales* (London: Thames and Hudson, 1961).

Rees, Brinley R., *Pelagius: A Reluctant Heretic* (Woodbridge: Boydell, 1988).

—, *The Letters of Pelagius and his Followers* (Woodbridge: Boydell Press, 1991).

Rees, Dafydd Huw, *The Postsecular Political Philosophy of Jürgen Habermas* (Cardiff: University of Wales Press, 2018).

Rees, W. J., (gol.), *Y Meddwl Cymreig* (Caerdydd: Gwasg Prifysgol Cymru, 1995).

Roberts, R. O., *Robert Owen o'r Dre Newydd* (Llandysul: Y Clwb Llyfrau Cymraeg, 1948).

Richard, Henry, *Defensive War* (London: Barrett, 1845).

Sheppard, Lisa, *Y Gymru 'Ddu' ar Ddalen 'Wen': Aralledd ac Aml-ddiwylliannedd mewn Ffuglen Gymreig, er 1990* (Caerdydd: Gwasg Prifysgol Cymru, 2018).

Sinclair, Neil M. C., *Endangered Tiger: A Community Under Threat* (Cardiff: Butetown History and Arts Centre, 2003).

Thomas, D. O., 'Gwleidyddiaeth Richard Price', *Efrydiau Athronyddol*, 18 (1955), 11–20.

—, 'Richard Price, 1723–91', *Trafodion Anrhydeddus Gymdeithas y Cymmrodorion*, 1 (1971), 45–64.

—, *Richard Price 1723–1791* (Caerdydd: Gwasg Prifysgol Cymru, 1976).

—, *The Honest Mind: The Thought and Work of Richard Price* (Oxford: Clarendon Press, 1977).

—, 'Cyfraniad Richard Price i athroniaeth moesau', *Efrydiau Athronyddol*, 42 (1979), 13–27.

Thomas, M. Wynn, 'Meddwl Cymru', *Efrydiau Athronyddol*, 52 (1989), 34–47.

—, *Morgan Llwyd: Writers of Wales* (Cardiff: University of Wales Press, 1984).

—, *Morgan Llwyd: Ei Gyfeillion a'i Gyfnod* (Caerdydd: Gwasg Prifysgol Cymru, 1991).

Tudur, Dafydd, 'The Life, Work and Thought of Michael Daniel Jones' (traethawd PhD Prifysgol Bangor heb ei gyhoeddi, 2006).

Wallerstein, Immanuel, *After Liberalism* (New York: The New Press, 1995).

Watkin, Thomas Glyn, *The Legal History of Wales* (Cardiff: University of Wales Press, 2007).

Weil, Simone, *The Need for Roots* (Abingdon: Routledge, 2001).

Weber, Max, *The Protestant Ethic and the Spirit of Capitalism: And Other Writings* (Harmondsworth: Penguin Classics, 2002).

Wigley, Llion, *Yr Anymwybod Cymreig: Freud, Dirfodaeth a'r Seice Cenedlaethol* (Caerdydd: Gwasg Prifysgol Cymru, 2019).

Williams, Arthur Howard, 'Adar yng Ngwaith y Cywyddwyr' (traethawd PhD heb ei gyhoeddi, Prifysgol Aberystwyth, 2014).

Williams, Charlotte, *Sugar and Slate* (Aberystwyth: Planet Books, 2002).

Williams, Chris, 'Robert Owen and Wales', yn Noel Thompson and Chris Williams (goln), *Robert Owen and His Legacy* (Cardiff: University of Wales Press, 2011).

Williams, Daniel G., *Aneurin Bevan a Paul Robeson: Sosialaeth, Dosbarth a Hunaniaeth / Aneurin Bevan and Paul Robeson, Socialism, Class and Identity* (Caerdydd/Cardiff: Institute of Welsh Affairs, 2012).

—, *Wales Unchained: Literature, Politics and Identity in the American Century* (Cardiff: University of Wales Press, 2015).

Williams, Glanmor, 'Seiliau Optimistiaeth y Radicaliaid yng Nghymru', *Efrydiau Athronyddol*, 15 (1952), 45–55.

—, 'Marcsydd o Sardiniwr ac Argyfwng Cymru', *Efrydiau Athronyddol*, XLVII (1984), 16–27.

—, *Recovery, Reorientation and Reformation: Wales c.1415–1642* (Oxford: Clarendon Press/University of Wales Press, 1987).

—, *Owain Glyndŵr* (Cardiff: University of Wales Press, 1993).

Williams, Gwyn A., 'Twf Hanesyddol y Syniad o Genedl yng Nghymru', *Efrydiau Athronyddol*, 24 (1961), 18–30.

—, *Madoc: The Making of a Myth* (London: Methuen Books, 1980).

—, *When Was Wales?* (Harmondsworth: Penguin, 1985).

Williams, Huw L., 'Natur Ddynol a'r Syniad o Hunanwellhad', yn E. Gwynn Matthews (gol.), *Astudiaethau Athronyddol 4: Y Drwg, Y Da a'r Duwiol* (Talybont: Y Lolfa, 2014).

—, 'Law yn Llaw: Athroniaeth a'r Gymraeg', yn E. Gwynn Matthews (gol.), *Astudiaethau Athronyddol 4: Y Drwg, Y Da a'r Duwiol* (Talybont: Y Lolfa, 2015)

—, *Credoau'r Cymry* (Caerdydd: Gwasg Prifysgol Cymru, 2016).

—, a Carl Death, *Global Justice: The Basics* (Abingdon: Routledge, 2017).

Williams, Raymond, *Resources of Hope*, gol. R. Gable (London/New York: Verso, 1989).

—, *Who Speaks for Wales?: Nation, Culture, Identity*, gol. Daniel G. Williams (Cardiff: University of Wales Press, 2003).

Williams, S. Rhiannon, 'Testun beirniadol o waith Wiliam Cynwal o gasgliad llawysgrif Mostyn 111 o waith Wiliam Cynwal ynghyd â rhagymadrodd, nodiadau a geirfa' (traethawd MA heb ei gyhoeddi, Prifysgol Aberystwyth, 1965).

Martha K. Zebrowski, 'Richard Price: British Platonist of the Eighteenth Century', *Journal of the History of Ideas*, 55(1) (1994), 17–35.

Mynegai

A

Aaron, Jane 164
Aaron, Richard 63, 64
Adorno, Theodor 24
Absoliwt, yr 88–90, 104, 111,
    113–14, 116, 146
adfywiad 29, 49, 72, 123, 145
addysg 6, 30, 49, 77, 79, 87, 88, 89,
    91, 102, 104, 105, 106, 114–15
amgylchedd / amgylchfyd
    dynol 88, 91, 102, 105, 106
    y byd 128, 131, 133, 153–4
Aristoteles 16, 27, 145
Athen 5, 14
athroniaeth 4–5, 14–18, 22–3, 28,
    51, 57, 62–3, 75–7, 88
'Athroniaeth Gymraeg,
    Meddwl Cymreig' 139–45
Awstin 5, 42, 44–5, 49, 51, 55–9,
    66, 70, 104

B

balchder 95, 137
Baudrillard, Jean 21
de Beauvoir, Simone 8
Beibl 47, 48, 54, 66, 56, 59, 75
Berlin, Isaiah 15, 19, 145
Bevan, Aneurin 90, 92–3, 103, 104,
    143, 152
Bevan, Hugh 162

Blodeuwedd 3, 40
Brexit 133, 142
Brooks, Simon xviii
Brythoniaid 36, 38–9, 41, 42, 43,
    44, 46, 47–50, 56, 62, 86
Burke, Edmund 76, 142–4

C

Caird, Edward 88
Calfiniaeth 45, 47–8, 57–9, 65–6,
    70–5, 98–9, 135
Capel Celyn 109
cariad 2, 14, 46, 64, 78
    'Yr Argyfwng Cymdeithasol:
    Gwleidyddiaeth Gariadus, y
    Tu Hwnt i Blaid neu
    Ryddfrydiaeth' 134–9
ceidwadaeth 71, 74, 129, 142, 144,
    146–7, 151
cenedl 36, 57, 54, 57, 63, 79, 94, 95,
    107, 108, 109–12, 115, 127,
    131, 135, 136–7, 139, 147, 150,
    152, 153
cenedlaetholdeb 50, 53, 63, 68, 94,
    110, 112, 117, 125, 140, 147
Cenhedloedd Unedig 8
Celtiaid 38–40, 42, 46, 48, 49, 50,
    54, 56
    gw. hefyd Brythoniaid